JN101480

世界人権宣言の研究

宣言の歴史と哲学

寿台順誠
じゅ だい じゅん せい

22世紀アート
22nd CENTURY ART

寿台君のこと 横浜国立大学大学院国際社会科学研究科教授 天川 晃

　寿台順誠君は、1994年4月に横浜国立大学の大学院国際経済法学研究科にいわゆる社会人学生として入学してきた。国際人権問題の研究をするということで国際法の森川俊孝教授が指導教官になったが、「議員秘書の経験のあるお坊さん」という異色の経歴を持つ社会人出身学生が入学してきたという話は私も聞いていた。

　私が寿台君に接した一つの場は、この研究科の特色ともいえる「総合演習」においてであった。複数の教官が参加して学生の報告を聞き討論をする「総合演習」で、寿台君は丁寧なレジュメを作って報告をした。「異色の学生」というよりはひとむかし前の哲学・文学青年を思わせるような第一印象が記憶に残っている。初年度の「総合演習」が終った後の反省会で、同君と私のゼミにいたカナダからの留学生ピーター・ヴォン・ステイドン君（現在、ロンドン大学［LSE］博士課程で研究を続けている。）が「総合演習」の持ち方について意見書を出してくれた。これがその後の「総合演習」のあり方を考える上で大いに参考になった。

　もう一つは、戦後日本に関する英文の文献を読んだ「日本の政治」の講義と、アメリカの外交文書を読んだ「対外政策決定過程」という私の担当する講義の場であった。後者のクラスでは予備知識なしに外交文書を読むことに戸惑う学生もいたが、寿台君は「なまの史料を読むのは面白いですね」との感想を述べていた。

　そうこうするうちに、寿台君が修士論文を書く時には私が指導教官をつとめることになった。世界人権宣言の成立過程を当時の史料に溯って調べて書きたいのだという。私は世界人権宣言については素人であるが、同種の史料調べはやったことがあるので森川教授とも話合って引き受けることとした。寿台君であれば特にこれといった指導をしなくとも論文を書くことができるだろうと思っていたからであり、実際、私が彼の指導教官としてできたことはほんの僅かでしかなかった。

　寿台君は最初に「世界人権宣言」は「人権の普遍的宣言」と訳すのが正しいのだ、といって私の度肝を抜いた。夏休み明けには赤い目をこすりながら、「この夏は東大総合図書館のマイクロ資料を読むのに大変でした」と報告に来た。私は慌

てて世界人権宣言関係の人権委員会のマイクロフィッシュを発注したが、入手できたのは寿台君が論文を補正する段階に辛うじて間に合ったに過ぎなかった。

1996年10月初めに寿台君が最初の草稿を完成させて持ってきた時には、文章について注文をつけた。「一つのセンテンスで一つのパラグラフというのはお経のようで、アリガタイかもしれないがオレにはさっぱりワカラン。何とかしろ」という具合であった。さらに「『序論』は少し構成を変えた方がよいのではないか」といったことが彼には大きな負担になったようだ。お陰で寿台君は97年1月の締切り期日ギリギリまで、「序論」の構成を変えたことの後始末に追われることになったようである。

本書の第1部に収録されている寿台君の修士論文のできばえとその学術的意義を正当に評価できる能力は、正直なところ、私にはない。しかし、この論文がこれまで日本の研究者が余り手がけてこなかった世界人権宣言の成立過程の経緯を詳しくあとづけたこと、さらにこの過程と関連させていわゆる人権の二分法を論じたことは、日本における人権（史）研究において何がしかの意味を持ち得るのではないかと推測する。少なくとも私は、論文作成のための寿台君とのやりとりの過程で多くのことを学ぶことができた。

この論文の客観的な学術的意義はさておき、この寿台君の論文は私が国際経済法学研究科で指導した学生の最も優れた論文の一つである。「コッケイホウ」の略称で親しまれた国際経済法学研究科は、1999年4月の大学の組織改革で大学院国際社会科学研究科の博士前期課程に再編され、今ではその姿を消してしまった。寿台君の論文が本書のような形で残されることは、ひとり寿台君だけでなく私どもコッケイホウに集ったもの総てが、国際経済法学研究科時代を偲ぶ一つの記念碑ができたとして喜ぶべきことであろう。

寿台君は、僧職を勤める傍らで、現在は一橋大学大学院で浦田一郎教授の指導の下に「アンベードカルの憲法思想の研究」をテーマとする博士論文に取り組んでいる。私としては、寿台君が長年あたためていたテーマを扱う博士論文でどのような新しい世界を見せてくれるのか今から楽しみに待っている。寿台君が今後ますます一層の研鑽を図り、立派な博士論文を完成させてくれることを心から願って止まない。

2000年2月

まえがき

　ある物事について何かモノを言いたければ、それに関する文献に基づいてモノを言うこと——これは言うことはたやすいことであるが、行うことはなかなか難しいことである。とりわけ宗教（信仰）の世界において、これを実行することは極めて困難なことであろう。例えば、「親鸞はこう言っている」とか、「これが浄土真宗の信仰だ」とかと言う場合、それが一見、親鸞の信仰について述べているように見えて、実は単に自分の人生哲学を語っているにすぎないというような場合が、何と多いことであろうか。しかし、そこには信仰という世界が介在しているだけに、それを正すということはほとんど不可能に近いような場合さえ多いのである。

　それでは、「人権」という領域についてはどうであろうか。この領域においても、宗教の領域に似たものがあるのではないだろうか。或いは、人権は、世俗化が進んだ現代において、いわば宗教（信仰）の代替物のようなものとして機能している面があるかもしれない。特に、「世界人権宣言」（Universal Declaration of Human Rights, 1948）の場合、そのような要素が強いのではないかと思われる。人権について語る場合、現代世界における「共通の基準」（common standard）として、これほど至る所で引き合いに出される文書も少ないであろう。それでいて、これほどこの文書自体に関する研究が少ないものも、また珍しいのである。

　なぜ、人は人権について語るとき、そこに各自の人生哲学を読み込んでしまうのであろうか——それは、人権というものが「人間の本性」（human nature）に基づく権利、すなわち「自然権」（natural rights）として捉えられてきたからだと思われる。自然権としての人権には、伝統的な自由権中心の人権論であれ、逆に社会権を重視する議論であれ、各自の人間観が入りこまざるを得ない。それらは、各自の「特殊」（相対的）な人間観を意識的或いは無意識的に抱えたまま、互いに、自ら「普遍」（絶対的）であることを主張し合う。従って、そこには、世俗化された現代における「神々の闘争」が現出せざるを得ないのである。

　それならば、各自の人間観が「特殊」（相対的）なものであるということを自覚

した上で、なおかつ人権に関する「普遍的」合意を成立させるには、人権はいったいどういうものとして再構成すればよいのであろうか——本書は、このような課題を意識しつつ、世界人権宣言の起草過程に関する歴史的研究を通して、通常は「自然権」として説明されやすい同宣言の哲学的立場に関するオルタナティブを提示することを試みたものである。

　本書の第1部は、横浜国立大学大学院（国際経済法学研究科）における私の修士論文に加筆訂正を加えたものである。本論文の作成にあたっては、指導教官である天川晃先生（横浜国立大学大学院国際社会科学研究科教授／政治学）から実に懇切丁寧な御指導を頂いた。私は、先生の御専門でもない問題について、先生のお手を煩わせてしまったことに対して、今さらながらに慙愧の念を禁じえない。しかし同時に、世界人権宣言の哲学的立場を考察するために、同宣言の起草過程を調べるという研究方法を用いた本論文は、やはり長年にわたりGHQ（占領史）に関する実証的研究をなさってこられた天川先生の御指導を頂かなければ、とうてい仕上げることはできなかったものである。実は、「何かモノを言いたければ、文書（ドキュメンツ）に基づいて言うこと」というのは、本論文の作成を通して、天川先生から御教示いただいたことなのである。そこで、天川先生に対し、ここで改めて感謝の意を表明させていただきたい。

　天川先生は本書にお寄せ下さった御序文に、先生の御指導によって私が修士論文の序論を書き直したことに触れておられる。それは次のようなことであった。本論文は当初、序論において人権の主体や対象・義務所持者・正当化根拠といった問題に関して、極めて教科書的な整理をした上で、それから本論において、現代における代表的な人権文書としての世界人権宣言の起草過程に関する問題に入るという構成をとっていた。しかし、そのような構成では序論と本論がうまくつながっていない（同宣言の起草過程を実証的に研究するということの意義や必然性がよく伝わらない）、という趣旨の御批判を先生から頂いた。そして、そもそも私が同宣言の起草過程研究を思いついたのは、Johannes Morsinkの「世界人権宣言の哲学」（1984）という論文を読み、その内容を批判的に検討してみたいということが最初の動機であったということから、それであればまずはMorsinkの

この論文を冒頭に紹介することから序論を書き始める方がよいのではないか、という御教示を天川先生から頂いたわけである。

　これは単なる論文構成の問題ではない。天川先生の御指導は、教科書的な人権総論の枠組みに安易に世界人権宣言を当てはめて解釈するのではなくて、本論文が同宣言の起草過程に関する歴史的・実証的研究であるということを、一貫性をもって（従って、論文構成上も）示しなさい、という意味だと私は受け取った。その結果、私は修士論文の提出期限ギリギリまで、序論を書き直したことの後始末に追われることになったわけである。が、とにかく、このような天川先生の御指導を頂いて、私はMorsinkの「世界人権宣言の哲学」を批判的に検討するという形で修士論文を構成していくこととなり、本論文は「世界人権宣言の起草過程──宣言の哲学に関する歴史的考察──」と題されることになったというしだいである。

　但し、修士論文を本書の形で公刊するにあたっては、私がこれを書いた後にMorsinkの新たな本（*The Universal Declaration of Human Rights: Origins, Drafting, and Intent,* 1999）が出版されたので、それに関して一言お断りをしておかねばならない。1997年に提出した私の修士論文はMorsinkの1995年までの諸論文を批判の対象にしたものであるが、これを本書の形にまとめるにあたって、1999年に出版されたMorsinkの最新の研究書を全面的に組み込むということはできなかった。それには、一方で、以上に記したように、そもそも私の修士論文はMorsinkの1995年までの諸論文を前提として成立しているものであるから、その後の研究書を全面的に組み込もうとすれば、私は修士論文をまったく別の論文として構成し直さなければならないという事情があるわけであるが、他方で、私は現在、すでに世界人権宣言（国際人権）研究から他の研究へと離れてしまっているので、そのようなことをする時間が思うように取れないという事情もあった。

　しかし、このような事情を抱えているにもかかわらず、私が修士論文を本書の形で出すことにしたのは、次のような理由からである。すなわち、Morsinkの新たな本を一読してみても、いくつか事実に関して修正を加えなければならない点を除けば、私が修士論文において展開した主張（「人権の多元的社会正義モデル」）を基本的には変更する必要はない（従って、新たな情報に関しては、最低限のも

のを脚注に記して処理すればよい）であろうと思ったから、また、「世界人権宣言50周年」に際して出されたいくつかの日本語の関連文献[1]を見てみても、同宣言の起草過程に関する同種の実証的研究が出されているわけではないので、このように未完成なものでも（修士論文に若干の加筆訂正を加えたものに過ぎないとしても）、これを本書の形で公刊することは、まったく無意味なことではないであろうと思ったから、である。

　次に、本書の第2部（補論）は、私が1998年、一橋大学大学院（法学研究科博士課程）の入試に際して、修士論文の参考論文（補助論文）として提出したものに加筆訂正を加えたものである。私はこの論文において、いわば国際人権の出発点としての世界人権宣言から「少数者の権利」条項がなぜ削除されたかを検討することを通して、年来関心を抱いていたB. R. アンベードカル（Bhimrao Ramji Ambedkar, 1891-1956＝「不可触民」解放運動の指導者・インド憲法草案の起草者・インド新仏教（ネオ・ブディズム）の創始者）の憲法（人権）思想を問題にしていく糸口を見出した[2]。そこで、私は現在、同大学院において浦田一郎先生（憲法）の御指導の下に、「アンベードカルの憲法思想」の研究に取り組んでいる。

　ところで、一橋大学大学院の入学試験（口述試験）に際して、浦田先生から前記の修士論文に関し、もう少し細かく論文を項目分けして、各項目にもタイトルを付けた方が読みやすかったのではないか（実は、私の修士論文は3章4節構成になっており、節の中はまったく項目分けされていなかった）等の御教示を頂いた。それで、今回本書の刊行にあたっては、できる限り、細かく項目分けをして、各項目にタイトルを付けることにした。この件を記して、浦田先生の御教示に対する感謝の意を表明しておきたい。

　さて、ここでは、私が修士論文を作成する過程でお世話になった、あとお二人の先生のお名前を挙げさせていただきたいと思う。

　まず、私が横浜国大の大学院に入学して、最初に御指導いただいた森川俊孝先生（横浜国立大学大学院国際社会科学研究科教授／国際法）には、国際法に関す

る御指導をいただいた。「議員秘書の経験のあるお坊さん」という私の経歴から、ついに私は自分の問題関心を国際法学の枠組みにうまく収められなかったというようなことから、結局、修士論文を作成する段階では天川先生に御指導いただくことになったという事情があり、果たして私がどこまで森川先生の御指導に報いることができたかということを考えると、今でも内心忸怩たるものがある。しかし、森川先生の御指導を頂かなかったならば、やはり私は修士論文を作成することはできなかった。従って、森川先生のゼミ生としては、私は完全な落第生であったが、ここに改めて深く感謝の意を表明しておきたい。

　それから、私は修士論文のテーマ設定などに悩む過程において、齋藤純一先生（横浜国立大学経済学部教授／政治理論・思想史）の「社会思想史特殊講義」（1996年度、同大学院経済学研究科における授業）に参加させていただき、政治思想・政治理論について学ばせていただいた。先生は「複数の自己」ということを課題としておられたが[3]、それに関連する種々の文献に触れさせていただいたことは、私にとって、本当に大きな刺激になった。齋藤先生の講義にも私は極めて中途半端な形でしか参加させていただくことができず、従って、とても政治思想をきちんと身につけることができたとは言えないが、しかし、齋藤先生から頂いた種々の御教示がなければ、修士論文の作成過程において、私が人権の「多元的」社会正義モデルということを考えつくことはなかったであろう。従って、ここにその旨を記し、改めて感謝の意を表わしておきたいと思うしだいである。

　最後に、本書の出版にあたって、日本図書刊行会の山内久実氏に大変お世話になったことに対し、お礼を申し上げたい。

2000年10月19日　　　寿台　順誠

1 日本国際問題研究所『国際問題』No. 459、1998（「焦点／世界人権宣言50年の軌跡」）；国際人権法学会『国際人権』No. 10、1999（「〈特集〉世界人権宣言

と国際人権」）所収の関連諸論文を参照。

2 拙稿「アンベードカルの憲法思想・序論――インドにおける憲法文化の確立
――」『マハーラーシュトラ』6、2000 参照。

3 齋藤純一「民主主義と複数性」『思想』867、1996参照。

プリントオンデマンド化にあたり

　今回、本書をプリントオンデマンド（POD）化するにあたり、いくつか加筆・訂正等をしようかとも思いましたが、手を付けだすとあれもこれも書き直したいということになり、結局収拾がつかなくなってしまうと思いましたので、単純な誤記等の訂正を除いて、出版当時のままプリントオンデマンド化することにしました。

　ただ、この機会にどうしても記しておかねばならないことがあります。それは、横浜国立大学大学院時代に本書のもととなった修士論文の御指導をいただき、本書に御序文をお寄せ下さった天川晃先生が、2017 年 4 月 27 日に逝去されたことです。私が最後に天川先生にお会いしたのは 2006 年だったと記憶しておりますが、その後は年賀状で近況報告をさせていただく程度で 10 年以上も御無沙汰しておりましたので、迂闊にも私は先生が逝去されたことすら存じ上げず、2017 年 11 月に奥様（天川よしみ様）よりお知らせをいただいて、やっとそのことを知るに至りました。痛恨の極みであります。大恩ある天川先生にお見舞いさえさせていただけなかったことに、悔やんでも悔やみきれない思いが残り続けております。

　しかし、今回プリントオンデマンド化の話をいただいて、やはり本書は天川先生の御指導がなかったならば到底書けなかったという思いを新たにしております。もし先生が御存命であれば、真っ先にこの話を報告させていただいたはずです。従って、この思いを記すことによって、改めて今は亡き天川先生に心より哀悼の意と感謝の念を表したいと存じます。

　なお、御指導いただいた他の先生方の肩書につき、「まえがき」では当時のままとさせていただきましたが、現在、浦田一郎先生は「一橋大学名誉教授」、森川俊孝先生は「横浜国立大学名誉教授・成城大学名誉教授」、齋藤純一先生は「早稲田大学政治経済学術院教授」であることを付記しておきたいと思います。

　最後に、本書をお読み下さった上で、プリントオンデマンド化のお世話をいただいた 22 世紀アートの関係者の方々に、深く感謝申し上げます。

2018 年 12 月 10 日　世界人権宣言採択 70 周年記念日

寿台順誠

目次

第1部　世界人権宣言の起草過程——宣言の哲学に関する歴史的考察——

序論

Ⅰ．本論文の趣旨

　近年、ウィーン国連世界人権会議（1993/6）などを契機として、「人権の普遍性」に対するアジア諸国からの「文化相対主義の挑戦」が顕著になっている。そして、「その挑戦が成果を得つつあるように見える」とさえ言われる[注1]。こうした中、Jack Donnellyはいわゆるカーター人権外交以来、アメリカにおいて盛んになった国際人権に関する学術研究をレビューし、過去20年間において支配的だった議論を次の三つの問題に分類している[注2]。a：国際関係における人権の妥当な位置に関する問題（人権と外交政策をリンクさせることの是非をめぐる問題）、b：経済的・社会的及び文化的権利の地位に関する問題（人権をまずは「自由権」と「社会権」に大別する二分法をめぐる問題）、c：人権の普遍性と文化相対主義に関する問題（人権は西洋起源の概念か・国際人権はすべての国を同じ方法で拘束するのかといった問題）の三つである。これらの議論は相互に入り混じった議論でもあるようであるが（例えばcに関する議論はbに関する議論のいわば拡大版として見ることもできる）、極めて手際よく整理されたこのレビューを読む限り、年代的にもabcの問題はおおよそこの順で展開してきたと見て差し支えないもののようである。いずれにしろ、国際人権がめざす"universal"という世界が、しだいに正面から問い直されるようになってきたと言ってよいように思われる。

　しかし、こうしたことから、私は「人権は普遍的価値か」といった抽象的な議論を始めたいわけではない。こうしたことは、国際人権（法）研究にとっては、そのような抽象的なレベルにおいてではなく、もっと具体的なレベルにおいて、次のことを意味しているということが言いたいのである。すなわち、今、国際人

権の歴史的な出発点としての“Universal Declaration of Human Rights”（世界人権宣言）の哲学が問われている、と。

　ならば、具体的に「世界人権宣言の哲学」を問うということは、いったいどのようなことなのであろうか。

　‘*Philosophical Reflections on the Universal Declaration of Human Rights*’という副題をもつJames W. Nickelの著書（*Making Sense of Human Rights*, 1987）によれば、人権の正当化には次の各段階があるとされる。まず最も基礎的な段階として、人権の基礎にある抽象的な思想について、ある人の主張を正当化しようとすることに関わる段階がある。次に第二の段階として、第一の抽象的な段階からある特定の人権（諸権利）が出てくるということを示そうとすること（つまり、第一の抽象的な思想がある一定の時代における問題や制度にとってもつ意味を表現するということ）に関わる段階がある。そして最後に第三段階は、（以上のようにして引き出された）諸権利が実施・適用される際になされなければならない選択を擁護することに関わる段階である。ところが、哲学者は一般に抽象的（究極的）な正当化の段階に、法律家や政治学者は普通、第三段階に集中していて、その結果、第二段階（“middle game”,“middle level”）はたいてい無視されていると、Nickelは言う。しかし実は、このミドルレベルは、抽象的な理論家の関心と人権活動家の関心を結び合わせる重要な領域だと言うのである。[注3]

　また、Nickelは以上のことをさらに具体化した形で、a：道徳や正義の抽象的原則の選択（abstruct stage）、b：国際人権の段階（international human rights stage）、c：特定の国の憲法原則の作成（constitutional stage）、d：立法段階での原則の選択（legislative stage）、e：適用レベルの政策（application-level policies）と分け（bcdがミドルゾーン）、bを「諸国の行動に基準を提供し、憲法規範選択の指針となる、一定の歴史的な時代に適切な、特定の諸権利が定式化される」レベルだと説明している。そして、特定の政治的権利を選択し定式化するということ（抽象的な道徳的主張から特定の政治的権利への移行）には、単に抽象的な原則からの演繹という作業ばかりではなく、同時代の制度・資源・問題についての追加的な情報（additional information）が必要とされるということを言っている。[注4]

「世界人権宣言の哲学」を問うということは、すでに出来上がった「国際人権カ

タログ」をどのように実施・適用するかということを問題にするということでは
ない。しかし、それだからといって、それは特定の時代・特定の社会における「カ
タログ」とは無関係に、単に人権の抽象的な哲学的議論をするということでもな
い。およそ「カタログ」（宣言）というもの自体が、人権の哲学と現実の歴史のは
ざま（ミドルゾーン）に生まれたものなのである。そのようなものとしての「国
際人権カタログ」がいったいどのような考え方に立って、そして実際のところど
のようにして生み出されてきたかということを問題にすることが、「世界人権宣
言の哲学」を問うということなのである。

　本論文は、以上のような意味において、同宣言の実際の起草過程研究を通し、
「世界人権宣言の哲学」にアプローチしてみようというものである。

　しかし、「世界人権宣言の哲学」を問うということの意味をさらに明確にして
おくためには、それは、Nickelの著書の副題にあるような、「世界人権宣言に関す
る哲学的考察」ということとは異なるものだということに触れておかねばならな
い。

　Nickelの著書自体は、いわば人権の哲学と現実の歴史のミドルゾーンに位置す
るものとしての世界人権宣言（宣言自体というよりも国際人権一般）のもつ意味
を哲学的（その意味において抽象的）に考察したものであって、同宣言が生み出
された実際の歴史的な過程を考察したものではない。確かに、この著書では、近
代（18世紀）における人権（自然権）思想や人権宣言と比較した場合、広く現代
の人権に関する見解を表すものとしての世界人権宣言には、次のような顕著な特
徴があるということも言われている。すなわち、a：egalitarianism（18世紀にも
「法の前の平等」は宣言されたが、具体的な差別に対する保護は19・20世紀に発
展した）、b：reduced individualism（現代の人権論は古典的自然権論の個人主義
を緩和し、人々を独立した個々人としてよりも、家族や共同体のメンバーとして
考えている。人権はもはや社会契約説とは密接に結びつけられていない）、c：
international rights（18世紀の自然権は既存の政府への反乱を正当化する基準と
して役立っていたが、現代の人権はむしろ国際行動や国際関心の適切な目的と見
なされ、諸政府による人権侵害への国際機関による外交的・経済的圧力を正当化

する基準となっている）という点において。しかし、この著書自体は、こうした主張を哲学的に展開したものなのであって、その歴史過程を検討したものではないのである。

　或いは、確かにNickelの国際人権に関するこの性格づけは、いわば現代国際人権論における基本的な哲学問題のありかを、正しく示唆しているもののように思われる。つまり、それを否定するにしろ或いは肯定するにしろ、そこからの連続面を強調するにしろ、断絶面を強調するにしろ、現代においてもやはり人権は近代自然権思想との関わり合いにおいて考慮せざるを得ないということである。Nickelの場合はその断絶面を強調しているのだと受け取ることができるであろう。しかし、本論文はこのような問題を直接、純哲学的なレベルで扱ったり、体系的に整理することを本題とするものではない。また、現在の私にそれをする力があるわけでもない。今ここでは、逆に両者の連続面を強調する人として、冒頭に触れたDonnellyの名だけを挙げるにとどめておきたい。

　このように世界人権宣言を出発点とする国際人権一般の性格を、より哲学的・抽象的なレベルで問題にし、議論することを「世界人権宣言に関する哲学的考察」と言うとするならば、要するに本論文はそうした議論を念頭に置きながら、いわば「世界人権宣言の哲学に関する歴史的考察」を行おうというものである。換言すれば、本論文の趣旨は、「世界人権宣言（国際人権）は一般にこういうものである」ということに関するより現代的な議論を念頭に置きながら、改めて歴史的文書としての同宣言の起草過程に立ち返ることによって、「実際のところ、それはどういうものとして生み出されたものなのか」ということを研究することなのである。本論文を、「世界人権宣言の起草過程——宣言の哲学に関する歴史的考察——」と題するゆえんである。

II．Johannes Morsink の「世界人権宣言の哲学」

　さて、以上のように考えた場合、まず最初に注目すべきものとして、Johannes

Morsinkの"The Philosophy of the Universal Declaration"（1984）という論文が挙げられる（＝以下、単に「Morsink論文」と言う場合、この1984年の論文を指す）。

　Morsink論文は冒頭でまず、現代では人権の定義は「自然権モデル」（単に人として有する権利）から「社会正義モデル」（社会のメンバーとして有する権利）に変更すべきであると主張したCharles Beitzの"Human Rights and Social Justice"（1979）とそれに対する反論であるDonnellyの"Human Rights as Natural Rights"（1982）という論文を注に挙げながら、このように相対立する見解を示す双方の人から、世界人権宣言は人権の哲学的理論を判断する基準として引き合いに出されてきたということに着目している。そして、同宣言の哲学を歴史的に検証するというこの論文の趣旨を次のように確認している。「世界人権宣言30ケ条には古典的な18世紀の市民的・政治的権利とともに、より新しい社会的・経済的権利も含まれている。この両種類の権利を一つの哲学の下に集めることは容易なことではないが、もしこれらを同じ人権という名で呼ぼうとするなら、共通な何かを見つける努力は続けられるべきである。しかし、おそらく、1948年に宣言を起草した国連の代表者たちには共通の哲学的理論などはなかった。従って、そこにあったかもしれないし、なかったかもしれない哲学的統一を読み込むという危険を避けるためにも、この論文では歴史的な研究に努めることにする」（大意）と。そして、そのような研究の出発点は、同宣言を採択した1948年、パリにおける第3回国連総会の第3委員会で、秋から冬にかけて繰り広げられた「大論争」（the great debates）の検討であるとして、参加58ケ国代表による長く激しい哲学的論争（詳細な記録が存在）の検討に入っている。まさに「宣言の哲学に関する歴史的考察」を意図した論文だと言ってよい。

　Morsinkにはこの論文の後にも、同種の一連の論文（"Women's Rights in the Universal Declaration", 1991;"World War Two and the Universal Declaration", 1993等）がある。後に指摘するように、最初の論文である1984年のMorsink論文には、より新しい論文と比べた場合、資料面などにおける不備はある。また、最近では新たにスカンジナビア大学から、世界人権宣言の注釈書（Asbjørn Eide et al. eds., *The Universal Declaration of Human Rights: a Commentary, 1992*）も出されている（＝以下、本論文において「最近の注釈書」と言う場合、この注釈書

を指す[4]）。にもかかわらず、現代の国際人権に関する哲学的な議論を踏まえながら、宣言の哲学を歴史的に考察するという本論文の趣旨からすれば、やはりまずはこのMorsink論文を取り上げることが妥当だと思われる。この論文は個別のイッシューや個々の条文を取り上げたものというより、（扱われている条文の数は決して多くはないが）同宣言の全般的な哲学的枠組を問題にしたものだからである。従って、以下ではまずこの論文を少し詳しく紹介した上で、それから、この論文の問題点を指摘しながら本論文の構成を記しておきたい。

　Morsinkは大きな章立てとしては、まず "NATURAL RIGHTS IN THE UNIVERSAL DECLARATION" という章を設けて、世界人権宣言の哲学が一定の限定付ながらも基本的には自然権哲学だということを述べている。それから "THE NEW RIGHTS IN THE UNIVERSAL DECLARATION" という章を設けて、宣言において「新しい権利」（社会権）がどのように位置づけられたかということを検討している。

　前者の章では、Morsinkは、同宣言前文の「固有の尊厳」（inherent dignity）や「平等かつ不可譲の権利」（equal and inalienable rights）或いは1条の「生まれながらにして」（are born）等の言葉が18世紀の人権諸宣言の伝統を受け継ぐものであることを確認しつつ、同宣言の哲学がある種の自然権哲学を反映したものであるというこの論文自体の最初の仮定を述べて、この章をさらに "The Source of Rights" と "The Individual and the State" という二つの節に分けている。そして前者の節では、宣言においてすべての「権利の根拠」としての意味をもつ1条に関する第3委員会における議論を検討し、後者の節では、宣言成立過程において「個人と国家」の関わりを宣言がどのように捉えていたかを示すものとして、29条（権利行使に関する制限）と、さらに第3委員会において追加提案として提出され審議された「請願権」（right to petition）及び「圧制への抵抗権」（right to resist oppression）に関する同第3委員会の議論を検討している。

　1条に関してMorsinkが最も重視していることは、近代の人権（自然権）思想家や諸宣言には見られた、「神」（God）・「自然」（Nature）・「造物主」（Creator）・「至高存在」（Supreme Being）といった権利の超越的な規範的根拠（the transcendent normative source）への訴えがこの条文にはないということである。同宣言の哲学が自然権だという最初の仮定からすればこのことは「やや驚きだ。」（A slight surprise.）と、敢えて体言止めの文で、Morsinkはこの問題に注意を促している。そして、第3委員会の前に人権委員会で準備された1条の草案は、「（人は）本性において（by nature）理性と良心を付与されており」となっていたのに、この"by nature"という言葉が第3委員会で削除されることになった経過を検討している。ここには、第3委員会においてブラジル代表が、「神の似姿（image and likeness of God）において創造されているので、人は理性と良心を付与されている」という同条への修正案を提出し、多くの代表の反対にあって撤回を余儀なくされたときに、結局、「人の理性と良心の起源については何の言及もされるべきではない」（チリ代表）ということから、"by nature"の方も削除されることになったという経過があった。

　この経過からMorsinkは、世界人権宣言は18世紀の宣言よりも世俗的でヒューマニスティックなものであるとした上で、しかし同時に、"nature"への言及が1条にないということが、実は第3委員会の真意ではないのだとも言っている。というのは、"nature"という言葉には超越的な含意（大文字の"Nature"）を読み込む人もいたので、結果的にこれは削除されることになったわけであるが、むしろ多くの代表が人権は何らかの非超越的（人に内在的）な意味で理解された「自然」（人間の本性）において根拠づけられるものだと考えていたからだと言うわけである。そして、このことは、同条に「事実の声明」としてよりも「勧告」或いは「マニュフェスト」としての意味をもたせるべく、「（人は自由・平等に）生まれた」（are born）を「（人は自由・平等で）あるべき」（should be）に変更するというイラクの修正案が否決されたことなどからも言えることだとしている。要するに、Morsinkは同宣言の人権は、"nature"という言葉の不在にもかかわらず、基本的には「人間の本性に基づく自然権」だとしているわけである。

　次に、「個人と国家」の問題を扱う節においては、Morsinkは自然権（自然状態における権利）は国家や政府に由来するものではない、すなわち、人が「市民として」（国家のメンバーとして）有する権利ではないということ、それから、そうした自然権を保護するために人々が契約を結んで政府を形成するという社会契

約説の原点的な意味を確認した上で、まず、世界人権宣言において「権利行使の制限」を規定する29条に関する第3委員会の議論を検討している。

　29条に関しては、Morsinkは第3委員会でのこの条文に関する修正案への相互に逆の意味をもつ二つの投票に注目している。一つは、同条2項に列挙された「民主社会（democratic society）における道徳・公的秩序及び一般的福祉」という権利制限の根拠規定に、「すべての権利は民主国家によって民主社会において実施される。実施機構がなければ法は無であり、現在ではその機構は国家である」などとして、「及び民主国家（democratic State）の対応する要求」という文言の追加を提案したソ連案が、賛成8・反対23（棄権9）で否決されたことである。この否決は、「ソ連の修正案は、宣言に含まれたすべての個人的な権利と自由を無効にする」（フィリピン代表）などという強い反対の結果であるから、この案の否決は自然権（国家に対して個人が有する権利）への選好を示すものだと、Morsinkは言っている。

　しかし、それに反して、29条に対するもう一つ別の修正案をめぐる議論と投票は、同宣言の起草者たちがしばしば自然権哲学に結びつけられてきた極端な個人主義を回避しようとしたことを示すものだと、Morsinkは言っている。人権委員会が準備した草案は、人が義務を負うべき「共同体」を、「その人格を自由に発展させることのできる共同体」としていたが、これを「その中においてのみ（in which alone）人格の完全な発展が可能な共同体」（＝下線は寿台）に変更するという案がオーストラリア代表から提案された。この案は18世紀的な個人主義を拒絶して個人と国家の有機的な関係を主張するという意味をもつと、Morsinkは言う。オーストラリア代表自身はベルギー代表の反対でこの案を撤回することになるが、「この案は社会の外では個人はその人格を完全には発展させられないということを正しく強調している」として、ソ連代表が再び取り上げたことによって、賛成23・反対5（棄権14）で採択されることになったわけである。

「個人と国家」の問題として、さらにMorsinkが「請願権」と「圧制への抵抗権」の問題を取り上げているのは、この二つの権利が自然権理論と密接な関係をもっていると見ているからである。つまり、もし市民の自然権を保護するのが政府の目的であるならば、その権利が侵害されている場合に当局に請願すること自体、

自然権である。また、政府がその目的自体を失った時にはそれに抵抗すること自体が自然権だということは、18世紀の諸宣言でも述べられていたことであるというわけである。

　しかし、「権利システム全体の警報ベル」としての意味をもつ「請願権」は世界人権宣言には含まれていない。第3委員会においては、この権利を規定するキューバとフランスの二つの追加提案が出されており、前者が国内機関への請願権を主張していたのに対して、後者は個人の国連機関への請願権を主張していた。多くの代表は、フランス提案は原則としては的を得ているが、それは「時期尚早」だと考えた。そこで、請願権の問題は人権委員会に差し戻すというイギリスの提案がまずは投票に付されて採択され、結局、このフランス提案とともに、細かい用語上の問題を除けば多くの代表に受け入れられていたキューバ提案も投票には付されないことになってしまった。

　一方、「圧制への抵抗権」の問題については、簡単に「圧制と専制の行為に抵抗する権利」を挙げるキューバ提案と、もっと限定的に「政府が重大かつ組織的に基本的権利及び自由を侵害する」際の個人及び人民の「国連に訴える権利」を挙げるフランス・チリ提案をめぐって議論がなされた。しかし、実質的には、「組織的に基本的人権と自由を抑圧する政府に対する革命的な活動に従事する権利」であるこの権利は、関係政府によって実施できるものではないなどの理由で、諸提案は撤回されることになった。

　以上の「請願権」と「圧制への抵抗権」が世界人権宣言（本文）から削除された（後者は前文の第3パラグラフに異なった様式で述べられることになった）ことは、社会契約説のもつ完全な含意を引き出すことへの第3委員会（代表たち）のためらいを示すものだと、Morsinkは言っている。

　さて、ここまでの議論においては、Morsinkは、いくつかの限定付ながらも、世界人権宣言の哲学は基本的には自然権哲学だということを示してきたわけである。が、次に「新しい権利」を扱う章においては、いわゆる「社会権」（経済的・社会的及び文化的権利）が同宣言においてどのように位置づけられたかということを検討している。この章は節には分けられていない。ここでは、Morsinkは、一見、同宣言30ケ条のうちの後の方に仮縫い（18世紀に20世紀を接ぎ木）したか

のようにして加えられた、22〜27条のわずか6ケ条に挙げられた社会権は、一般に二義的なものにしか見られないかもしれないという問題に言及しながら、主として第3委員会における3条（生命・自由及び身体の安全への権利）の審議において起こった同宣言全体の構造（諸条文の順序・配列）に関する論争を検討している。

　ここで注目されているのは、次の事実である。現在、同宣言の3条は、「すべての人は、生命・自由及び身体の安全への権利を有する」となっている。この規定に対して、「及び、人格の完全な発展にとって必要である法的・経済的・社会的保障（への権利を有する）」等の文言を追加するというウルグアイ・キューバ・レバノン（後にメキシコも加わった）共同修正案が提出された。この案は社会権の概念をもっと前方に引き出すという趣旨で提出されたものである。しかし、それは賛成20・反対21（棄権7）の僅差で否決された。Morsinkはこの案が僅差で否決されたことの意味にこだわっている。

　Morsinkは、ラテンアメリカ諸国によって主導されたこの共同修正案は、同1948年5月2日のボゴタ（コロンビア）における第9回米州諸国会議で採択された米州人権宣言の考え方を反映したものだとする。米州人権宣言は、世界人権宣言1条からは削除された"by nature"という言葉をその前文に置いている。また、それは「自由権」（市民的及び政治的権利）と「社会権」を同格のものと位置づけ、社会権の大部分を伝統的な政治的権利の前に配列している。Morsinkは、共同修正案に賛成票を投じたラテンアメリカ11ケ国及びレバノン代表が依拠したボゴタ宣言の考え方を、「成熟した自然権（fullfuledged natural rights）哲学」と呼んでいる。しかし、この案に賛成票を投じたソ連をはじめとする社会主義諸国代表は、けしてボゴタ宣言と同じ哲学をもっていたわけではなく、ある国家の市民としての地位とは関わりのない権利は存在しないという、むしろ正反対の哲学をもっていたということに、Morsinkは注目している。そして、実はこのように、考え方としては真二つに分かれていた共同修正案への賛成諸国代表に比べて、この案に反対した21ケ国（北大西洋同盟諸国及び旧植民地諸国）代表は、この案が宣言の18世紀以来の順序正しい配列を乱すものだということにほぼ合意していたと、Morsinkは言う。そして、その最も有力な説明は、宣言の1・2・3条はそれぞ

れ「友愛」「平等」「自由」の考えを表していて、3条はそこから続く諸々の自由に関する諸規定の一般原則をなしており、22条がそこから続く社会権規定の一般原則をなしているという中国代表（及びフランス代表）の説明であったとしている。

このような経過を通して、結局、「成熟した自然権哲学」の立場に立つ3条への共同修正案は否決されてしまった。従って、世界人権宣言のこの構造では、社会権は重要ではあるが、自由権とは同じ地位を有していないことになると、Morsinkは言う。そして、宣言の諸条文をカバーする二つの条文が必要だと思われたこと自体が、二種類の権利の性格の違いを反映しているとして、そのことは最初の21ヶ条が無限定に「すべての人」（everyone）などと始まっているのに、22条は「すべての人は、社会のメンバーとして（as a member of society）、社会保障への権利を有する」となっていることにも現れているとする。要するに、同宣言においては、古典的な自由はすべての人間存在に固有の（内在的な）ものである理性と良心から引き出されている一方で、「新しい権利」（社会権）は社会におけるメンバーであることから引き出されているのだと、Morsinkは言うわけである。また、社会権の方には「各国の組織と資源に応じて」（22条）という、自然権哲学ではほとんど受け入れられない制限が設けられていることにも、Morsinkは注目している。

以上、Morsinkは、最初の章では、すでに記したいくつかの限定を付けながらも世界人権宣言の哲学は基本的には自然権哲学であるとした上で、しかし、後の章では主として3条に関する第3委員会の議論を通して、自然権哲学が同宣言のすべての部分を等しく形成しているわけではないと結論しているわけである。

III．Morsink 論文の問題点と本論文の構成

さて、この序論の最後では、以上のMorsink論文の問題点を指摘しながら、本論文の構成を記しておくことにしたいと思う。

問題は二つに分けられる。

まず、起草過程を歴史的に研究するという場合の方法の問題である。Morsink
は最近の注釈書に対する書評（"Book Review", 1995）において、条文ごとに多く
の執筆者によって分担されたこの注釈書では、世界人権宣言（各条文）の起草者
の意思を了解するために確認すべき起草過程各段階の全資料を、すべての条文の
担当執筆者が確認しているわけではないということを批判している。つまり、簡
単に言えば、同宣言の起草過程には、前段に人権委員会における議論の段階があ
り、後段に第3委員会の大論争を中心とする総会段階があるわけだが、最近の注
釈書では特に前段の人権委員会段階の資料を確認していない執筆者が多いとい
うことを批判しているわけである。

　これについては、最初のMorsink論文を書いた1984年時点よりも、同宣言の起
草過程研究を深めた結果、Morsinkはこのような批判を述べているのだと考えら
れる。しかし、これと同じ方法論的な観点から、Morsink自身は総会段階（第3委
員会等）の資料しか用いていないMorsink論文を本格的に検討し直すということ
はしていないようである。また、Morsink自身が起草過程の全般を概観するよう
な論文を書いているわけでもない[5]。

　そこで、本論文においては、まず第1章で世界人権宣言の起草過程についての
全般的な問題を扱うことにしたい。つまり、Morsinkの最近の注釈書への批判を
手がかりとして、同宣言の起草過程を研究するときには何をどのようにして見な
ければならないかという問題や、いくつかの先行研究の問題に言及した上で、起
草過程全般の流れを概観しておきたいということである。

　次に、起草過程（第3委員会の議論）を分析するに際しての哲学的な概念枠組の
問題である。Morsink論文はこれが曖昧だと思われる。以下、それについて説明
したい。

　Morsink論文が、単に過去の珍しい話の紹介というのではなく、歴史的研究で
ありつつしかも現代的意義を有するものだと考えられるのは、これがより現代的
な哲学的課題をもって、改めて国際人権の出発点としての世界人権宣言の起草過
程に立ち返ったものだからである。そう考える場合、この論文が冒頭において、
BeitzとDonnellyの間の「社会正義モデルか、自然権モデルか」という対立を引き

合いに出していることに注目される。確かに、Morsinkはこの両者についてはその論文名のみを注に記しているだけである。しかし、Morsink論文は時々何の説明もなく、「自然権哲学」「成熟した自然権哲学」という言葉に代えて、「自然権モデル」「成熟した自然権モデル」という言葉を使用している。このことは、この論文にとって、論文の冒頭に示されたBeitzとDonnellyの対立がよくある対立の例示という以上の意味をもっていたことを示すものだと考えるのが自然であろう。やはりこの論文の前提的な問題としては、人権に関するより現代的な哲学的議論を踏まえて立ち返ってみるならば、そもそもの出発点（世界人権宣言）において、国際人権は「自然権モデル」或いは「社会正義モデル」のどちらで構想されたと見ることができるかという問題があったと言ってよいであろうと思われるのである。

　そこで、このBeitzとDonnellyの議論の意味を考えてみる必要がある。この両者の議論（特にBeitzのそれ）自体がかなり複雑な議論であるが、今はごく簡単に要約しておくならば、おおかた次のようなことである。Beitzは、人権というものを、社会の特定的なあり方とは無関係に「単に人として（人間の本性に基づいて）有する権利」と定式化する「自然権モデル」に基づいて捉える限り、結局、国際人権章典に列挙された大半の諸権利（特に政治的・経済的権利）がいわば「純粋な人権」（自然権）から排除されることになってしまうとする。従って、現代においては人権の定義そのものを、「その集団にとって適切な社会正義の原則によって、ある集団のメンバーに保障される権利」として定式化する「社会正義モデル」へと変更しなければならないと主張している。一方、それに対してDonnellyは、確かに伝統的な自然権論はそうした諸権利を「自然権」（人権）とは見なしてこなかったが、それは「偶然的な」（contingent）ことがらにすぎないとする。そして、「人間の本性」の捉え方如何によって、従来は「自然権」（人権）とは見なされなかった諸権利も、自然権論の内部で十分に「人権」として捉えることができるようになるのだと主張している。[注8]

　しかし、両者はこのように対立しているわけであるが、どちらも一般的にはまず「自由権」と「社会権」に大別される国際人権章典に列挙された諸権利を、首尾一貫した哲学の下で整合的に解釈しようとしていることに変わりはない。そこ

で、両者とも各々の主張の裏づけとして世界人権宣言を引き合いに出し、自分の考えの方が同宣言をはじめとする国際人権章典の立場に合致するものだという形で議論を展開することになっている。この議論を受けてMorsinkは、同宣言の哲学を歴史的に検証するというMorsink論文の趣旨を導き出していたわけである。

　Morsink論文のこうした前提問題に関して私が問題だと思うのは、Morsinkが「自然権モデル」「社会正義モデル」という言葉で議論された問題と、一般によく議論される「自由権」「社会権」という人権の二分法に関する問題とをはっきり区別していないということである。私はこの二つの問題は予め次のように区別しておくべき問題だと思う。すなわち、主としてR. J. Vincentに依って示すならば、権利（人権）の概念は、

> ある権利主体（subject of a right）は、何らかの正当化根拠（justifying ground）によって、ある相関的義務所持者（bearer of the correlative duty）に対して、ある対象（object of a right）への権利を有する（S has a right to O against B by virtue of G）。

と定式化して考えられるものである。この定式を用いて考えるならば、人権をまずは、「自由権、すなわち市民的及び政治的権利」（その義務所持者には不干渉の一般的義務しか要求されず、即時実施が可能な消極的権利）と　「社会権、すなわち経済的・社会的及び文化的権利」（義務所持者の側の積極的な措置が要求され、漸進的にしか実施できない積極的権利）に大別する二分法の問題に関する議論は、人権の相関的義務及び義務所持者（B）との関わり合いにおいて、あくまで人権の対象（O）を問題にした議論である。一方、それに対して、「自然権モデル」と「社会正義モデル」の対立は人権の正当化根拠（G）に関する対立なのである。上の定式を用いて（但し、権利主体と正当化根拠の二つの要素のみの関係で）両モデルの対立を示しておくならば、「自然権モデル」が人権を、

> すべての人が（権利主体）、単に人間であるということによって［人間の本性に基づいて］（正当化根拠）有する権利

28

と定式化して考えるものであるのに対して、「社会正義モデル」とは人権を、

> すべての人が（権利主体）、ある集団のメンバーであることによって［その集
> 団にとって適切な社会正義の原則に基づいて］（正当化根拠）有する権利

と定式化して考えるものだと言えると思われる（これは、BeitzとDonnellyの議論
を検討し、Vincentの権利概念の解説を参考にして、寿台が両者の対立を一般定式
化してみたものである）。

　世界人権宣言は人権を「自然権モデル」或いは「社会正義モデル」のどちらで
構想したか——当初のこの問いに対して、結局、Morsink論文が出した答えは、
同宣言においては、「古典的な自由はすべての人間存在に固有の（内在的な）もの
である理性と良心から…、『新しい権利』（社会権）は社会におけるメンバーであ
ることから…」導き出されているということであった。Morsinkは何故か「社会
正義モデル」という言葉は使用していないが、要するに、世界人権宣言は人権を
「自由権は自然権モデル、社会権は社会正義モデル」の二つに振り分けて根拠づ
けたというのが、Morsinkの出した答えだと見てよいであろう。この答えが私は
安易だと思うのである。

　確かに、Morsink論文には、Morsink自身は人権の二分法には批判的であって、
おそらく「成熟した自然権モデル」（その意味において、おそらくBeitzよりも
Donnellyの方）に好意的であるということは随所に仄めかされている。しかし、
今はそうしたMorsink自身の立場が問題なのではない。世界人権宣言自体に関し
て、Morsink論文が、「宣言の哲学は、権利についての二重の地位の理論（double
status theory of rights）に人が割り当てたがるメリットとデメリットは何でも持
ち合わせている、と言うのが公平であろう」というような、いわば常識的な確認
にとどまってしまっていることが問題なのである。そして、この極めて常識的な
結論は、人権の対象の問題としての「自由権」「社会権」の二分法の問題と、人権
の正当化根拠の問題としての「自然権モデル」「社会正義モデル」の問題を、
Morsinkが予め明確に区別しておかなかったことの帰結ではないかと、私は思う

のである。逆に言えば、この二つの概念を区別することによって、Morsink論文のあまりにも常識的すぎる結論を乗り越えられないかと思うわけである。

　そこで、本論文の第2章・第3章は、Morsink論文をいわば逆転させる形で構成し、まず第2章において世界人権宣言における人権の二分法の問題を扱い、第3章において同宣言における人権の正当化根拠の問題を扱うということにしたい。つまり、第2章では、同宣言の3条・22条の成立過程を、人権委員会段階から総会段階に至る資料を用いて確認し、第3章では、同じく起草過程の全段階の関連資料に基づき、1条及び29条の成立過程を確認するということである。なお、「自由権は自然権モデル、社会権は社会正義モデル」というMorsink論文の常識的な結論の大前提には、主として1条・従として29条によって同宣言の哲学が（一定の限定付ながらも）基本的には自然権哲学だと見る立場があると思われる。第3章はその大前提を問題にすることになる章であるから、Morsink論文においてさえが自然権哲学への「限定」としての意味しかもたない「請願権」と「圧制への抵抗権」の削除過程は、本論文においては取り上げないものとする。

4　本論文執筆後、この注釈書をさらに充実させた形で、Eide et al. eds., The Universal Declaration of Human Rights: A Common Standard of Achievement, 1999 が出版されたが、内容的にはそれほど違いはない。

5　但し、本論文執筆後に出版された Morsink, 1999 においては、起草過程全般が扱われている（特に chap. 1＝pp. 1-35）。しかし、この 1999 年の研究書においても、1984 年の Morsink 論文の主張は、基本的には変更されていないと見てよいと思われる。

第1章　世界人権宣言の起草過程

　本論文において「世界人権宣言の起草過程」というとき、それは国連成立後、人権委員会（Commission on Human Rights）において「国際権利章典」（International Bill of Rights）の起草作業が開始された人権委員会第1会期（1947／1／27〜2／10）から、第3回国連総会における世界人権宣言の採択（1948／12／10）までの約2年間の起草作業及び草案審議の過程を指すことにする。これは、最近の注釈書も「起草の歴史」（the history of the drafting）ということをこの約2年間のことを指して言っており、またMorsinkの同書への書評においても同様であるということにならったものである。宣言起草の最も中心的な人物であったRené Cassinも、宣言採択後ハーグ国際法アカデミーにおける講義で、実際の起草作業についてはこの約2年間のこととして語っている。

　或いは、もっと広く宣言成立の背景などに触れるとすれば、一般に人権の国際的保障の端緒を開いたものとして言及される戦間期の東欧における少数民族問題（一連の少数者保護条約）や同時期以降、第2次大戦中も試みられた人権の国際的保障の一般化をめざす各種の民間団体及び個人の動き（「国際権利宣言」等の名称を冠する各種の文書）、少なくともせめてルーズベルト大統領の4つの自由（1941/1/6）や大西洋憲章（同8/14）ぐらいの前史には言及しておかねばならないかもしれない。

　また——以上のような人権の国際的保障を確立しようとする動きにもかかわらず、米英ソ中4ケ国によるダンバートン・オークス会議（1944/8/28〜10/7）で作成された国連憲章原案（ダンバートン・オークス提案）には、ごく簡単に1ケ所しか人権に関する規定がなされなかったこと。それで、民間諸団体からの厳しい批判を招くことになったということ。チャプルテペックで開催された米州諸国会議（1945/2/21〜3/8）でも、「人権の国際的保護を確立する必要性」が強くアピールされたこと。おりからナチの強制収容所の実態が報道されるにつれ、いっそう「人権攻勢」を強めた合衆国の42の各種民間団体が、合衆国政府の諮問団体としてサンフランシスコ会議（1945/4/25〜6/26）に参加することを認められたこと。結局、これら諸々の動きによって、国連憲章では「人権の伸張に関する委員

会」の設置規定（68条）を含む計7ケ所（前文・1条3項・13条1項b・55条c・62条2項・76条c）で「人権と基本的自由」が強調されるようになったこと。しかし、憲章自体には人権の具体的内容は規定されず、そこで68条に基づいて設置された「人権委員会」の第一の任務として「国際権利章典の作成」が挙げられたということ。さらに、サンフランシスコ会議から実際の起草作業が始まるまでの国連内部における経緯[注3]——これらのことにも、一応は触れておかねばならないかもしれない。

　しかし、以上のことは、どのような参考文献を見てもおおかた記してあるようなことを拾ってみたものにすぎない。本論文においては、このような大きな流れの中に、世界人権宣言はいわば必然的に誕生したものだというようなニュアンスを含ませて、同宣言の起草に関するディテールを解消してしまうというような姿勢は、厳に慎みたい。或いは参考文献の中には、さらに遡って、ひとしきり長い自然法・自然権の歴史に言及した後で、やっと同宣言の成立に触れ始めるようなものも多いが、本論文はそのような大きな物語の中に宣言の哲学を当てはめようとするものではなく、むしろ起草のディテールから宣言の哲学を引き出してみようというものである。従って、本論文では研究対象を最初に記した約2年間の関連資料に限定することにし、背景的な問題等に関しては必要と思われる程度のことを注に記すにとどめたい。

　本章においては、まず起草過程の歴史的研究に関する一般的な問題を扱い（Ⅰ）、それから起草過程全般を概観しておきたい（Ⅱ）。

Ⅰ．世界人権宣言の起草過程研究について

　ここでは、世界人権宣言の起草過程を研究するためには、何をどのように研究しなければならないかということについてのMorsinkの見方を紹介し、その観点から日本における同宣言の研究のあり方に若干言及して、最後にもともとはMorsinkの最近の注釈書への書評によって知った起草過程研究にとって重要な文献を紹介しておきたい。

Morsinkは世界人権宣言（各条文）における起草者の意思を研究するには、前記の約2年間の起草過程をさらに8段階に分けて、関連委員会各会期の資料（議事録及び各種の作業文書・草案等）を精査しなければならないとする。その8段階とは以下の諸段階である（p. 239［表1］の①〜⑧＝以下、常時この表を参照）。

①人権委員会第1会期（1947/1/27〜2/10）——これから作成しようとしている文書（国際権利章典）にどのような権利を盛り込むべきかという一般的議論の段階。

②起草委員会第1会期（1947/6/9〜6/25）——①の結果として作成された国連事務局人権部作成の最初の草案アウトライン及びそれを修正したフランス代表（Cassin）案に関する議論の段階。

③人権委員会第2会期（1947/12/2〜12/17）——②の結果として作成された起草委員会の草案に関する議論を経て、いわゆるジュネーブ草案（the Geneva draft）を作成する段階。

④国連全加盟国に意見や提案を求めてジュネーブ草案を送付する段階。

⑤起草委員会第2会期（1948/5/3〜5/21）——ジュネーブ草案に関する議論の段階。

⑥人権委員会第3会期（1948/5/24〜6/18）——⑤の継続。

⑦第3回総会第3委員会（1948/9/30〜12/7）——⑥の結果として作成された人権委員会確定草案（国際人権宣言草案）に関する議論（大論争）の段階。

⑧同総会本会議（1948/12/9〜12/10）における世界人権宣言採択の段階[6]。

ところで、Morsinkのこの段階分けは最近の注釈書への書評（批判）において述べられたものであるから、この注釈書の趣旨に触れた上で、Morsinkの批判を見ておこうと思う。

世界人権宣言40周年にあたって着手されたこの最近の注釈書は、編集者（Asbjørn Eide and Gudmundur Alfredsson）によれば、「宣言に含まれた権利及

び義務の包括的な取扱いの必要性がある」ということから、北欧諸国（デンマーク・フィンランド・アイスランド・ノルウェー・スウェーデン）の27人の各分野の研究者や実践家によって、各条文ごとに1章を当てて分担・執筆されたものである。編集者は、東西の冷戦は終結したがその緊張は南北の違いに置き換えられて、いまだ人権についての普遍的な合意は存在しているとは言えないということ、同宣言に対しては「西側（北側）的な人権へのアプローチ」という批判があるということなど現代的な諸問題を視野に入れながら、道徳的・政治的・法的な実に幅広い分野から同宣言の将来における積極的な（グローバルな文明へのステップとしての）意義を構想しようという、同書の趣旨を打ち出している。執筆の共通方針としては各条文ごとに「歴史的背景」「起草と採択の歴史」「採択後の規範の発展等」の三つの領域をカバーするということが述べられている。注4このようにしばしば人権関係の文献では個別に扱われている三領域を合わせてみようとする試みのユニークさを、Morsinkは評価している。実際、この注釈書は国際人権の出発点において設定された「共通の基準」としての一条々々が、その後どのような経過を辿って現在に至っているかを概観するには極めて便利な書物であるように思われる。

　ところが、Morsinkはこの注釈書の各条文の「起草と採択の歴史」を扱う部分を批判するにあたって、先の起草過程の8段階を立てているわけである。まず、この注釈書の13・14・16・19・20・27条を扱う章はほとんどその条文の起草の歴史の8つのどの段階にも言及していない、また、8・10・16・23・24・29条を扱う章はもっぱら（後に紹介する）Verdoodt等の先行注釈書に頼って起草過程を記述するのみで、自ら関連資料を確かめていないと、Morsinkは批判している。そしてさらに、実は前記8段階のうち、比較的資料が利用しやすいのは⑦と⑧の段階のものだけだから、「人は前段の人権委員会段階（①〜⑥）は飛ばして、もっぱら総会段階（特に⑦）の資料に頼りたくなる」として、3・12・18条を扱う章がそのような例だとしている。これはほぼMorsinkの言っている通りだと言ってよい。とにかく多くの人によって分担・執筆されたこの注釈書の各章の記述には、「起草の歴史」或いは「採択後の発展等」のどちらに重点をかけるかについて、相互にかなりのばらつきがあることは事実である。注5

但し、Morsinkは1（哲学）・7（法的人格）・21（参政権）・22（社会保障）・28（国際秩序）という重要度の高い条文を扱う章には、以上の自分のテストにパスするものとしての評価を与えている。これもだいたいMorsinkの言っている通りである。特に1・22条を扱う章は、本論文でも第2章・第3章で大いに参考にしている。なお、資料が利用しにくいというのもその通りで、本論文の［参考文献］（p.184）ⅠAに記した資料中、◆印を付した資料はマイクロプリントカード又はマイクロフィッシュのものしか利用できないのが現状である。しかし、利用不可能なわけではないのだから、「起草の歴史」と銘打ちながらこれを確認しないのは怠慢のそしりを免れないであろう。

　さて、本論文にとって日本における研究のあり方は一義的な問題ではないので、すべての関連文献が確認できたというわけではない。しかし、以上のMorsink的な観点から見直してみるとき、このように起草作業の始めと終わりに明確な区切りを付け、さらにその中も各段階に細分化して、起草の歴史を研究したものはやはり少ないということだけは言えるであろう。ここでは、もっぱら世界人権宣言を研究対象とした代表的だと思われる二つの文献と、あまり一般的ではない一つの文献だけを取り上げておきたい。

　まず、田畑茂二郎『世界人権宣言』（1951）である。この書物自体はすでに一般に入手できるものではなくなっているが、著者のその後の関連著書における同宣言についての記述はこれをベースにしたものだと思われるし、またこれは他の人の関連文献の注で時々見かける文献でもある。著者自身、これを執筆して45年後の「国際人権法研究雑記」という一文において、これは「わが国において、『世界人権宣言』について書かれた最初の書物であり、いわばわが国における国際人権法研究のさきがけといえるものであった」と回顧し、同宣言の「成立する過程をかなり詳しく紹介している」と言っている。

　同書はその「三　世界人権宣言の成立過程」において起草過程を紹介し、（明確な段階分けをしているわけではないが）前記Morsinkの①～⑧段階があったことには、一応、簡単に触れている。また、「数次にわたる人權委員會内部の討議や第三回總會における各國の主張などを通じて何よりも強く印象づけられたのは」等

の記述（いわば人権の総論には合意できても各論になると意見対立が顕在化するということが印象づけられたという趣旨の文）から見て、人権委員会段階（①〜⑥）の資料も参考にしたものだと思われる（文庫本という性格のためか、同書には参考文献は載せられていない）。しかし、同書は「四　世界人権宣言と各國の討議内容」において、第3委員会段階（⑦）の議論における諸問題を東西二つの世界の対立を中心に整理した上で、同委員会における1・3・11・13・16〜20・22条等に関する議論を取り上げているが、これらの条文が人権委員会段階ではどのように議論されていたかということについては言及がない。従って、8段階すべての関連資料を精査しなければならないという観点から言えば、同書は「かなり詳しく」起草過程を扱ったとまでは言えないものだと思われる。

　次に、比較的新しいところでのまとまった著作という意味では、齋藤惠彦『世界人権宣言と現代』（1984）が挙げられるであろう。同書はその「第二部　宣言の成立、意義、内容」の第一・二章で同宣言の起草過程を取り上げている。同書を田畑前掲書と比較した場合に言えることは、同書の方が人権委員会段階（①〜⑥）の経過をより詳しく記述しているということである。人権委員会段階の全般的な経過に関する記述としては、Morsink的な観点から見ても一応「詳しい」ものだと言ってもよいもののように思われる。

　ただ、同書についても、第3委員会段階の記述については田畑前掲書とほぼ同様の問題を指摘することができるように思われる（同書は宣言の「現代的意義」に重点をかけた研究であるせいか、第3委員会の議論そのものについてはむしろ田畑前掲書の方が詳しい）。確かに同書には、第3委員会における16〜19条等の議論を取り上げる個所で、わずかに1ケ所（17条に関する個所）のみ、思い出したかのように「E／CN.4／AC.2／SR.8, p.3」などと人権委員会第2会期（宣言に関する作業グループ＝後に説明）の議事録であることを示す文書記号・番号を引き合いに出している個所はある。しかし、全般的には同書にも、やはり人権委員会段階における各条文の議論と第3委員会における関連条文の議論をつなごうとする意図はあまり見られないと言ってよいように思われる。

　とにかく、以上のように、日本における同宣言の研究には、明確に起草作業の始めと終わりを区切って、そのディテールに踏み込むという意図をもった研究は

あまり見られない。或いは、自分では実際に踏み込まないとしても、その必要性を指摘したもの自体が少ないとさえ言ってもよいであろう。しかし、実際の起草のディテールを空白のままにしておくことは、同宣言をいわば「聖典」のようなものに祭り上げることには役立っても、歴史的研究の役にはあまり立つものではないであろう。

　そんな中にあって、これは一般の目に触れることはほとんどないものであろうが、田畑前掲書と同じ年に出された外務省條約局国際協力課編『「人権に関する世界宣言」成立の経緯』は、注目に価する文献だと思われる。同書は、宣言採択以来その成立経緯を明らかにしようと努めてきた国際協力課の数名の事務官が、「第三委員会の審議を中心とする成立経緯の全貌」を明らかにしたものである。[注14]同書はその第四章において人権委員会段階の審議を、人権委員会・起草委員会各会期及び最初の事務局案（草案アウトライン）に各一節を割き、第六章で総会段階を第三委員会と本会議の各一節ずつに分けて（つまり、前記①～⑧にほぼ対応する各段階に区切って）、「かなり詳しい」報告をしているのである。これは現在までに確認できた日本語文献としては最も詳しいものだと言ってよい。例えば第3委員会に関する報告の節では、30ケ条のすべてにわたって、そこでなされた重要な議論や提出された主要な修正案を網羅的に紹介している。

　但し、同書は、人権委員会段階（①～⑥）については、「充分な資料が未だに入手できず、機構、組織、起案原則、宣言の性質等は明かにし得たが案文自体の審議については僅かに各会合において採択された案文を採録するに止った」ということを断っている。[注15]つまり、人権委員会段階についてはその全般的な経過が記せただけで、やはり第3委員会における各条文の議論と人権委員会段階における各条文の議論はつながっていないということである。しかし、同書自体に、起草のディテールに関するそのような空白があることを意識的に述べている点は極めて誠実なことであると感じられる。これはMorsink的な観点からの批判にも十分耐えうる研究であろう。同宣言採択の3年後にいわば日本で最も水準の高い起草過程研究が出されていたことに感慨を覚える。[注16]

　ここでは最後に、最近の注釈書へのMorsinkの書評によって知った、世界人権

宣言の研究にとって極めて重要な英語とフランス語の注釈書を三つ取り上げておきたい。^{注17}

まず、Neheimiah Robinson, *'Universal Declatration of Human Rights: its origins, significance and interpretation'*（1950）である。これは世界人権宣言の最初期の注釈書だと言ってよいものであろうと思われる。この注釈書は、Ⅰ章でごく簡単な起草の過程を辿り、Ⅱ章で宣言の法的意義を深く掘り下げ、Ⅲ章を各条文の解釈に当てている。しかし、同書は各条文を解釈する際にはその典拠を総会第3委員会（⑦）段階の記録に限定しているものである。^{注18}実は第3委員会における議論自体において、同宣言各条文に国際司法裁判所が解釈を与える場合、どの段階の議論に基づいて解釈すべきかが議論となり、「国際司法裁判所は人権委員会段階を含む議論に準拠すべき」（Dehousse・ベルギー代表）とする意見と「最終的に採択される総会の第3委員会の議論が権威をもつ」（Cisneros・キューバ代表）という意見に分かれたということがあった。^{注19}そこで、主として宣言の純法的性格に対する強い関心をもって書かれた同書は、各条文の解釈にあたっては第3委員会の記録のみに限って解釈を行っているということである。どうも第3委員会の記録自体からは、どちらの意見が採用されたのかは定かでないようにも思えるのであるが、この問題については次に紹介するVerdoodtも、Cisnerosの方の意見を採っている。^{注20}とにかく、このようなわけで、同書はⅢ章の解釈部分よりもⅡ章の宣言全体の法的意義について記した部分の方が充実した内容のものになっている。

　但し、いくら法的な意義に問題を限定するといっても、第3委員会の議論自体、実際には人権委員会段階の議論を念頭に置かねば十分理解できない点も多い。Robinsonのこの注釈書はいわゆる世界人権宣言の法的性格をめぐる問題に立ち入る際には、必須文献の一つだと言ってよいものだと思われるが、むしろ起草の歴史的研究である本論文では、この程度の言及にとどめておきたい。^{注21}

　さて、次にAlbert Verdoodt, *'Naissance et signification de la déclaration universelle des droits de l'homme'*（1963）である。おそらく同書は、現在でも起草過程の全体像及びその中のディテールの両面において、世界で最も詳しい書物だと言ってよいのではないかと思われる。同書は、自らの先行研究である前記

Robinsonの書物が第3委員会の記録にしか基づいていないものであることに触れながら、起草の歴史の空白を埋めるという明確な意図をもって書かれた書物である。[注22]

Verdoodt（ベルギー）は、まず全般的な関係資料を紹介して、極力私見を廃する研究方法を採用することを明らかにしつつ、宣言の前史の記述から始めて（同書序文及びⅠ・Ⅱ章）、次に宣言に関する全資料に基づいて各条文の詳細な成立過程を跡づけている（Ⅲ章）。通常、注釈書というと最終的に出来上がった条文の並びに沿って、まず前文の解釈から始めるようなものが多い。しかし、Verdoodtはそのような方法は採らず、採択された宣言各条文の次に、審議の過程で削除された条文等の削除過程も取り上げて（Ⅳ章）、それから前文の意義を述べる（Ⅴ章）、という極めて審議過程に忠実な（実は第3委員会の審議の順序通りの）執筆方法で同書を記述している。René CassinもVerdoodtのこうした研究方法の実証性にいささか驚きを示しながら、同書が宣言採択後15年間、国連人権部でさえ成功しなかった起草過程の歴史の空白を埋める道を開いた功績を称える序文を添えている。[注23]とにかく、これは世界人権宣言の起草過程に関する歴史的研究にとって、間違いなく必読の書であると言ってよい。

ここに挙げておくべき最後のものは、Philippe de la Chapelle, *'La déclaration universelle des droits de l'homme et le catholicisme'* (1967) である。Chapelleはカトリック神父である。同書は、第二バチカン公会議（1962〜1965）を契機としたカトリックにおける革新的な時代風潮の中にあって、世界人権宣言をその立場から積極的に評価しようとしたものだと言ってよいように思われる。[注24]この書物の第1部は（前史と起草過程を概観した後）起草過程の全資料に当たってなされた通常の注釈部分であるが、第2部は第1部の作業を西洋における古代以来の長いヒューマニズムの流れ（自然法から万民法、万民法から人間の権利という流れ）に位置づけようとする壮大な試みになっている。

Morsinkは前記の書評で、最近の注釈書がその共通方針に各条文の「歴史的背景」を記すとしながら、ほとんどどの章もその約束を果たしていない（＝これは事実である）ことと、そこではこのChapelleの壮大な試みがまったく用いられていないこととを結びつけて、最近の注釈書を批判している。確かに、このChapelle

の注釈書は、世界人権宣言のより広い思想史的な位置づけをする上では、参考にすべきものであろうと思われる。

　但し、むしろ起草過程のディテールから宣言の哲学を引き出そうとする本論文では、この書物については第1部の関連個所しか検討することはできなかった。そして、その限定内で言っておくならば、同書は各条文の解釈に当たっては特定的なカトリック的立場から解釈する面が強すぎると思われるので、その点は注意を要すると思われる。^{注25}

　本論文は、以上に挙げた重要文献の他、Cassin（1951）やHumphrey（1979, 1983, 1984）・Malik（1986）といった実際の起草作業において重要な役割を演じた人たちの著作（特に前二者）などもそのつど参考にしながら、人権委員会段階を含む起草過程8段階の全資料（特に議事録及び基礎文書）を用いて、序論に示した問題に迫ろうというものである。

　但し、実際に宣言の起草に関わった人たちの著作等は本論文作成にあたっては網羅できているわけではないということ、また、本論文では起草過程と同時期の国連外部の関連する動きについては（1つの例外を除いて）検討の対象にはしていないということなど、まだ不足しているものも多いということもお断りしておきたい。

II．世界人権宣言の起草過程

　さて、先には、世界人権宣言の起草過程を研究する際、一旦は必ず押さえておかねばならないと思われるMorsinkの段階分け（8段階）を紹介しつつ、いくつかの先行研究の問題を取り上げた。しかし、私自身はこうした段階分けを手がかりにして資料（特に各会期の議事録）にあたっていくうちに、Morsinkの段階分けと対立するわけではないが、それとはまた別の形で起草過程全般を見ていく方法が可能であり、その方が序論において示した問題に迫るには有効ではないかと思うようになった。その方法とは、いわば外形的な段階分けは段階（stages）分け

として念頭に置いた上で、むしろそれら起草過程の各段階内部の基礎文書（各段階において全体の議論の対象となった作業文書及び草案）における各条文の変遷過程（processes）を中心にして、起草過程を見ていくという方法である。そこで、以下では、まずそうした本論文独自の起草過程の見方の意味を記した上で（(1)）、起草過程全般を (a) 草案準備過程と (b) 草案審議過程の二つに分けて、実際に起草過程全般を概観しておきたい（(2)）。

（1）本論文における起草過程の見方

　世界人権宣言（各条文）の起草者の意思を研究するには、［表1］①～⑧の各段階の資料を検討しなければならないとMorsinkは言うわけであるが、しかし、これらの段階は、どれも均等に重要な段階だというわけではない。また、このどれも均等に重要でないということにも二つの意味が含まれている。一つは、全般的に言って①～⑧の各段階は各々重要度が異なるという意味である。そして、もう一つは、各々の条文にとって、やはり①～⑧の各段階は重要度が異なるという意味である。

　まず最初の意味の方に触れてみたい。例えば、④国連全加盟国へのジュネーブ草案の送付の段階や⑧総会本会議における宣言の採択の段階は、敢えて独立した1段階として見なす必要があるかどうか疑問だという問題がある。④の段階で意見・提案を返した国は当時58加盟国中の14ケ国にすぎず、この意見や提案は⑤起草委員会第2会期及び⑥人権委員会第3会期の審議において考慮に入れられたとはいうものの、実際に⑤⑥の議事録を読む限り、これを独立の1段階として考えなければならないほどに、基礎文書（各条文）そのものの変遷に大きな影響があったもののようには思われない。内容的には、④の段階は⑤⑥の中に含めて考えてもよいもののようにも思われる。また、⑧の段階についても、ここでは各国代表がいわば最後の意見表明（演説）をするだけであって、議論というようなものが行われたわけではない。ちなみに⑧の段階の議事録は90ページに満たないものだが、⑦第3委員会における大論争の議事録は750ページにも及ぶものなのである。

或いは、⑤（終了が1948/5/21）と⑥（開始が同5/24）の2段階は時期的にも隣接したもので、これらについてはまとめて1段階と見る見方もある。例えばCassinは、❶人権委員会第1会期・❷起草委員会第1会期・❸人権委員会第2会期・❹人権委員会第3会期（この中に起草委員会第2会期を含めているのだと思われる）・❺経済社会理事会第7会期・❻第3回総会第3委員会及び本会議という6段階分けをし、Morsinkの⑤と⑥を合わせて1段階のものと見ている。これは、実際の起草参加者がこれら隣接した2段階をひとつながりのものとして記憶していたということを示すものだと思われる。確かに、議事録を読んでいても、時間不足のためにジュネーブ草案のすべての条文を検討することができなかった⑤の段階はそのまま⑥の段階に流れ込んでいったという印象は受ける。ただ、⑥の人権委員会第3会期では改めてジュネーブ草案の1条から審議するということになっている。それに、起草委員会・人権委員会の両方に参加していたCassinの場合には、⑤と⑥はひとつながりのものとして記憶されていても、人権委員会の方にのみ参加していた人には、そうではなかったということも考えられる。従って、この2つの段階はやはり段階分けとしては独立させて各々1段階としておいた方がよいとも思われる。なお、Cassinの言う❺の段階については、ここでも各代表の一般的意見が表明されるだけであって、結局、国際人権宣言草案は何の変更もなくそのまま総会に送られたわけであるから、これを敢えて1段階に数える必要はないように思われる。

　さてしかし、本論文はこうしたMorsinkの8段階かCassinの6段階かというような、いわば外形的な段階分けの問題を、実はそれほど重視しているわけではない。これらは所詮、いわば「起草過程概観」用の外形的な区別にすぎない。その意味で言えば、外形的な段階分けとしてはより正確だと思われるMorsinkの8段階は、そのまま残しておいてもよいものだと思われる。前記のように、例えば⑦と⑧は内容においては重要度が異なるが、会議としてはそれぞれ独立したものでもあるからである。従って、本論文でも以下、起草過程概観の際には、①〜⑧の段階分け番号はそのまま使用しておくことにする。

　本論文が以上のような外形的な段階分けに加えて、否、むしろそれ以上に基礎文書の変遷の方を中心にして起草過程を見るというのは、先に記したどの段階も

均等に重要でないということのもつ二つ目の意味、すなわち、各々の条文にとって①〜⑧の重要度は異なるということに深く関係していることである。つまり、世界人権宣言の起草過程研究の主眼は、最終的には、宣言の各条文がどのようにして成立してきたかということを見ていくことにあるわけだから、各基礎文書における当該条文の変遷を辿ることを中心に据えて、その文言や位置（条文番号）の変更に対しどの段階のどのような議論が影響していたかという見方をしていく方が、宣言（各条文）そのものの成立を動態的に把握するには適した見方だと思うのである。

とはいえ、基礎文書の上では条文の文言等にまったく変化がないような場合でも、極めて重要な議論が闘わされているような場合もあるから、各段階（各会期）ごとに当該条文をめぐってどのような議論がなされたかを確認しなければならないのは、言うまでもないことである。また、このような基礎文書における各条文の変遷を中心にして起草過程を見る見方が本当に意味をもつのは、実際には本論文では次章以降、個別の条文を取り上げる際であって、以下の全般的な概観においては、まだ、Morsinkの①〜⑧の各段階に各基礎文書を組み合わせて、やはり全般的な流れを説明するということにとどまらざるを得ないということは致し方のないことである。

しかし、起草過程の段階分けに各基礎文書の流れを加味して起草過程全般を概観する時、①〜⑧の各段階（stages）とは別に、起草過程は全体としてまた大きく二つの過程（processes）に大別することが可能になることが分かる。すなわち、(a) 草案準備過程と (b) 草案審議過程である。あとそのことだけを説明しておいて、起草過程の概観に入ることにしたい。

以下が各基礎文書の原タイトル及び本論文において用いる略称である。

A. Draft Outline of an International Bill of Human Rights (Prepared by the Division of Human Rights of the Secretariat), E／CN.4／21, Annex A. (＝「アウトライン」と略称・前文及48ケ条)

B. Suggestions submitted by the Representative of France for Articles of the

International Declaration of Human Rights, E／CN.4／21, Annex D.（＝「Cassin案」と略称・前文及び46ケ条）

C. Suggestions of the Drafting Committee for Articles of an International Declaration on Human Rights, E／CN.4／21, Annex F.（＝「起草委員会案」と略称・36ケ条）

D. Draft International Declaration on Human Rights, E／600, Annex A.（＝一般に「ジュネーブ草案」と呼称・33ケ条）

E. Draft International Declaration of Human Rights, E／800.（＝国際人権宣言草案・前文及び28ケ条），

F. Universal Declaration of Human Rights, A／RES／217 A(Ⅲ), 10 December 1948.（＝世界人権宣言・前文及び30ケ条）

　これらの文書・草案はすべて関連委員会の当該会期において全体の議論の対象となった「基礎文書」である。しかし、その名称がどうあれ、このうちA〜Cはまだ「作業文書」(working paper) として扱われていたもので、公式に「草案」(draft) として扱われたのはDのジュネーブ草案（＝これを作成した人権委員会第2会期の開催地からこう呼ばれる）からである。従って、ジュネーブ草案が作成されるまでを　(a) 草案準備過程、それ以後を　(b) 草案審議過程として、起草過程をさらに大きく二つに区切って概観することができるわけである。が、この基礎文書の変遷過程は単なる外形的な区切りということにとどまらず、起草過程における議論の全般的な流れの内的な過程を示すものでもある。

　なお、各基礎文書におけるすべての条文の変遷が一目で摑めるようにすれば、いっそう便利だと思い、各基礎文書の原文を［資料］(p.192) として収録するとともに、［表2］(pp.240-245) A〜Fを作成した（以下、［表1］とともにこの［表2］も常時参照）。

（2）起草過程の概観

（a）草案準備過程

①人権委員会第1会期において国際権利章典の議論は、合衆国提案（E／CN.4／4）及び国連事務局（人権部）提案（E／CN.4／W.4）によって、「宣言か、多数国間条約か」という章典の取るべき形式の議論から始まった。事務局提案の方にはもう一つ、章典は「国連憲章の修正案」という形式を取るという第三の選択肢も記されていたが^{注30}、これを提案したHumphrey自身が後に「手に負えない仕事」^{注31}と表現したこの選択肢は当初から除外される形で議論は始まった。しかし、権利章典を国連基本法の一部にするという案がどのようなものであったかは興味深い問題である。但し、このように"W"（Working Paper）記号を付した文書（E／CN.4／W.1-20）は「限定配布」（Restricted distribution）扱いになっていたもので、マイクロプリントカードにもマイクロフィッシュにも収められていない。しかも、実は"W"記号の文書には重要な資料が多い^{注32}。最初から起草過程研究にまつわる困難を記すことになったが、この"W"記号には度々悩まされることになる。

とにかく、こうして「宣言か、条約か」ということから始まった議論は、一応、「章典は総会決議として起草されるという前提に立って内容の議論を進める」（Chang・中国）ということで合意された^{注33}。ただ、この合意はまだ確定的なものではなかった。同会期では実際の起草には着手せず、章典に盛り込むべき内容が各代表によってあまり整理されないまま列挙されるにとどめられた^{注34}。

そこで、この各代表の意見を受けて実際に人権章典の準備草案をどこで作成するかについての議論がなされ、人権委員会の議長（Eleanor Roosevelt・合衆国）、副議長（Chang）、報告者（Malik・レバノン）から成る起草グループ（Drafting Group）が、「国連事務局の助力を得て」その任に当たるということが一旦は決定された^{注35}。この問題をめぐっては、執行部のみから成る小さな起草グループでは国連事務局のイニシアチブが強くなるので、人権委員会がそのまま起草委員会（Drafting Committee）を構成するという案も対案として出されていた。従って、「国連事務局の助力を得て」というのは、あくまで起草の主体を人権委員会（執行部）側にするという意味の妥協的表現だったわけである。しかし、この決定に

対しても、Tepliakov（ソ連）はもっと多くのメンバーを指名すべきだとした。[注36]

　この問題は経済社会理事会第4会期で蒸し返されることになる。経社理では、Morozov（ソ連）・Papanek（チェコ）が起草グループに関する人権委員会の決定に強く反対した。そこで、Mrs. Rooseveltは経社理同会期に書簡を送って、8ケ国（オーストラリア・チリ・中国・フランス・レバノン・合衆国・イギリス・ソ連）代表から成る起草委員会の設置を提案、結局、この提案が経社理で承認されて起草委員会が設置されることになった。また、その際、経社理は同時に国連事務局に国際人権章典に関する"documented outline"の準備を要請し、後ほぼその通りに辿られることになる起草の日程を決定した。[注37]

　ただ、いずれにしても、最初の草案と言えるものを準備したのは国連事務局であった。人権委員会第1会期から女性の地位に関する委員会第1会期・経済社会理事会第4会期を挟んで最初の起草委員会までの時期に、人権部の最初のディレクターJohn Humphreyが（E. Giraudに補佐されて）作成したのがA. アウトラインである。アウトラインには、アウトライン各条文のいわば出典（条文ごとに人権委員会第1会期の時の関連する意見、従来何らかの形で提出されてきたいくつかの草案の関連規定及び当時実効力をもっていた55ケ国の憲法の関連規定）を示す400ページ以上に及ぶ資料集も添えられた（E／CN.4／AC.1／3 and Add.1）。

　人権部はアウトラインの作成に際し、戦間期・戦中・戦後にかけて出されてきた18の宣言・文書を照合するという作業を行っている（E／CN.4／W. 16）。[注39]しかし、この作業に関する文書は例によって「限定配布」文書であるから見られない。本論文において宣言の前史的な部分にあまり踏み込めなかったのには、一つには世界人権宣言の最初のアウトラインのいわば出典が容易に見られないという事情があった。これらの文書が見られなければ、歴史的文書としての宣言の厳密な意味における前史は描けないのである。Humphrey自身は、これらの文書の中ではパナマ代表によって提出されたアメリカ法学会のもの（E／HR／3）がアウトライン作成にとって「ベスト」モデルだったと言っている。また、55ケ国憲法の規定は、後で添付されたという面が強く、アウトラインの作成自体にはそれほど影響していないようである。[注40]

　このアウトラインが②起草委員会第1会期に提出されたとき、Hodgson（オー

ストラリア）がこの文書の哲学的立場を明らかにすることを求める。しかし、イデオロギー対立を激化させることを恐れたHumphreyは「これはどの哲学にも基づいていない」と回答した^{注41}。但し、彼は後にそれは人道的リベラリズムと社会民主主義の結合を試みたものだと打ち明けている^{注42}。起草委員会はこの文書と、やはり同会期に提出されたDukeston（イギリス・人権委員会代表）からの書簡による草案等^{注43}を比較検討した上、アウトラインのどの条文を章典草案に含めるかを議論した^{注44}。

　また、この会期では人権章典の形式について、それはまず直接に世界の人々に語りかける原則の「宣言」（Declaration or Manifesto）の形式を取るべきか、或いは締約国を即法的に拘束する「条約」（Convention）にすべきかという問題が議論されたが、結局この両者は矛盾するわけではなく、まず原則を宣言し、後に条約を作成するというCassin（フランス）の提案の線に沿って、宣言と条約双方の準備草案（作業文書）の作成を試みるということが決定された^{注45}。そして、Koretsky（ソ連）の提案で、起草委員会はCassin・Malik（レバノン）・Wilson（イギリス）及び起草委員会議長（Mrs. Roosevelt）から成る臨時の作業グループを指名、このグループが起草委員会の議論を受けてアウトラインを再編して諸条文を再起草し、また、宣言と条約各々への諸条文の配分を提案するということになった^{注46}。

　臨時の作業グループが開いた3回の会議の記録は残っていないが、宣言に関しては文書の統一性を保つためにCassinが一人で起草を引き受け、B. Cassin案の作成に至った。しかし、実はこのCassin案については、非常に分かりにくい点が多い。まず起草委員会同会期の報告文書では、Cassinは最初に44ケ条の案を作成したとなっているのに^{注47}、Cassin自身は45ケ条の案を作成したと言っている^{注48}。起草委員会の全体会議におけるこの案をめぐる議事録から見る限り、この案は44ケ条になっていたようである^{注49}。ところが、さらに分かりにくいのは、同会期の報告文書に付録として添付されたこの案に相当するものは、本論文［資料］にあるように46ケ条になっていることである（資料の関係上、完全な形で見ることができるのは最後の46ケ条のものだから、一応、本論文ではこれをB. Cassin案とする。また、議事録上の条文番号とこの46ケ条案の条文番号が異なるような場合も、すべて46ケ条案に換算して議論を進めることにする）。

また、このCassin案から**C. 起草委員会案**への経過もこれまた極めて分かりにくいものである。このCassin案をめぐる不明な点は、やはりすべて例の"W"記号のせいである。Cassin案は、起草委員会全体に提出される前にその前文と一般原則を示す最初の6ケ条が臨時の作業グループ内で修正され、その修正された部分（E／CN.4／AC.1／W.1）と、7条以下はCassinが最初に準備した形（E／CN.4／AC.1／W.2／Rev.1）で起草委員会全体会議に提出され、議論された。起草委員会は前文についてはもっと後の段階でしか議論できないとした上で、最初の6ケ条及び残りの条文を詳細に検討^{注50}、その議論に基づいて再度Cassinによって出し直された案（E／CN.4／AC.1／W.2／Rev.2）を、さらに起草委員会全体で検討・修正する^{注51}、という極めて複雑な経過を辿って出来上がったものが、**C. 起草委員会案**であった。だが、これら途中で作成された諸文書は「限定配布」文書だから、この間の経過は容易には摑めないというわけなのである^{注52}。

　ならば、なぜ本論文がこのように会期途中で出された、経過も摑みにくいCassin案を重く見るのか。ここで少しCassin案の意義について触れておきたい。

　Humphreyの著書（*Human Rights and the United Nations: A Great Adventure,* 1984）は起草に関わった種々の人物たちについて、大変貴重な情報を提供してくれる書物であるが、なぜかCassinについては「悪意」とも取れる表現がいくつか登場する。ここではその中からCassin案に関わる二点の問題を取り上げてみたい。一つは、後にCassinがノーベル平和賞を受けて宣言草案の最初の起草者とされていった経過を、「Cassinが宣言の父だという神話が作られた」と表現して、実はCassinは単に（本当は最初の草案である）アウトラインのフランス語版を準備したにすぎず、それが再び英語に戻された時にアウトラインとかけ離れたものになったのだという趣旨のことを、Humphreyが言っている問題である。もう一つは、CassinがアウトラインにはなかったB1条（＝B. Cassin案の1条の意味＝以下同様。但し、条文番号のみ記す場合はF. 世界人権宣言の条文を指す）を草案に持ち込んだことは（特に総会第3委員会における長い）無用な哲学論争を引き起こすことにしかつながらなかったと批判している問題である^{注53}。

　最初の問題については資料の不備もあって、完全に確認することは困難である。しかし、おおかた次のようなことは言ってもよいと思われる。人権委員会第1会

期ではまだ章典の形式は未確定だったから、起草委員会第1会期において作業グループがアウトラインの内容を宣言と条約に配分する際、その内容が多く宣言草案からは落とされるということもあり得たかもしれない。しかし、一応Humphreyは章典が総会決議（宣言）になるという前提でアウトラインを作成していたという。だから、その権利内容はほとんど（当初から宣言草案として作成された）Cassin案に引き継がれ、以後の基礎文書も基本的にはアウトラインの権利内容を整理していく過程にすぎなかったと見ることもできる。その意味では、確かにアウトラインは最初の「権利（宣言）カタログ」だとは言えるであろう。また、第二の問題についても、Humphreyがアウトラインに（現在の1条につながるような）哲学的主張を入れるのを避けたのは、宣言は後に慣習法になるであろうという国際法の専門家的な知恵によるものだったという。しかし、後（第3章Ⅰ）に見るように、アウトラインがその最初の条文（A1条）を「自国及び国連（国際社会）への忠誠義務」から始めていることには起草委員会第1会期で批判が噴出し、その結果として作成されたのがB1条なのであった。つまり、Cassinはカタログに列挙する諸権利は大して変更しなかったかもしれないが、人権宣言が依って立つ哲学を明示しようと試みることによって、文書全体の性格を転換したと言えるように思われるのである。

　この転換は、Ronald Dworkinの表現を借りて、とりあえず"duty-based"（義務基底的）なものから"right-based"（権利基底的）なものへの転換だったと言っておけばよいものかもしれない。A1条が「忠誠義務」から始まっているのに対して、B1条は不十分ながら人の権利の根拠を示そうとすることから始まっているからである。また、このように考えるならば、以後の基礎文書の流れも全体として「義務基底的」なものから「権利基底的」なものへの変遷として捉えることも可能である。例えば、当初、国際法としてはより一般的だと思われる、「国家の義務」や「国際関心事項」という表現で述べられていた権利保障に関する規定（A47・48条）も、見方によってはE. 国際人権宣言草案以降、人が「社会的及び国際的秩序への権利」を有する（E26条）という表現に転じていったと見ることもできる。或いは、当初は「庇護を与える国家の権利」として述べられていた庇護権（A34条）にしても、起草委員会第1会期の「国家の権利ではなく、人権の観点から定式

化すべき」（Harry・オーストラリア）という意見によって、C14条以降は「すべての人の権利」を示す表現に置き換えられた。これらすべての変化がCassin案で起こったわけではないが、Cassin案はこのような転換の契機であったと思われるのである。その意味において、名実ともに基礎文書が「人間の権利宣言」としての体裁を整えたのは、やはりCassin案からだったと言えるわけである。

とにかく、起草委員会第1会期では以上のような複雑な過程を経て、C. 起草委員会案が作成され、人権委員会（第2会期）に提出された。なお、臨時の作業グループでは、前記のイギリス代表提出の草案を基礎にして、Cassinを除く3人のメンバーで条約に関する作業が進められたということを記すとともに、(1) 草案準備過程においては宣言草案と条約草案は照合しながら議論は進められたということ、しかしながら、本論文では宣言の流れの方のみを追うことに限定しているということをお断りしておきたい。

さて、次に③人権委員会第2会期ではまず、再び章典の形式の問題（宣言か、条約か）が議論され、条約の重要性を力説するDukeston（イギリス）と宣言の優先を主張するMrs. Roosevelt（議長）の対立を軸に、「実施措置」の問題も含めた論争が3日間にわたって続く。が、結局、Dehousse（ベルギー）の提案によって、この会期では宣言・条約・実施措置に関する3つの作業グループに分かれて起草作業が進められることになった。[注58]

宣言に関する作業グループは起草委員会案を基礎文書として9回の会議を開く。全般的な問題としては、Amado（パナマ）が「条約の批准は不確実で即座に価値をもつ文書は宣言だけだ」とし、宣言の各条文に国家の実施義務を盛り込むことを提案するが否決されたこと、それに関連してCassinが「国家の保障義務・法や道徳による権利の制限・無差別平等原則などは特別条項にまとめて規定することによって宣言は簡潔化できる」と述べたことが注目される。[注59] この作業グループはそうした全般的な問題の議論の後、各条文ごとに起草委員会案を検討し、そこで[注60]出された各条文への修正案等を付して人権委員会全体会議に報告を提出、さらに[注61]人権委員会全体会議でその報告に基づく詳細な検討がなされて、D. ジュネーブ[注62]草案が出来上がるわけである。宣言に関する作業グループ・人権委員会全体会議双方にわたって注目されることは、ソ連代表（Bogomolov）が初めて積極的に議

論に参加したことで、マルクス主義のすぐれたスポークスマンであった
Bogomolovはその立場から種々の条文に厳しい批判を述べ、すでにこの時から議
論はイデオロギー闘争の様相を呈し始めたということである。[注63]

　人権委員会第2会期では、最後に「権利章典」という言葉が何を指すかが議論と
なり、ここで国連の人権に関する諸文書は「宣言」(Declaration)・「人権規約」
(Covenant on Human Rights)・「実施措置」(Measures for Implementation)の
3部で構成され、「国際人権章典」(International Bill of Human Rights)という用
語はこれらの文書すべてに適用されるということが確定された。[注64]人権委員会はま
た、次期起草委員会までにジュネーブ草案に対する各国政府の意見や提案を得る
ため、同草案を回答期限を定めて国連全加盟国政府に送付することを事務総長に
要請し、[注65]さらにD17・18条（意見及び表現の自由に関する規定）の検討を情報と
出版の自由に関する小委員会に付託、合わせて同条文の検討を情報の自由に関す
る国連会議に付託するよう経済社会理事会に要請することを決定した。[注66]

　なお、まだ公式に草案を付託されていたわけではなかったが、差別防止・少数
者保護小委員会（第1会期）はすでに起草委員会案の関連条文（Cの6・13・15・
28・36条）を検討し、人権委員会に修正案を提出していた。[注67]これも人権委員会第
2会期の議論では考慮に入れられ、同小委員会の案はジュネーブ草案の無差別平
等原則（D3条）・少数者の権利（D31条）規定に反映された。[注68]

(b) 草案審議過程

　各国政府の意見や提案を求めて④国連全加盟国に送付されたジュネーブ草案
に対しては、14ケ国（カナダ・オランダ・オーストラリア・合衆国・メキシコ・
ブラジル・イギリス・南ア・エジプト・ノルウェー・インド・フランス・スウェ
ーデン・ニュージーランド＝受取り順）からの回答があった。これについての資
料としては、各国から受け取った回答をほぼ受取り順に収録した文書（E／CN.4
／82 and Add.1-12）と、それをまたジュネーブ草案の各条文ごとに国連事務局が
内容的に整理し直した文書（E／CN.4／85）がある。

　しかし、これについては、前記のように、独立した1段階というよりも、むしろ
起草委員会第2会期・人権委員会第3会期において各条文に関する議論にどのよう

に反映したかという形で見ていく方がよいと思われる。また実際問題として、この段階の意見や提案はそれほど基礎文書（各条文）の変遷に影響したもののようには見えない。それに、起草委員会第2会期・人権委員会第3会期に際しては、この④の手続きとは別に、またいくつかの国が個別に修正案を提出するわけであるが、むしろそうした修正案の方がこの④の手続きによって寄せられた意見や提案よりも、実際の議論には強い影響力をもっていたように思われる。従って、本論文では次章以降、個別に各条文の成立過程を追う際、④の手続きによって提出されたものであるか、各会期に個別に提出されたものであるかには関わりなく（そうした一々の説明は省く形で）、実際に各条文の変遷に影響した修正提案を個別に取り上げるという方法で記述していくことにするということをお断りしておきたい。

とにかく、この各国政府の意見・提案に加え、さらにDの17・18条を1ケ条（E17条）にまとめるという情報と出版の自由に関する小委員会第2会期の提案及びそれを支持する情報の自由に関する国連会議の意見[注70]、Dの1・13条に関して提出された女性の地位に関する委員会（第2会期）の修正案[注71]も考慮に入れて、⑤起草委員会第2会期ではジュネーブ草案に関する条文ごとの詳細な検討が行われた。[注72]

さて、ここで少し起草過程全般の印象をやや単純化して述べ、それについて考えさせられた二つのことに触れておきたい。

ジュネーブ草案の作成まで（（a）草案準備過程）は、議論の主眼は宣言草案の形式やそれにどんな権利を盛り込むかという条文の選定に置かれていた。しかし、ジュネーブ草案といういわばフォーマットが出来た後（（b）草案審議過程）は、議論の重点はさらに詳細な逐条審議に移っていったと言えるように思われる。但し、草案の逐条審議といっても、それは事細かな文言の解釈という形を借りて、次第に激しいイデオロギー闘争に移っていったということである。

文書の形が固まれば固まるほど、むしろ対立が激しくなるという現象は興味深い現象である。このことから考えさせられた最初のことは、世界人権宣言にもし価値があるとすれば、それは起草過程における論争に価値があるということである。通常、法律家は異論が出ない文書ほど価値があると思うことの方が多いかもしれない。Humphreyは法律専門家らしく、例えば1条のような哲学論争を招く条

文は、宣言が後に慣習法と見なされるためには相応しくないと考えたのであった。しかし、起草過程を見ていて思わされたことは、同宣言が法律専門家を越えて世界に広がることに何かが力を貸したとすれば、それは論争の力ではなかったかということである。そうだとすれば、諸国の実行等によって慣習法になったと言うこと自体を可能にするのも、やはりこの論争の力ではなかったか。否、これを互いに自己の主張を正当化するために引き合いに出して論争するということは、現在でも続いていることである。それがこの文書に価値を添えているのではないか。ある文書が世界に広がるということは、そういうことを通してなのではないであろうか。この文書の価値は、この文書に対して異論がないという点にあるのではない。もともと起草過程に内包されていたこの文書自体の論争的性格にあるのではないかと思われる。その意味では、よく強調されるように、「制定過程においてかなり議論があり、八ケ国が棄権したが、棄権しただけであって、どの国も宣言そのものを一般的に否定したわけではなかった[注73]」というような点に、この文書の中心的価値があるわけではないと思われるのである。

　さらに、もう一つ考えさせられたことは、世界人権宣言の歴史的な位置という問題である。Morsinkは同宣言に対するナチ（全体主義）の影響を検討した最近の論文（"World War Two and the Universal Declaration" 1995）において、次には冷戦の同宣言へのインパクトに関する論文を出すことを予告している。同宣言の審議過程においてしだいに激しくなっていく論争に接しながら、私自身、おそらく同宣言はこの二つのことの間に位置するものとして捉え、前段の全体主義がどのように同宣言の成立を衝き動かし、しだいに対立を深める冷戦が同宣言にどのように翳を落としているかを検討しなければならないであろうと思わされた。勿論、本論文でこの検討ができるわけではない。ただ、これは念頭に置いておかねばならないことであろう。同宣言の草案審議過程内部から得た印象を、いずれまたもっと一般的な歴史の過程に置き直してみる必要を感じているということである。

　とにかく、以上のように、次第に激しくなるイデオロギー闘争が、草案審議過程を通じて第3回総会第3委員会の大論争というクライマックスへと通じていった——審議過程全般の流れをこのように見ることが可能であると思われる。

起草委員会第2会期の一般的議論の際、Pavlov（ソ連）はジュネーブ草案に対する不満を列挙し、「宣言は個人の権利ばかりでなく国家や人民への個人の義務も述べるべきだ」などとして、国家からの個人の擁護を強調するMalik（レバノン）と鋭く対立する[注74]。また、Pavlovは逐条審議の際には、ほとんどすべての条文に「国内法に従って」という修正案を挿入することを求める（＝彼にとってはそれは権利実現の保障だった）が、他の諸代表にはそれは危険な制限だと見えたので、ほとんどその修正案は否決された[注75]。さらに同会期では、Santa Cruz（チリ）がボゴタ（コロンビア）で開催された第9回米州諸国会議で採択されたばかりの米州人権宣言（American Declaration of the Rights and Duties of Man, 1948/5/2）から着想を得た修正案を提出し始める。米州人権宣言はラテンアメリカ諸国の政治的・法的理想を示すものであった[注76]。第3回総会第3委員会におけるE3条の審議の際、自由権と社会権の関係をめぐって交錯し合う東西及びラテンアメリカ諸国という3極対立の構図は、この起草委員会第2会期において輪郭を現したと言えるであろう。しかし、同会期では時間不足のために、一般原則規定（D1〜3条）や社会権規定（D23条以下）は検討されず、時期的には同会期直後の人権委員会第3会期に議論は継続的に流れ込んでいくことになる。

　⑥人権委員会第3会期ではその大部分の会議が宣言の逐条審議に当てられることになった。この会期で最も特筆すべき事項は、後（第2章Ⅱ）で取り上げるように、労働権の国家保障義務（D23条2項）をめぐる議論から、社会権の保障に関する一般原則を規定する個別の条文を検討するための起草小委員会が指名され、その結果として、「傘条項」（umbrella article＝E20条）とE26条（社会的及び国際的秩序への権利規定）が誕生したことである。また、この会期の全般的な傾向としては、特に宣言草案の簡潔化を求めるインド・イギリスの共同修正案や中国の修正案などの影響で、宣言の簡潔化がはかられたということが重要である[注77]。その結果、この会期の議論の末に出来上がったE. 国際人権宣言草案は28ケ条にまで簡略化されたものとなった。しかし、その過程において、D20条（請願権）・D31条（少数者の権利）といった重要な条文が削除されていったことには注目しておくべきことであろう。

　結局、国際人権宣言草案は賛成12（国名略）・棄権4（ベロルシア・ウクライナ・

ソ連・ユーゴ）で採択された。しかし、起草委員会第2会期以来イデオロギー闘争を激化させる中で、その修正案や要求がほとんど受け入れられなかったソ連代表（Pavlov）は、最後に人権委員会の作業結果に関して一つの声明を発表した（ベロルシア・ウクライナ・ユーゴがその声明に同意）。この声明は、起草過程全般（特に第3回総会第3委員会）において再三にわたって繰り広げられたソ連（社会主義諸国）代表の長広舌のダイジェストとも言えるものであるから、ここでその内容をかいつまんで紹介しておくことにしたい。

　この声明は、人権宣言には無差別平等・民主主義・政治的独立（主権）の原則や各国の経済的・社会的特殊性を考慮に入れた権利の保障、人民や国家への市民の義務などを明確に規定すべきだというソ連の基本的要求をまず確認した上で、国際人権宣言草案には次のような欠落があるとしている。すなわち、国際人権宣言草案は、a：ファシズムやナチズムに対する闘い（ファシズム・ナチズムの復活の阻止やその分子による民主的権利と自由の濫用に対する禁止や制裁）のような民主主義の基本的要求を無視し、b：民主主義（民主国家・民主的原則）に言及することすらせず（E27条を除けば）、c：ジュネーブ草案と比較しても、一定の民主的権利や自由（完全な無差別平等原則・教育その他公的機関における母語使用など各人の固有の民族的文化への権利・人種差別主義や人種的民族的憎悪の宣伝の禁止等）を制限し、d：大部分の条文（特に社会権規定）が非現実的な法的・形式的な性質にとどまって、そこに規定された内容を具体的に実施する手段と方法を示さず、e：祖国・人民・国家への義務（特に情報や移動の自由といったいくつかの重要問題に関して）や国連憲章の内政不干渉原則にも言及していない、と。

　ところで一方、人権規約草案の方はまだ総会に提出できる状態ではなかった。しかし、以上のように、その完成を待っていたら宣言の採択すらが危ぶまれるほどにイデオロギー闘争（冷戦）は激化しつつあった。そこで、従来、規約と切り離して宣言のみを採択することには異論を唱えてきたイギリスやニュージーランドの代表も、その立場の再考を余儀なくされた。その結果、経済社会理事会第7会期では各代表が国際人権宣言草案に関する一般的意見を述べるにとどめて、何の変更も決定もせずに同草案をそのまま総会に送付することが決定されたというわけである。

パリで開かれた第3回国連総会は第142回会議（1948/9/24）で国際人権宣言草案を第3委員会（社会・人道・文化問題委員会）に付託、⑦第3回総会第3委員会における大論争が始まった。同委員会は、第88～105回会議（9/30～10/18）、第107～116回会議（10/19～29）、第119～134回会議（10/30～11/12）、第137～167回会議（11/15～30）、第174～179回会議（12/4～7）の合計81回の会議を費やして国際人権宣言草案の検討を行う。その内訳は、第88～95回会議（途中）までが各国代表の一般的見解表明、第95（途中）～157回会議までが国際人権宣言草案各条文の詳細な逐条審議、第158～164回会議（途中）までが人権委員会で一旦削除された少数者の権利や請願権等を含む追加提案の審議、第164（途中）～167回会議までが前文の審議で、その間、第166回会議（11/30）で宣言全体の言語表現や諸条文の配列のみを検討する小委員会が指名され、第174～178回会議にかけて同小委員会報告の検討その他が行われた。第3委員会は、12月6日、すでに（11/30）Cassinの提案によって"Draft Universal Declaration of Human Rights"と名称を変えていた草案を、賛成29（国名略）・棄権7（ベロルシア・カナダ・チェコ・ポーランド・ウクライナ・ソ連・ユーゴ）で採択した。ソ連代表は最後（第179回会議）に、第3委員会が総会における最終的な宣言の採択を延期するように要請する決議草案を提出したが、賛成6・反対26・棄権1で否決された。なお、カナダの棄権は意外だと思われるかもしれない。カナダ代表は第3委員会では後に本会議で棄権理由を述べる権利を留保した。

　第3委員会における論争は、大まかなグループ（陣営）間対立として見るならば、もちろん東西のイデオロギー対立を軸にして、そこに米州人権宣言を共通の理想とするラテンアメリカ諸国が交錯する構図で見ることができると思われる。但し、まだ北に対する「南」（第3世界）という対立の構図が成立していたとまでは言えない。アジア・アフリカはまだ独立国（従って参加国）も少なく、サウジアラビアのように、E14条（婚姻の権利）やE16条（宗教を変更する自由）の審議に際してコーランを盾に取って異論を述べ、最終的には宣言そのものに棄権した国もあったが、「アラブ」や「イスラム」もまだまとまった対抗勢力にはなっていなかった。だが、注意深く見るならば、こうした論争の過程からは国際人権の「現代的」課題の種々の萌芽を読み取ることはできる。

また、第3委員会の論争は、前記のグループ間の対立・交錯という構図の中で、Cassin・Chang・Malik（第3委員会議長）・Pavlov、またラテンアメリカ諸国代表、そしてEleanor Rooseveltといった種々の個性の衝突の場として見ることも可能で、実際、時には人間観や歴史観まで引きずり出しての激しい論戦の場となった。

　とにかく、これら諸々の意味において、この場は参加58ケ国代表のまさに"the great debates"と呼ぶに相応しい場であった言える。但し、国際人権宣言草案の各条文をめぐって提案された夥しい数の修正案などに関する採決は168回にも及んだが、それら修正案の多くは否決され、結局、2ケ月以上に及ぶ大論争を経ても、同草案の内容自体にはそれほど大きな変更はなかったと言ってよい。要するに、第3委員会における論争はその結果よりも、まさにその過程（process）に意味があると言えるのである。

　最後に、以上の大論争を経て第3委員会で採択された草案が⑧総会本会議に提出される。総会では第180〜183回会議（12/9〜10）でほとんど各代表の見解表明が行われただけで、修正されたのはわずかに1ケ所のみであった。<u>F. 世界人権宣言</u>^{注83}（人権の普遍的宣言）は12月10日、賛成48（国名略）・棄権8（ベロルシア・チェコ・ポーランド・サウジ・ウクライナ・南ア・ソ連・ユーゴ）で採択された。ソ連・社会主義諸国、サウジアラビアの棄権はすでに記した理由による。南アの棄権理由は、宣言は基本的人権の範囲を越えている（つまり、経済的・社会的及び文化的権利は含むべきではなかった）とするものであった。^{注84}なお、カナダは総会本会議では賛成票を投じ、宣言のいくつかの条文がカナダ連邦憲法下で州政府の権限に抵触すると心配して第3委員会では棄権したが、この間にカナダ政府は憲法問題を検討できたので賛成するとした。^{注85}その他の詳細は略すことにする。

　総会本会議における意見表明の際、Eleanor Rooseveltは同宣言を「全人類のマグナカルタ」^{注86}と呼んだ。

6 但し、Morsink, 1999 では、④を③に含めて、起草の過程を7段階に変更している（pp. 4-12）。

第2章 世界人権宣言における人権の二分法の問題

　本章では、まず、世界人権宣言における諸々の自由に関する規定の一般原則を示す3条の成立過程において自由権と社会権の関係がどのように議論されたか（Ⅰ）、次に、社会権の一般原則としての22条（傘条項）がどのようにして成立したか（Ⅱ）を見る。そして、これらの過程において成立した同宣言における人権の二分法がどのようなものであったかを確認し、最後に、同宣言における人権の二分法が「自然権モデル」と「社会正義モデル」という正当化根拠の問題とどのように関係しているのかということを考えておきたい（Ⅲ）。

Ⅰ．3条の成立過程における自由権と社会権の問題

　世界人権宣言3条は起草過程の各基礎文書において、以下に列挙するような変遷を辿った（以下、条文に付した＿＿線・＿＿線等はすべて寿台）。

A．アウトライン
　　第3条（生命への権利）　すべての人は生命への権利を有する。この権利は、死刑が加えられる何らかの犯罪についての一般的な法の下で有罪と宣告された人に対してのみ、否定することができる。(Everyone has the right to life. This right can be denied only to persons who have been convicted under general law of some crime to which the death penalty is attached.)
　　第5条（身体の自由の原則）　すべての人は身体的自由への権利を有する。(Every one has the right to personal liberty.)
B．Cassin案
　　第7条（生命及び身体的不可侵への権利）　すべての人間は生命及び身体的不可侵の尊重への権利を有する。(Every human being has the right to life and to the respect of his physical inviolability.)

何人も、たとえ有罪と判明しても、拷問・虐待又は品位を傷つける取扱いは受けない。(No person, even if found guilty, may be subjected to torture, cruelty,or degrading treatment.)

第8条（身体的自由の原則）　すべての人は身体的自由及び安全への権利を有する。(Everyone has the right to personal liberty and security.)

C. 起草委員会案

第7条　すべての人は生命・身体的自由及び身体的安全への権利を有する。

（Every one has the right to life, to personal liberty and to personal security.）

D. ジュネーブ草案

第4条　すべての人は生命・自由及び身体の安全への権利を有する。(Every one has the right to life, to liberty and security of person.)

E. 国際人権宣言草案

第3条　すべての人は生命・自由及び身体の安全への権利を有する。

F. 世界人権宣言

第3条　すべての人は生命・自由及び身体の安全への権利を有する。

国連事務局人権部はA3条の出典として、人権委員会第1会期におけるCassinの意見・チリによって提出されていた米州法律委員会（Inter-american Juridical Committee）草案1条・キューバ草案1条及び26ケ国の憲法の関連規定を挙げ、また、A5条の出典としては、同チリ（米州法律委員会）草案2条・インド草案1条及び21ケ国の憲法の関連規定を挙げていた[注1]。この2ケ条は当初より諸々の自由の一般原則的な規定として位置づけられており（[表2] A参照）、起草委員会第1会期におけるCassin案の審議においてBの7条と8条は1ケ条にまとめることが合意された[注2]。以後、この条文は最後のF3条に至るまで、（ささいな用語修正があっただけで）内容の変化はまったくなかった[注3]。しかし、この条文をめぐる論争は極めて激しいものであった。

起草過程全般におけるこの条文をめぐる論争点は二つの問題に大別することができる。第一は、「すべての人が生命…への権利を有する」という時に、いわばその「すべての人」から排除されやすいカテゴリーの人たち（社会的弱者）の問

題（人権の主体をめぐる問題）であり、第二は、この一般原則的な規定に列挙する権利は「生命・自由及び身体の安全」だけでよいかどうかという問題（人権の対象に関する問題）である。起草過程全般を通して言えば、ほぼ第3回総会第3委員会に至るまでの人権委員会段階では主として第一の問題が激しく議論され、第3委員会において第二の問題が論争の的となった。ここでの中心問題である自由権と社会権の問題は直接には第二の問題に関係することであるが、以下ではまず第一の問題に簡単に触れ（（1））、それから第二の問題を少し詳しく見てみたいと思う（（2））。

（1）人権の主体をめぐる論争

A3条が出典として用いていたチリ提出の草案1条は、この権利を「受胎の瞬間からの」また「不治の病人・精神薄弱者及び精神障害者の」生命への権利にまで拡大していた。しかし、こうした言葉はA3条にもB7条にも記されていなかったので、起草委員会第1会期において、Santa Cruz（チリ）がそのことを指摘して起草委員会案（C7条）への追加草案を提出し、自然法（トマス主義）の考えに立つMalik（レバノン）も「受胎の瞬間から」という文言の追加を強く主張して同じくC7条への代案を提出した[注5]。胎児の問題をめぐる論争は、人権委員会第2会期（宣言に関する作業グループ及び人権委員会全体会議双方）の議論において一つの山場を迎え、そこでは、いわば「胎児の権利」や「中絶の禁止」を強く支持するVanistendael・Serrarensなどキリスト教NGO（International Federation of Christian Trade Unions）の人たちと、「中絶の権利」の存在を主張するMrs. Begtrup（女性の地位に関する委員会代表・デンマーク）とが激しく対立する[注6]。また、A3条が死刑の存在を容認していることに対しては起草委員会第1会期当初から何人もの代表の批判が噴出し[注7]、この死刑をめぐる問題は人権委員会第2会期・第3回総会第3委員会（ほぼ起草過程全般）にわたって問題とされ、実際、第3委員会においてはソ連がこの条文に「平時の死刑廃止」を盛り込む修正案も提出した[注8]。

この条文をめぐる以上の第一の論争点は、現代の人権論においても常に議論されている重要な問題である。しかし、前記の如く、これら生命への権利を有する

箸の「すべての人」から排除されやすいカテゴリーの人たちの問題は（そこでは胎児の権利と女性の中絶の権利のように相互に衝突するものもあるわけだが）、いずれも人権の主体に関わる問題であって、直接には自由権と社会権の関係の問題（人権の対象に関する問題）ではない。ただ、この第一の論争点が内包する問題を以下の第二の論争点との関係において指摘しておくならば、起草過程全般において、通常は人権の主体から排除されやすい社会的弱者の問題をより強く主張した人たち（ラテンアメリカ諸国及びレバノン・社会主義諸国の代表等）ほど、以下に記すような社会権の一般原則化をより強く主張した人たちであったと言うことができる。つまり、社会的存在としての人（特に弱者）の個別性・具体性を認識すればするほど、人は社会権をより重要なものとして認識するようになると言えるのである。

（2）自由権と社会権をめぐる論争

さて、すでに起草委員会第1会期（B7・8条に関する議論）においてCruz（チリ）がこの条文に経済的・社会的権利を含む案を提案していたし、また起草委員会第2会期ではPavlov（ソ連）が「何百万人もの生命を脅かす失業・飢饉・病気等に対する声明を含むべきだ」[注10]としていた。しかし、この問題は第3回総会第3委員会において、この条文の宣言全体に占める重要な位置の問題が論争の的となるまでは、本格的に取り上げられることはなかった。

第3委員会でE3条に対して提出されたいくつかの修正案を列挙してみよう。[注11]

キューバ案（A／C.3／224）すべての人間は生命・自由・安全及び身体の保全への権利を有する。(Every human being has the right to life, liberty, security and integrity of person.)

レバノン案（1948/10/12提出の修正案）すべての人間は生命・自由・安全及びその人格の完全な発展への権利を有する。(Every human being has the right to life, liberty, security and full development of his personality.)

メキシコ案（A／C.3／266）（第2項として追加する案）扶養・健康・教育及び

労働への権利は、社会正義の完全な存在と人間の完全な発展を保障するためにも、また、個人の生活水準の増進を達成するためにも、不可欠だと考えられる。(The right to maintenance, health, education and work, is considered essential in order to obtain an increase in the standard of living of the individual, as well as to secure the full existence of social justice and the full development of the human being.)

ウルグアイ案(A／C.3／268)すべての人は生命・名誉・自由、及び法的・経済的・社会的保障への権利を有する。(Everyone has the right to life, honour, liberty, and to legal, economic and social security.)

以上の修正案に共通する提案趣旨は、「国際人権宣言草案の最初の3ケ条は宣言の残りの部分に規定される諸権利の要約を与えるものだから非常に重要で、そこにおける権利の予備的な列挙は完全であるべきだ。宣言草案には経済的・社会的権利が含まれていない」という、Azkoul(レバノン)の説明に最もよく表されている。これに対しては、Grumbach(フランス)・Mrs. Roosevelt・Mayhew(イギリス)らが、「この条文の目的は原則の一般的宣言であって、提案された経済的・社会的諸権利は後の条文ですべてカバーされている」として反対を表明、そこで、キューバ・レバノン・ウルグアイの案は一つの修正案に統合できるということから、3ケ国は以下のような共同修正案を再提出することになる(後にメキシコも議論の過程でメキシコ案を撤回してこの提案に加わる)。

ウルグアイ・キューバ・レバノン共同修正案(A／C.3／274)すべての人は、生命・名誉・自由・身体的保全、及び、人格の完全な発展にとって必要である法的・経済的・社会的保障への権利を有する。(Everyone has the right to life, hounour, liberty, physical integrity, and to the legal, economic and social security which is necessary to the full development of the human personality.)

以下、この共同修正案(の＿線部分)をめぐる議論から、結局は国際人権宣言草案がそのまま採択されることに有力な役割を果たしたChang(中国)とCassin

（フランス）の宣言全体の構造についての説明と、共同修正案を提出した3ケ国代表の主張を討論再現風に列挙してみよう（以下のやりとりの条文番号はすべてE. 国際人権宣言草案の番号）。

Chang（中国）：（宣言全体の構造の問題として）1・2・3条は18世紀の哲学の3つの主要な考え（1条は友愛・2条は平等・3条は自由）を表現している。3条は自由の基本原則を述べるもので、それが続く9ケ条において具体的に規定されている（4条は奴隷制・5条は法の前での人格の承認・6条は法の前の平等・7条は逮捕の合法性の必要・8条は公正な裁判・9条は推定無罪・10条はプライバシーへの干渉の禁止・11条は移動の自由を扱う）。この一連の条文では、自由の考えが次第に（まず個人、それから家族、最後に国に）拡大されている。13〜20条は種々の社会的制度を扱うものだが、20条（傘条項）は3条と同様に社会保障の一般的な考えを定義するもので、続く21〜25条において具体的に規定される。この草案の構造は明解で合理的なものである。共同修正案は20条と同じ考えを表現しており、以上の宣言の構造と調和しない。だから、3条はこのままにしておくべきである。[注15]

Cassin（フランス）：共同修正案は基本的人権のジンテーゼを達成する試みであり、この試み自体は賞賛に値するものだが、それはユートピア的なものに見える。また、共同修正案の権利リストは不完全である。[注16]

Cisneros（キューバ）：全般的には国際人権宣言草案の最初の部分を承認するが、人はもはや18世紀に生きているわけではないことを念頭に置かねばならない。サンフランシスコ会議では、「基本的自由」（国連憲章）という言葉の採択はルーズベルト大統領の4つの自由（言論と表現の自由・信仰の自由・欠乏からの自由・恐怖からの自由）への感謝だという合意があった。20世紀の思想の特徴は、こうした新しい自由の概念にあるのだから、これが宣言の扉に記されるべきである。共同修正案はこの4つの自由に適合している。新しい人権宣言が1789年フランス宣言の真似ごと（単なる繰り返し）ではなく、今世紀の最も気高い理想を提示することを希望する。経済的・社会的権利はもっと適切な位置（文書の最初）に現れるべきである。[注17]

Azkoul（レバノン）：3条は中国代表の説明とは異なった理解も可能で、それはここから続く9ケ条ばかりでなく、宣言のすべての条文の基礎として理解することもできる。3条は基本的な条文だから完全なものであるべきなのである。[注18]

Saint-Lot（ハイチ）：3条にはルーズベルト大統領の4つの自由を含めるべきだった。国際人権宣言草案はルソーの個人主義に影響されすぎている。行き過ぎた個人主義は全体主義の反動を引き起こした。その両極を避ける試みがなされるべきである。[注19]

Cassin：国際人権宣言草案は生命への権利に関しては、1789年フランス宣言ではなく、ボゴタ宣言（米州人権宣言）に依っている。ルーズベルト大統領の4つの自由は、宣言の条文としては一般的で不完全だから、むしろ前文に挿入すべきである。良心や表現の自由を述べる前に、経済的・社会的・文化的権利を述べるのは不適切である。…社会正義と人格の自由な発展という考えに関しては、フランス代表は適切な時に（20条で）宣言への挿入を支持するであろう。[注20]

　共同修正案は議論の過程で用語の修正を受けて、その＿線部分は「人格の完全な発展にとって必要な経済的・社会的その他の条件への」（to the economic, social and other conditions necessary to the full development of the human personality）と改訂される（A／C.3／274／Rev.1）。[注21]が、とにかく以上のような第3委員会における激しい論争の末、結局、同案（改訂版）のこの部分は、点呼投票（roll-call）により賛成20・反対21（棄権7）の僅差で否決された。点呼投票の内訳は次の通り──賛成：ハイチ・レバノン・メキシコ・パキスタン・ペルー・ポーランド・ウクライナ・ソ連・ウルグアイ・ベネズエラ・イエメン・ユーゴスラビア・アルゼンチン・ベロルシア・チリ・コスタリカ・キューバ・チェコスロバキア・ドミニカ・エクアドル。反対：フランス・ギリシア・インド・ルクセンブルク・オランダ・ニュージーランド・ノルウェー・パナマ・フィリピン・シャム・スウェーデン・シリア・トルコ・南ア・イギリス・合衆国・オーストラリア・ベルギー・カナダ・中国・デンマーク。棄権：エジプト・エチオピア・グアテマラ・ホンジ

ュラス・サウジアラビア・ブラジル・ビルマ。[注22]

　総会本会議においては、この条文は満場一致で採択された。

　以上、世界人権宣言において諸々の自由に関する規定の一般原則としての意味
をもつ第3条の枠組から、どのようにして社会権的な内容が外されたかを確認し
た。従来、世界人権宣言の成立過程は、東西二つの世界の政治的対立のみに集約
して捉えられる傾向が強く、いわゆる第3世界諸国の参加は一般に過小評価され
てきたという問題がある。[注23]人権をまずは「自由権」と「社会権」に大別する二分
法の問題についても、もっぱら東西対立の産物だと考えられがちだったという問
題があるであろう。しかし、以上の3条の成立過程において顕著なのは、むしろラ
テンアメリカ諸国代表の活発な発言なのであり、また、諸々の自由の一般原則の
枠組から社会権的な概念を外すという、いわば二分法的な考え方の原型とでも言
うべきものは、キューバ・ウルグアイ・レバノン共同修正案を否決する形で成立
したものであったということである。以上の過程から、まずこのことを確認して
おかねばならないであろう。

　但し、以上の確認は、Morsink論文の後半の章に記されたことを確認したとい
うことにすぎない。しかし、Morsinkはその章を「世界人権宣言における新しい
権利」と題しながら、「新しい権利」（社会権）自体については22条（傘条項）に
少し言及しているだけで、それが成立する過程を扱っていたわけではなかった[7]。
そこで、本論文においては、次に22条（傘条項）の成立過程を取り上げておきた
いと思うしだいである。

7 但し、Morsink, 1999 では chap.6 において 22 条の成立過程が扱われているこ
　とをお断りしておきたい。

II．22条（傘条項）の成立過程

この条文についても、まず各基礎文書における該当条文を一括して列挙しておこう。

A. アウトライン

第41条　すべての人は<u>社会保障への権利</u>を有する。国家は、失業の防止、及び失業・事故・障害・病気・老齢その他の不本意な又は不当な生計の喪失の危機に対する保険のために、効果的な取決めを整備しなければならない。（Every one has the <u>right to social security</u>. The State shall maintain effective arrangements for the prevention of unemployment and for insurance against the risks of unemployment, accident, disability, sickness, old age and other involuntary or undeserved loss of livelihood.）

B. Cassin案

第40条　すべての人は<u>社会保障への権利</u>を有する。<u>共同体</u>は失業を防止し、<u>関係者からの分担金</u>をもって、障害・病気・老齢その他すべての不本意で不当な職及び生計の喪失に対する<u>保険</u>を組織化する措置を取るべきである。（Every person has the <u>right to social security</u>. The <u>community</u> should take steps to prevent unemployment and to organize with <u>contributions from those concerned, insurance</u> against disability, illness, old age and all other involuntary and undeserved loss of work and of livelihood.）

<u>母と子は特別な注意・保護及び財源への権利を有する。</u>（<u>Mothers and children have the right to special attention, care and resources.</u>）

C. 起草委員会案

第34条　すべての人は<u>社会保障への権利</u>を有する。<u>可能な限り</u>、国家は<u>完全雇用の促進</u>と、失業・障害・老齢及びその他すべての不可抗力による生計の喪失に対する個人の保障のための措置を取らなければならない。（Every one has the <u>right to social security</u>. <u>To the utmost of its possibilities, the</u>

67

State shall undertake measures for the <u>promotion of full employment</u> and for the security of the individual against unemployment, disability, old age and all other loss of livelihood for reasons beyond his control.)

　母と子は特別の配慮・保護及び財源への権利を有する。(Mothers and children have the right to special regard, care and resources.)

D. ジュネーブ草案

第26条　1.すべての人は<u>社会保障への権利</u>を有する。国家は、失業・障害・老齢及びその他のすべての不可抗力による生計の喪失の結果に対して、個人を保障するための<u>包括的な措置の維持</u>を保ち又は保障する義務を有する。(Every one has the <u>right to social security</u>. The State has a duty to maintain or ensure <u>the maintenance of comprehensive measures</u> for the security of the individual against the consequence of unemployment, disability, old age and all other loss of livelihood for reasons beyond his control.)

　　2.母性には特別の保護及び援助が与えられなければならない。子も同様に特別の保護及び援助への権利資格を付与されている。(Motherhood shall be granted special care and assistance. Children are similarly entitled to special care and assistance.)

E. 国際人権宣言草案

第20条　すべての人は、<u>社会のメンバーとして</u>、<u>社会保障への権利</u>を有しており、<u>国内努力及び国際協力を通し、また、各国家の組織と資源に応じて</u>、以下に列挙される経済的・社会的及び文化的権利の実現への権利資格を付与されている。(Everyone, <u>as a member of society</u>, has the <u>right to social security</u> and is entitled to the realization, <u>through national effort and international co-operation, and in accordance with the organization and resources of each State</u>, of the economic, social and cultural rights set out below.)

F. 世界人権宣言

第22条　すべての人は、<u>社会のメンバーとして</u>、<u>社会保障への権利</u>を有して

おり、国内努力及び国際協力を通し、また、各国家の組織と資源に応じて、その尊厳と人格の自由な発展にとって不可欠な経済的・社会的及び文化的権利の実現への権利資格を付与されている。(Everyone, as a member of society, has the right to social security and is entitled to realization, through national effort and international co-operation, and in accordance with the organization and resources of each State, of the economic, social and cultural rights indispensable for his dignity and the free development of his personality.)

この条文の変遷を見て一目で分かることは、この条文がE. 国際人権宣言草案に至って根本的に変更されたということである。A41条～D26条では「社会保障」の内容は失業や障害等に対する具体的な措置（B40条からは母と子に対する特別保護を含む）になっていた。しかし、E20条からは「社会保障」という言葉は、「以下に列挙される経済的・社会的及び文化的権利」のいわば総称として使用されるようになり、D26条までの失業・障害等や母子に関する規定は、国際人権宣言草案ではE22条（衣食住及び医療を含む相当の生活水準への権利）に加えられるようになったわけである。実際、(A41条～) D26条からE20条 (F22条) へと連続しているものは、単に「社会保障への権利」という条文のタイトルだけだと言ってもよい。ここでの中心問題はこのD26条からE20条への変更の意味であるから、この条文に関する議論で最も重要な部分は人権委員会第3会期（及び第3回総会第3委員会）の議論である。ただ、以下ではまずD26条までの過程を、特にこうした「傘条項」の出現につながる徴候に焦点を当てて確認し（(1)）、それから人権委員会第3会期（及び第3委員会）の議論を見ることにしたい（(2)）。

(1) 「傘条項」以前

国連事務局人権部はA41条の出典として、チリ提出の米州法律委員会草案16条・キューバ草案10条・パナマによって提出されたアメリカ法学会（American Law Institute）草案15条・インド草案1条c・合衆国草案2条c・アメリカ労働連盟

（American Federation of Labor）草案3条及び20ケ国の憲法の関連規定を挙げて
いた。^{注24}

　起草委員会第1会期では、Cruz（チリ）によってA. アウトラインの35〜44条（社
会権規定のすべて）を章典草案に含めることが支持された。^{注25}が、章典の形式に関
する一般的議論の際、Cassinは（社会権全般に関して）「良心の自由や生命の権利
の保障に関しては大多数の国が合意できても、社会保障・社会保険・完全雇用等
の保障義務にはほとんど合意はないであろう」として、自由権と社会権の違いを
指摘していた。^{注26}ここにはすでに後に彼によって提案される「傘条項」の考えが仄
めかされているように思われる。

　しかし、Cassinは社会権を軽視したわけではない。B. Cassin案はアウトライン
同様、社会権の詳細な規定を列挙していた（B35〜43条＝この案では労働権関係
の規定が特に詳細であるのが目立つ＝［表2］参照）。このCassin案の社会権規定
全般に関して、Wilson（イギリス）等がこのような詳細な社会権規定に難色を示
して、「2・3の基本原則を挙げれば十分だ」としたが、それに対してはCruzが反
論、（3条に社会権を含むべきという主張とは別に）社会権を前文にも含むことを
主張していたことが注目される。^{注27}

　B40条の特徴に触れておくならば、CassinがA41条の「国家」を「共同体」に変
更し、「関係者からの分担金」による社会保険（social insurance）として社会保障
を捉えていたこと、^{注28}また「母と子」に対する特別保護の規定を置いたことが注目
される。

　一方、実はすでに起草委員会同会期には、「個人及び国家の共同の努力によっ
て漸進的に達成されるべき社会的権利」についての一般規定的条文（すでに一つ
の「傘条項」とも呼びうる条文）が合衆国によって提案されていた。^{注29}同会期にお
ける二度目のCassin草案検討の際、先に前文に社会権規定を含むことを主張した
Cruzがより一般原則的な規定である合衆国案を支持し、その結果、Cassin案と合
衆国案とが融合されてB40条がC34条となる。^{注30}この案では、国家の保障義務に「可
能な限り」という制限規定が付されたことが特に注目される。

　次に人権委員会第2会期（宣言における作業グループ）ではAmado（パナマ）
が、「社会保障が民間に任されている場合には、国家の手に委ねられるべきでは

ない」と主張したことから、その主張の線に沿ったRomulo（フィリピン）のC34条への追加提案が採択されて、D26条には「包括的な措置の維持」という文言が加えられることになる。この主張は、社会保障への権利に相関する義務の国家中心的構造を薄めるものとして重要だと言われている。D26条から「可能な限り」という制限規定が削除された経緯は議事録には載っていない。しかし、社会保障義務は国家だけが負うわけではないということと関係があるように思われる。つまり、国家だけが負う義務であれば、そのような制限を付しておく必要があるということではなかったかということである。ただこの際、Stepanenko（ベロルシア）が、「関連するすべての措置を取ることは国家の義務である」ということを強調していたことにも注目しておくべきであろう。

　起草委員会第2会期では、時間不足のため社会権規定についての議論はほとんどなされなかったと前章の概観では記した。しかし、実は残った僅かの時間で若干の（衣食住や医療に関わる健康への権利を規定するD25条のみが対象とされた）意見交換が行われた。同会期にはすでにDの25条と26条を1ケ条にまとめるというフランス提案が提出されていたが、その案について説明する際Cassinが、諸国の異なった経済システムに由来する社会保障ということの困難さに言及し、国際宣言と国内宣言の違いを強調していたことが注目される。また、Cruz（チリ）が、D25条を「社会保障」というタイトルの下に置くこのフランス提案を支持して、社会保障と社会保険の違いを強調し、社会保険がなくても直接国家の行動によって可能な社会保障は、生活水準の低いアジアやラテンアメリカ諸国にとって重要だとしていたことにも注目される。

　以上、この条文をめぐる議論はここまでの経過だけでも種々の要素が複雑に入り混じったものである。しかし、大まかに言えば、特にWilson（イギリス）等できる限り社会権を切り詰めようとする諸代表と、社会権をより一般原則化しようとするCruzの対立、また、社会権の保障義務をめぐる諸問題（国家による社会保障か、むしろ国家中心主義を薄めた関係者の分担金による社会保険かといった問題から、社会権の国際的保障の問題まで含む）などから、ただ具体的な諸権利を列挙するだけではなくて、とにかく社会権というものの一般原則を定式化する必要性がしだいに認識されつつあったと言ってよいであろう。

(2)「傘条項」の成立

さて、「傘条項」を作成するという問題が議題として浮上したのは、人権委員会第3会期におけるD23条（労働権）に関する議論においてであった。D. ジュネーブ草案ではこの条文が社会権規定のトップに位置していたということがあって（[表2] 参照）、この条文をめぐる議論は個別労働権問題にとどまらず、社会権全般の問題も入り混じった議論になっていた。その中で、Malik（レバノン）が次のようなことを述べて、D23条に関して出された種々の提案を検討するための起草小委員会の指名を提案する。つまり、「これまで（同会期におけるD23条の議論に至るまで）人権委員会は生命への権利や思想の自由といった個人自身（individual as such）の権利を検討してきたが、今は社会のメンバーとして（as a member of society）の個人の権利を議論している。だから、宣言のどこかに、これらの諸権利（社会権）を保障する経済的・社会的条件を確立する必要性に注意を引くような条文を置くことが望ましい。必要なことは、個人がその中で発展し、その中において個人の権利が保障できる理想的な社会の基準を定義することである」と。この提案が採用されてオーストラリア・フランス・インド・フィリピン・イギリス・合衆国・ソ連代表から成る起草小委員会が指名された[注36]。ここで初めてMalikが「社会のメンバーとしての個人の権利」として社会権を性格づけていたことが注目される。

だが、この小委員会が「傘条項」を提案したわけではない。ただ、人権委員会全体の議論がD23条（労働権）の2項（「その領域内に普通に居住するすべての人が有用な労働の機会をもつことを保障する」国家の義務を規定）に及んだ時に、Mehta（インド）が「小委員会の中にはD23条2項を個別の条文にする又は前文に挿入するという考えがあった」と述べたことから、むしろ国家の保障義務を社会権全般に関わるものとして規定する個別の条文を作成するか、それともそうした規定を前文・D2条（社会に対する義務）・D3条（無差別平等原則）のいずれかに挿入するかが議論となった。そのうち最も有力だったのは、社会権規定の始まりに個別の条文を置いて一般原則を確立するというLoutfi（エジプト）の意見であ

った。が、議論の結果、まだ社会権規定の始まりとは確定しないで、とにかく宣言のどこかに挿入する社会権の保障に関する特別条項を作成するために、新たに起草小委員会が指名されることになった。そして、そのメンバーとしてCassin（フランス）・Malik（レバノン）・Wilson（イギリス）・Pavlov（ソ連）・Mrs. Roosevelt（議長・合衆国）注37 が指名された。

この特別条項を作成するための起草小委員会は極めて重要な二つの条文を提案する。一つは（後にE26条として採択される）Malikの提案による「社会的及び国際的秩序への権利」に関する規定であり、もう一つがCassinの提案による「傘条項」注38 である。この起草小委員会の任務は社会権（の方だけ）に関わる特別条項の作成だった筈だが、Malik提案の規定は自由権も含めたすべての権利に関わる、より一般原則化された規定になっていた。このことは、Malik自身が「社会のメンバーとして」という言葉で社会権を特徴づけていたことから考えれば奇妙なことだが、小委員会の記録は残っていないので詳しいことは分からない。とにかく、この言葉はCassinの提案の方に現れ、この案が文字通り社会権の「傘条項」と言えるものになっていた。

ところが、この小委員会の中ではMalik案が満場一致で採択され、この規定さえあれば「傘条項」は余分だと考える人が多数を占めていた。そのことが人権委員会全体会議で報告されると、Jockel（オーストラリア）・Miss Sender（アメリカ労働連盟）・Steyaert（ベルギー）といった人たちが、Malik提案の方を強く推す小委員会の決定はもともとの小委員会指名の趣旨とずれていることを指摘して、やはりCassinの「傘条項」の方を強く支持した。ただ、Malikによれば、「その他の権利と自由については〈傘条項〉に相当する保障規定がないのに、社会権にだけそれを置くと、その他の権利よりも社会権を優先的に取扱うことになる」のであった。Wilson（イギリス）も同意見であった。それに対してCassinは、「生命や自由への権利は無条件なものだから、そうした基本的人権をカバーする条項には保障は含まなくてよい。他方、経済的・社会的権利の実現には国家の側の物質的援助が要るのだから保障を必要とする。傘条項には経済的・社会的諸権利に不当な強調を置く意図はない」とした。この論法はまさに「自由権」「社会権」の二分法そのものである。その原型と言ってもよいのかもしれない。結局、この論法がと

どめをさす格好で、社会権の「傘条項」を置くことが採択された（賛成10・反対6）。[注39]

　一方、人権委員会同会期においては、起草委員会第2会期の流れを受けて、Dの25条（衣食住及び医療に関わる健康への権利）と26条（社会保障への権利）を融合するインド・イギリス共同修正案等が議題に上り、融合案作成のためのフランス・インド・イギリス代表から成る起草小委員会も指名されていた。[注40] 実は、この融合案の議論と「傘条項」の議論は交互に断続的に進められたわけであるが、以上のように「傘条項」を宣言の社会権規定の始まりに置くことが採択されたときには、まだそこには「社会保障への権利」という言葉は含まれておらず、このタイトルは人権委員会全体に提出されたD25・26条融合案作成小委員会の提案の方に付けられていた。[注41] この案は「社会保障」（及び「社会保険」）という言葉をめぐる長い議論を引き起こす。

　だが結局、この案に対してはMetall（ILO）が、「人権委員会は〈社会保障〉という言葉を新しく定義し、それを〈生活水準や社会的サービスへの権利〉と同義のものに拡大しようとしている」として、「生活水準への権利」をタイトルにする（「社会保障」という言葉は具体的な弱者保護規定として限定的に使う）案を提案したことなどから、[注42]「ILOと異なった意味で〈社会保障〉という言葉を使用するのは賢明ではない」（Mrs. Roosevelt）・「国によって意味の違う〈社会保障〉という言葉は解釈の困難を引き起こす」（Wilson）などの意見が優勢となり、最終的にはWilsonの提案によって、D25・26条を融合するものとして採択されたE22条（衣食住及び医療を含む相当の生活水準への権利）からは、「社会保障」という言葉は削除されることになってしまった。また、これに伴って、B40条以来「社会保障への権利」のタイトルの下に置かれてきた母子への特別保護もE22条の2項に規定されることになった。[注43]

　さてしかし、こうした経過の中、「現代において広く一般に受け入れられている〈社会保障〉という言葉を削除することは誤りだ」と主張していたCassinが、この言葉のE22条からの削除に伴い、とりあえず社会権規定のトップに置くことに決まっていた「傘条項」に、改めてこの言葉を含めることを提案する。その際Cassinは、「労働者の福祉はすでに純粋に国内的関心だとは言えなくなった。だから、〈社会保障〉という言葉は傘条項に含む方がよい。1932年の大規模な失業が

社会保障という行動の国際レベルにおける必要性を示した」などとして、「国際協力」ということに言及している傘条項こそがこの言葉を挙げるのに相応しい条文だということを主張し、社会権の保障を広く国際問題として認識させることを試みた。結局、こうした説得が有効に作用して、「社会保障への権利」を傘条項のタイトルとするという提案が賛成15・棄権2で採択された。なお、E20条に含まれることになった「国内努力及び国際協力を通し」という言葉は、社会権実現の最大限の可能性を求めるLoutfi（エジプト）の提案を受け入れて、しかしそれもあくまで「各国家の組織と資源に応じて」だという制限規定はMrs. Rooseveltの提案を受け入れて、Cassinの原案を修正したものだということにも注目しておこう。[注44]

　以上のようにして「傘条項」が成立したわけであるが、この「以下に列挙される経済的・社会的及び文化的権利」の一般原則としての条文に「社会保障への権利」というタイトルを付けたことは、やはりかなり無理をして取って付けたという感じがしないでもない。結局、「社会保障」という言葉は、E22条をはじめ経済的・社会的権利を扱うどの条文にも含まれなかったので、傘条項に含まざるを得なかったと言えるようである。総会第3委員会では、傘条項のこのタイトルに議論が集中することになる。

　第3委員会におけるE20条の審議の際にも、Mrs. Newlands（ニュージーランド）によって、この条文から「社会保障」を削除して再びE22条に移すという修正案（A／C.3／267）が提出されたが、第3委員会ではE20条より審議が後になるE22条（F25条）にこの言葉が含まれる確証はないということから、この案は撤回された。「社会保障」という言葉には、A41条〜D26条における（そしてE22条に移った）ような、いわば社会的弱者の保護規定としての「狭い専門的な意味」と、むしろ「社会正義」（social justice）と言った方がよいような「広い人道的な意味」があって、E20条においては後者の意味でこの言葉が使用されているということが、第3委員会では多くの代表によって確認されていた。そこで、この言葉を後者の意味で使用していることを明確にするために、Azkoul（レバノン）からこの言葉の位置を変えて、「すべての人は…その社会保障・尊厳及びその人格の自由な発展にとって不可欠な経済的・社会的及び文化的権利の実現への権利資格を付与されている」とするという提案が出されたが、否決された。[注45] また、「社会保障」は

「社会正義」に変更した方がよいという意見が何人もの代表から出され、実際、Kayaly（シリア）・Wiart（ベルギー）からはその線に沿った修正提案もなされたが、いずれも否決された。結局、第3委員会においてはキューバの修正案（A／C.3／232）のみ採択されて、E20条はF22条となった。E20条の「以下に列挙される（経済的・社会的及び文化的権利）」を、「その尊厳と人格の自由な発展にとって不可欠な」と変更するというキューバ案が採択されたのは、先に見た3条の議論の際に約束されていたものが、ここで確認されたものにすぎない。注46

　総会本会議においては、この条文は満場一致で採択された。

　以上、22条（傘条項）の成立過程を確認した。結局、この条文の「社会保障」という言葉はこの条文にしか置けないということから、ここに加えられたものであった。従って、この条文は具体的な弱者保護規定としての「社会保障への権利」という、個別の権利を規定する条文ではなく、むしろより広い「社会正義」に関して述べた条文だと見た方がよいものである。事実、Verdoodtも最近の注釈書もそのように解釈している。注47　が、「社会保障」という言葉は、やはり「狭い専門的な意味」に限定して、25条（E22条）に置くべきだったのではないかと思われる。但し、私は、総会第3委員会でも提案されたように「社会正義」ということを人権の対象（right to social justice）として表せばよかったとは思わない。起草過程においてはこの言葉は人権の正当化根拠（by virtue of social justice）の問題としては議論されなかったし、また、「社会のメンバーとして」という言葉についても先のMalikの社会権の説明以外にはほとんど議論にもならなかった。しかし、私は以上の経過と序論に記した権利概念の定式とを合わせて、この条文を「すべての人が、社会のメンバーであることによって［当該社会の社会正義の原則に基づいて］、○○への権利を有する」と定式化できる、人権の「社会正義モデル」の一類型を示しているものだと見ておきたい。

　なお、22条に「国内努力及び国際協力を通し」という最大限の国家の社会保障義務を示す言葉と、同時に「各国家の組織と資源に応じて」というその保障義務の限界を示す言葉が同居しているという問題は重要な問題であろう。ただ、この問題については、総会第3委員会では一度、Eleanor Rooseveltが次のように指摘し

ただけで、何の議論にもならなかった。彼女はこの条文の本質的要素がこの問題にあることを示して、「これは国家が社会権を特別に承認することを求めるソ連政府のような見解と、国家の義務は明記すべきでないとする合衆国政府のような見解の妥協案である」としていた。しかし、もともとは人権委員会第3会期においてCassinの傘条項原案に最大限の権利実現の可能性を求める修正を加えたのは、エジプトのLoutfiであった。第3委員会においてもっぱら「社会保障」という言葉の問題ばかりに議論が集中する中で、彼女が社会権保障に関わる実質的な問題を指摘したのは正しいことだと思われるが、問題の捉え方自体には過度の単純化があったように思われる。世界人権宣言に社会権規定が含まれたことを、もっぱらソ連の主張によるものとして、単にそれを東西の政治的妥協の産物としか見ないMaurice Cranston流のドグマは正されなければならない——22条の成立過程からも、やはり3条の成立過程と同様のことを言っておかねばならないであろう。

III. 世界人権宣言における人権の二分法と正当化根拠の関係

　以上、世界人権宣言の3条及び22条の成立過程を見ることによって、人権というもの（人権の対象）を、まずは「自由権」と「社会権」に大別する二分法的なものの考え方の、いわば原型とでも言うべきものがどのようにして成立したのかということを確認した。しかし、以上の過程から言っておかねばならないことは、同宣言におけるこの二分法的なものの考え方は、厳密に言えば、その後、よりくっきりとした形で語られるようになった、「市民的及び政治的権利」（自由権）と「経済的・社会的及び文化的権利」（社会権）という、いわゆる「二分法」（dichotomy）とは少し性格を異にするものであるということである。以下ではまずそのことを確認した上で（(1)）、それから同宣言における二分法と「自然権モデル」「社会正義モデル」という正当化根拠の問題がどのように関係しているかについて考えておきたい（(2)）。

77

（1）宣言における人権の二分法

　ここでは、世界人権宣言における人権の二分法は、「自由権」と「社会権」の二つにくっきりと二分するいわゆる「二分法」に対して、せいぜいのところ限定的な二分法、或いは、漠然とした二分法という意味しかもたないということを確認した上で、その観点から序論で取り上げたMorsink論文の問題点を指摘しておきたい。

　まず、世界人権宣言における人権の二分法が、限定的な二分法という意味しかもたないということから確認しておきたい。

　第3委員会におけるE3条（宣言の構造）に関する議論において、Chang（中国）は、宣言の諸々の自由の一般原則としてのE3条はE3〜11条までをカバーするものだとしかしていなかった。これは採択された世界人権宣言で言えば、F3〜13条にあたるものである。そして、ChangはE13〜20条（F15〜22条）は種々の社会的制度を扱うものだとしていた。

　また、Cassinも後のハーグ国際法アカデミーにおける講義で、宣言全体を「神殿の巨大な柱廊」に喩えて、次のようにその構造を説明した——同宣言では「人類家族の統一」を確認する前文がその広場を形成し、「自由」「平等」「無差別」「友愛」（F1・2条）という一般原則がその土台を構成しており、4つの円柱がその柱廊を支えている。4つの柱とは、第一（F3〜11条）が「個人的次元の権利と自由」の柱、第二（F12〜17条）が「個人がその一部を成す集団及び外部世界の物事との関係における個人の権利」の柱、第三（F18〜21条）が「精神的特性及び基本的な政治的自由・政治的権利」の柱、そして第四（F22〜27条）が第一の柱と対称をなす新しい「経済的・社会的及び文化的権利」の柱である。また、四つの門柱の上には、「個人と社会の間の関係」を示す正面（fronton）がなければならず、そこで同宣言は、「個人の権利と自由が完全に実現できる国際社会の秩序」（F28条）の必要性を確認し、「共同体に対する個人の義務」（29条）を宣言して、「人が越えられない限界」（F30条）を設定している。このように、同宣言は「個人から社会への連続的な高まり」（élan continu de l'individuel vers le social）を示してい

るのである――と。[注51]

　以上のように、自由の一般原則としてのF3条の及ぶ範囲は、ChangとCassinの間でも若干の違いはあったが、いずれにしても、その後、世界人権宣言のF3〜21条をひとまとめにして「自由権」（市民的及び政治的権利）とするような説明の仕方はしていなかったわけである。[注52]　つまり、ここには、せいぜいのところCassinの言う「経済的・社会的及び文化的権利」（第四の柱）と「個人的次元の権利と自由」（第一の柱）という限定的な二分法しか、まだ見あたらないと思われるわけなのである。

　次に、同宣言における二分法が漠然とした二分法という意味しかもたないということを確認しておきたい。

　22条（傘条項）の成立過程において、Malik（レバノン）は次のようなことを言っていた。「社会権にだけそれ（傘条項）を置くと、その他の権利よりも社会権を優先的に取扱うことになる」と。これは面白いことである。なぜなら、Morsinkは逆に次のように言っていたからである。「世界人権宣言のこの構造では、社会権は重要ではあるが、自由権とは同じ地位を有していないことになる」と。「社会権」が傘条項によって別扱いにされたということは、一般的にはMorsinkが言っているように、それがいわゆる「自由権」に比べて二義的な地位しか与えられなかったということだと考えられがちであろう。しかし、Morsinkのように考えるのはむしろ我々の時代の常識なのであって、案外、起草者たちにとってはそうでなかったのかもしれない。

　Morsink論文においては22条の成立過程は扱われていなかった。そして、この22条の成立過程は第3委員会の資料だけ見ていても絶対に分からないものの一例である。その中心的な段階は人権委員会第3会期であったからである。先に確認したように、この会期で傘条項の成立をリードしたCassinの発言からは、「社会権」を「自由権」に対して二義的なものとして扱うという意図は（逆に「社会権」の方を優先的に扱う意図も）見られないように思われる。むしろ、起草者たちにとっては、「新しい権利としての社会権」（経済的・社会的及び文化的権利）をどのようなものとして位置づけるのかということが先にあった問題なのであって、或いは、それはその時代の核心的な問題だったと言ってもよいのかもしれないので

ある。ところが一方、それに対して、ひとまとまりの「自由権」（市民的及び政治的権利）というようなものは、あまり意識されていなかったのではないかと思われる。だから、しいて言えば、Malikの言う「社会権」と「その他の権利」といった漠然とした二分法しか、まだここでは立っていなかったように思われるわけなのである。

　以上のように、同宣言における二分法はまだ、現在一般化されているような「二分法」ではなかった。ただ、国際法においては、この「二分法」の問題は「自由権規約」「社会権規約」という二つの国際人権規約の実施義務の問題として取り上げられることが一般的であろう。後にそのような形で「自由権」と「社会権」をくっきり分ける「二分法」の発想の根が、すでに世界人権宣言にあったということを、3条及び22条の成立過程を通して確認したということは、それなりに意義のあることだと思われる。同宣言の限定的な或いは漠然とした二分法が、いつからくっきりとした「二分法」に定式化されるのかという問題については、むしろ国際人権規約の成立過程を見るべきであろう。

　なお、本論文では以後も、「世界人権宣言における人権の二分法」というような言葉を使用するが、それは以上のような意味において、まだ限定的な或いは漠然とした二分法という意味である。しかし、それは同時に、その後にくっきりと定式化される「二分法」の原型（すなわち「二分法的なるもの」）とでも言うべき意味合いも含んでいるということを確認しておきたい。

　ところで、私は序論において、Morsinkが人権の対象の問題としての「二分法」と正当化根拠の問題としての「モデル」の問題を区別していないということを問題にしておいた。しかし、その問題に入る前に、以上の確認から、まずもって人権の対象の問題だけに限って言ったとしても、Morsink論文はあまりにも安易にくっきりと定式化された「二分法」に頼りすぎていたという指摘をしておかねばならないであろう。つまり、本当は人権の対象についても、むしろ世界人権宣言以後に定式化されたであろう「二分法」を自明の前提とするのではなくて、例えば、他にも同宣言の諸権利を「自由権」「参政権」「社会権」の三つに分類する見方などもあるということは念頭に置いておくべきだったと言えるかもしれないの

である。

　しかし、本論文は、通常はもっぱら人権の対象のレベルで議論される、諸権利の分類を問題にしているわけではない。勿論、諸権利の分類にも種々の分類があることは念頭に置いておかねばならない。が、仮に同宣言の諸権利を「二分法」で分類するにせよ、「三分類」で分類するにせよ、そのように分類される諸権利を人は何を根拠にして有すると言えるのかという、正当化根拠の問題を問題にしようとしているのである。従って、もっぱら人権の対象レベルの問題である諸権利の分類という問題からだけでも、Morsink論文は単純に「二分法」だけに頼りすぎだという批判は可能ではあるが、これはこの程度の指摘にとどめて（但し同時にこの問題も念頭に置いた上で）、次の問題に移りたいと思う。

（2）人権の二分法と正当化根拠

　以上に述べた意味でならば、世界人権宣言が人権の二分法を成立させたということは言ってもよいであろう。しかし、この二分法は人権の対象についての問題なのであって、果たしてそれが「自然権モデル」「社会正義モデル」という人権の正当化根拠の問題にそのまま対応していると言えるものなのであろうか——これが本論文の序論で提示しておいた問題であった。ここでは、この問題についてMorsink論文に対する疑問と批判を、「二分法モデル」の問題（(a)）と「自由権の傘条項」の問題（(b)）に分けて、改めて詳しく提示し直してみたい。

(a)「二分法モデル」の問題

　序論で私はMorsink論文の結論を、次のように確認しておいた——世界人権宣言は人権を「自由権は自然権モデル、社会権は社会正義モデル」の二つに振り分けて根拠づけたというのが、Morsinkの出した答えだと見てよいであろう——と。このように人権の対象の問題としての二分法に対応する形で、人権の正当化根拠もまた二つに振り分ける考え方を、私は以後「二分法モデル」と呼ぶことにする。以下、まずこの「二分法モデル」について、世界人権宣言がこの考え方で構成されているというMorsink論文の結論は根拠が薄弱であるということを述べておき

たい。

　同宣言が「二分法モデル」で構成されていると、Morsinkが考えた根拠はいったい何だったのであろうか。それは、第3委員会におけるE3条への3ケ国共同修正案が否決されたことが、次のような二つの意味をもつということであったと、Morsinkは考えていたと見てよい。つまり、共同修正案の否決は一方で、社会権も自然権だと考えるラテンアメリカ諸国及びレバノン代表の「成熟した自然権モデル」が否定されたことを意味し、他方で、いわゆる自由権も含めておよそ権利というものを国家の枠内でしか認めないソ連・社会主義諸国のいわば「自然権否定」の考え方が否定されたことを意味する、と。従って、「自由権」及び「社会権」という二種類の権利を、「自然権モデル」或いは「社会正義モデル」のどちらかの根拠の下に統一的に集めるということはしていないのだから、同宣言は「二分法モデル」の立場に立つものなのである、と。

　これに関して、ラテンアメリカ諸国及びレバノン代表が「成熟した自然権モデル」の立場に立っていたということは、一応、認めてよいことであろう。それはE3条に対する3ケ国共同修正案の趣旨説明や、その背景である米州人権宣言から言えることだと思われる。22条の成立過程においてMalik（レバノン）が、社会権の「傘条項」の起草を請け負った筈の人権委員会第3会期における起草小委員会で、自由権も含むすべての権利の保障に関する一般規定（E26条）を提案したことも、実はこの考え方を反映したものだと思われる。最後まで、「傘条項」の成立に反対したのもMalikであった。彼は起草過程において終始一貫して「自然法」（自然権）の立場を打ち出し続けた人であった。

　また、ソ連及び社会主義諸国代表が「自然権否定」の考え方に立っていたということも、当然そのまま認められることである。このことは、本論文ではむしろ次章において随所で確認されることである。自由権も含むすべての権利を国家の枠内の権利としてしか見ないこの考え方を、私は以後「一国社会正義モデル」と呼ぶことにする（或いは、「一国社会主義モデル」と言った方がよいかもしれないが、今は人権の正当化根拠としての「社会正義モデル」の範疇に属するものとしてこう呼ぶ）。

　ならば、これら二つの「モデル」（成熟した自然権モデル・一国社会正義モデル）

が世界人権宣言では否定されたということが、なぜそのまま同宣言は「二分法モデル」で構成されていると結論する証拠になるのであろうか。Morsink論文を読む限り、Morsinkは次のように考えたのだと見てよいであろう。つまり、E3条への共同修正案に反対して、いわば人権の二分法を成立させた21ケ国（北大西洋同盟諸国及び旧植民地諸国）代表が同宣言の全体的な構造を仕立て上げた主流をなす考え方をもっていたのであり、その考え方が「二分法モデル」であったのだ、と。

　実は、私はこの、宣言の全体構造を仕立て上げた人たちの考え方が「二分法モデル」であったということをこそ疑っているのである。いわばこれは消去法で導き出された答えである。つまり、世界人権宣言の哲学は、「成熟した自然権モデル」でも「一国社会正義モデル」でもないから、「二分法モデル」なのだ、と。そして、当然、主流をなした人たちの哲学はこの「二分法モデル」の筈なのだ、と。

　そこで、Morsinkが主流をなした人たちの代表として引き合いに出していた人物に少し注目してみたい。まず、Chang（中国）^{注55}である。Changの第3委員会における宣言の全体構造の説明自体、そもそもそれほどくっきりとした「二分法」を示すものですらなかった。また、Changは、第3委員会におけるE19条（F21条・参政権）に関する審議の際、（これは最終的には撤回されたものだが）統治に参加する権利はすべての人が「市民として」（as a citizen）有するという趣旨の修正案（A／C.3／333）を提出していた^{注56}。このことはどのように理解したらよいのであろうか。

　勿論、諸権利の分類（人権の対象）というレベルで言えば、Changは「二分法」ではなくむしろ「三分類」（自由権・参政権・社会権）の考え方に立っていたと言えるのかもしれない。ならば、「モデル」（正当化根拠）という問題についてはどうであろうか。Changは「二分法モデル」ではなく「三分類モデル」、すなわち、いわゆる純粋に個人的なレベルの自由権（Cassinの分類では第一の柱）は「単に人として」有する権利（自然権モデル）、政治的権利としての自由権は「市民として」有する権利（いわば「市民正義モデル」とでも言うべきもの）、そして社会権を「社会のメンバーとして」有する権利（社会正義モデル）として捉えていたとでも言うのであろうか。しかし、それはあり得ないことだと思う。実は、起草過

程全般にわたって、Changが「自然権」というものを強調したことはない。従って、Changは「自由権」と「社会権」、さらに「参政権」という人権の対象の区別は意識していたが、それに正当化根拠の問題などは重ね合わせていたわけではなかったのである（そもそも、正当化根拠に対する意識などあまりなかったであろう）。

　次に、やはりMorsinkが主流をなした人として引き合いに出していたもう一人の人であるCassinの場合はどうであろうか。確かに、Cassinは「傘条項」の成立に際しては、まさに「二分法」そのものの論理を展開していた。しかし、それは今日一般に考えられているように「社会権」を二義的な権利として扱うというよりも、むしろ「社会権の保障」を推進するための実践的意図から展開されたものであったと思われる。或いは、宣言採択後はCassinは諸権利を「四つの柱」に分類していたのだから、正当化根拠の次元では「四つの柱モデル」に立っていたとでも言えばよいのであろうか。しかし、それもあり得ないことである。Cassinの場合は、Changの場合よりも、人権の対象・正当化根拠双方ともについて、その立場はかなり明確である。先に引いた説明によれば、宣言の土台（正当化根拠）はF1・2条なのであり、その上で諸権利が四つの柱に分類されているだけのことなのである。そして実は、最初に宣言の1条草案（B1条）を起草した人であるCassinが、決して「自然権モデル」などに立っていたわけではないということは、次章以下においてしだいに明らかになることである。

　以上、要するに、ここでは次のことを確認しておけば十分である。「自由権は〈単に人として〉有する権利であり、社会権は〈社会のメンバーとして〉有する権利である」という、一見もっともらしい「二分法モデル」という考え方を、他ならぬMorsink自身が引き合いに出していた人たちすらもっていたわけではないということである。従って、世界人権宣言の哲学は「二分法モデル」であるという、Morsink論文の結論は根拠が薄弱なのである。なお、以上のことを確認する過程において、そもそも人権の対象の問題をそのまま正当化根拠の問題に対応させるということ（「二分法モデル」「三分類モデル」「四つの柱モデル」）自体が不可能であるということが明らかになったということについても、再度確認しておきたい。

(b)「自由権の傘条項」の問題

さて次に、以上のことをさらに別の角度から明らかにするために、「自由権」の方の傘条項は何条かということを問題にしてみたい。もし「二分法モデル」ということが成り立つならば、「自由権」として一括される「社会権」以外の諸権利にも傘条項がなければならない筈だからである。

Morsinkは1984年のMorsink論文で、「宣言の諸条文をカバーする二つの条文が必要だと思われたこと自体が、二種類の権利の性格の違いを反映している」ということを言っていたが、この時にはこの「諸条文をカバーする二つの条文」とはF3条（自由権）とF22条（社会権）のことであった。ところが、その後、最近の注釈書への書評（1995）では、F1条が「自由権の傘条項」だと言っている。これはどういうことであろうか。

それを明らかにするために、F3条を「自由権」の傘条項だとすると、そこにどんな問題が起こってくるかということを考えてみたい。もしF3条がF3〜21条をカバーし、F22条がF22〜27条をカバーしている条文だと見ると、実は「二分法モデル」自体が怪しくなるという問題が起こってくる。なぜなら、F1条の存在があるからである。F1条は世界人権宣言のすべての権利の根拠をなす条文である。だから、MorsinkはこのF1条を根拠として同宣言の哲学は基本的には自然権哲学だとしていたわけである。ところが、基本的には自然権哲学で構成されている同宣言の中に、まったく性格の異なる「諸条文をカバーする二つの条文」（F3・22条）があるということになると、いったいどういうことになるのであろうか。やはり同宣言は大枠（F1条）は「自然権モデル」だが、その中がまた「自然権モデル」と「社会正義モデル」に分かれているということになるのであろうか。それであれば、「社会正義モデル」といっても、それも所詮「自然権モデル」内のバリエーションにすぎないということになるのであろうか。

MorsinkはMorsink論文では、こうした問題に苦慮していたように見受けられる。だから、そこには「社会正義モデル」という言葉は使用されていなかった。実は、私が要約したほど単純には、Morsink論文は世界人権宣言の立場を「二分法モデル」だとはしていないような面もある。例えば「宣言の大半の基礎をなす自然権モデルは一枚ではない」などという表現もあるのである。このことを重く見れば、

Morsinkはやはり同宣言は大枠（F1条）は「自然権モデル」なのであるが、その中に若干異質なもの（F22条以下）が混じっていると言っているようにも読めるのである。しかし、もしそれであれば、同宣言は結局「成熟した自然権モデル」に立っているということになるのではないだろうか。

　しかし、Morsink論文のこのような表現は、「成熟した自然権モデル」の方に好意的なMorsink自身の立場を表現したものだと読む方がよいであろう。つまり、Morsinkは現実の世界人権宣言は「成熟した自然権モデル」では出来ていないと見ているのだが、願望としてはそうであって欲しいと思っていたことを示しているように思われるのである。このように、Morsink論文には自身の立場を述べる部分と宣言自体を評価する部分が混在していて、分かりにくい面もあった。

　が、とにかく、F3条を「自由権」の傘条項とする限り、実は「二分法モデル」は完成できないという問題にMorsinkは気づいて、その後、それをF1条に変更したのではないかと推測されるのである。確かに、これであれば、「二分法モデル」はよりすっきりしたものにはなるであろう。

　ところが、私には、このように1条を「自由権」の傘条項とすることによって、今度はまた別の問題が起こってくるように思われる。つまり、これは宣言においてすべての権利の根拠を示すものとしての地位をもつF1条を、いわば単なる「自由権」専用の傘条項に格下げしたというにすぎない。このようなことをすれば、実は世界人権宣言の哲学は基本的には自然権哲学だとしていた、Morsink論文の大前提自体が怪しくなるのではないか。「社会権」など宣言のうちの後ろの方の6ケ条にすぎぬという見方もできるかもしれないが、私に言わせれば、30ケ条のうちの6ケ条は無視できる例外だとは言えない。「実はF22〜27条は世界人権宣言ではないのだ」というような、奇妙なことでも言わない限り、単なる「自由権」専用の傘条項に格下げされた条文が、そのまま宣言のすべての権利の根拠をなす地位を保ち続けることなどできる筈もないのである。従って、1条を「自由権」の傘条項だとしてしまうと、宣言の哲学が基本的には自然権哲学であるという前提自体が怪しくなるのである。

　以上のように、仮に「二分法モデル」で宣言の諸条文（諸権利）を整合的に解釈してみようという立場に立って、「自由権」なるものの傘条項を見つけよう

しても、実は、あちら立てればこちら立たず、こちら立てればあちら立たずというジレンマに陥ってしまうというわけなのである。

　そこで、こうしたジレンマから抜け出すためには、次のことをはっきりさせておくべきだと思われる。つまり、世界人権宣言には「社会権」の傘条項はあっても、「自由権」の傘条項などというものはないということである。このことはMalikの「社会権にだけそれ（傘条項）を置くと…」という発言からも言えることである。実際には、傘条項というものは「社会権」にしか置かれなかったのである。私自身、現在までのところでは、起草過程のどこかで意識的に「自由権」専用の傘条項が作成されたなどという記録は、まだ見たことはない。そして、このことは勿論、諸権利の分類（人権の対象）という問題にも関係していることである。世界人権宣言における人権の二分法は、所詮、まだ限定的な或いは漠然とした二分法にすぎず、ひとまとまりの「自由権」などというもの自体が曖昧なのだから、それ専用の傘条項もないと言ってもよいのである。

　以上、世界人権宣言が人権の正当化根拠という問題に関して「二分法モデル」という考え方で構成されているということは根拠が薄弱であるということ（(a)）、そしてそのことは、仮に「二分法モデル」というものが成立するとして、「自由権」の傘条項を見つけようとしても見つけることはできないということからも言えるということ（(b)）を述べた。

　ならば、問題の核心はいったい何なのか——F1条は本当に「自然権モデル」を示すものなのかどうか——これが問題の核心である。それはなぜか。実は、「二分法モデル」というものは、最初にF1条を根拠にして同宣言の哲学が基本的には自然権哲学だという大前提を立ててしまうから、生まれてこざるを得ない発想なのである。つまり、基本的には（F1条）自然権なのに、そこに異質なもの（F22条）があるから、そこで「二分法モデル」を持ち出せば解決できるように錯覚するのである。ところが、この大枠（F1条）に手を付けない限り、基本的には自然権だという大前提は残っているのだから、いざ「二分法モデル」を完成させようとすると、この大枠（1条）の扱いに困ってしまうのである。ここにメスを入れるしかないのである。

「すべての人間は、生まれながらにして（are born）…」という条文が「自然権」を示すものだということは、Morsinkに限らず、ほとんど自明化された常識のようなものになっていることであろう。だが、本当にそうであろうか。この常識が、常識のまま置かれている限り、「すべての人は、社会のメンバーとして（as a member of society）…」と始まる22条以下の「社会権」は、何か同宣言にとってよそよそしいもの、異質な接ぎ木、招かれざる客といった印象が拭えないのである。人は何を根拠にして権利をもつと言えるのか——同宣言における人権の正当化根拠という問題において最も悩ましい問題は、要するにF1条とF22条の矛盾という問題なのである。この問題はF1条を「自由権」専用の傘条項に格下げすれば済む問題ではない。そこで、次章においては、Morsinkが（一定の限定付ながらも）同宣言の哲学的立場を基本的には自然権哲学だと見た主たる根拠として挙げていた1条、次いで従たる根拠として挙げていた29条を問題にしてみようというわけである。

第3章 世界人権宣言の起草過程における人権の正当化根拠の問題

　本章においては、まず世界人権宣言の哲学的立場を示すF1条の成立過程を確認した上で（Ⅰ）、それが「自然権モデル」よりはむしろ一種の「社会正義モデル」を示すものとして見た方がよいものではないかということを述べる（Ⅱ）。この過程においてはF1条とF29条（社会に対する義務）の強い相関関係も確認される。そこで最後に、F29条の成立過程において、主として「民主社会」という言葉がどのような意味で使用されていたかを確認しておきたい（Ⅲ）。

Ⅰ．1条の成立過程

　この条文の成立過程においても、やはり最も重要な段階は第3回総会第3委員会の論争である。しかし、この条文は本論文にとって最も重要な条文であり、また、前章に挙げた2ケ条ほど重要な段階が一つの段階に集中しているというわけではない。従って、ここでは最初に各基礎文書を一括して掲げることはせず、（1）草案準備過程と（2）草案審議過程に分けて、この条文の起草過程を忠実に追いながら、しだいに現在の世界人権宣言1条が成立した過程を明らかにしてみたい。

（1）草案準備過程

　人権委員会第1会期においてどのような権利を人権章典に含むかを各代表が出し合った際、（平等原則に関連して）すでにCassinは1789年のフランス人権宣言1条（「人は自由かつ平等に生まれ…」）に言及しつつ、「平等原則が規定されることは不可欠だ。ヒトラーは人の自由を攻撃する前に、人の不平等を主張し始めた。人類の和合（unity of the human race）と法の前の平等の原則は宣言の基本条文の一つに現れるべきである」と主張していた[注1]。勿論、<u>A. アウトライン</u>にも法の前

89

の平等と無差別平等原則（F2・7条）は1ケ条（A45条）のものとして規定されていたが、しかしそこにはフランス人権宣言1条を思わせるような条文はなかった。先（第1章Ⅱ）にも触れたように、Humphreyは「どんな哲学的な主張も注意深く避けていた」のである。

起草委員会第1会期の始まりで章典の起草手続きが議論された際、CassinはA. アウトラインに加えて、「人類又は人間家族の和合」「すべての人間が他のすべての人間と等しく扱われる権利を有するという考え」「人間の連帯（solidarity）又は友愛（fraternité）」という3つの基本原則を宣言に組み込むべきだとし、Cruz（チリ）は単に法的形式だけではなくて人間的内容をもつ（人間性の真の精神的指針となる）人権の章典を作成すべきだと述べた。また、Malik（レバノン）はアウトラインが「人の尊厳」への言及を含んでいないことを批判していた[注2]。そして、「すべての人は自国及び国連（国際社会）への忠誠の義務を負う」と始まるA1条に議論が及んだとき、主にMrs. RooseveltとMalikが人権章典は義務に関する条文から始まるべきではないと、強い批判を繰り返す[注3]。このような経過を経て、B. Cassin案の冒頭に現在の世界人権宣言1条の最初の案が登場することとなった。

B. Cassin案
第1条　すべての人は、一つの家族のメンバーであるから自由であり、かつ、平等の尊厳と権利とを有しているのであって、互いに兄弟として見なさなければならない。（All men, being members of one family are free, possess equal dignity and rights, and shall regard each other as brothers.）

このように最初の1条草案は、決して現在我々が目にするような「人は生まれながらにして…」と始まるものではなく、人がいわば「人類共同体のメンバー」であることを強調するものだったことに注目しておこう。但し、この案は起草委員会全体に提出される前に、臨時の作業グループによって次のように修正される[注4]。

第1条　すべての人は兄弟である。人は、理性を付与されており、一つの家族のメンバーであるから、自由であり、かつ、平等の尊厳と権利とを有する。

(All men are brothers. Being <u>endowed with reason</u>, members of one family, they are free and possess equal dignity and rights.)

Cassin案への「理性」という言葉の追加はMalikによるものだとされている。こ注5の「理性」が加えられた案が起草委員会全体会議に提出されたとき、さらにChang（中国）が、中国語から文字通り翻訳すれば"two-man-mindedness""sentiment qu'il existe d'autres hommes"（他者性・他人が存在するという感情）となり、英語の同義語としては"sympathy"（共感）又は"consciousness of his fellow men"（仲間であるという意識）となる中国的観念（仁＝人＋二）を追加することを提案し、注6Mrs. RooseveltとCassinによって受け入れられる。Cassinは、「私は戦争中に忘れ去られた自由・平等・友愛の三つの基本問題を提示しようとしたが、私の最初の案にはあまり明確には現れていなかった〈合理的な存在としての人の概念〉（理性）とともに〈人の間の相互的義務・相互的権利・連帯の概念〉（Chang提案の考え）を加えることを受け入れる」とした。起草委員会同会期においてもう一度出注7し直されたCassinの案をめぐっては、B1〜4条を1ケ条にまとめる等いくつかの案が出されたが、結局、1条は個別の独立した条文として扱うということで、先のChangの提案を加えて（提案された中国的観念は"conscience"という言葉にされた）、下のC1条となった。なお、Koretsky（ソ連）は、人を「理性を付与されたもの」として捉えることは「精神薄弱者のファシスト（ナチ）的破壊」を正当化するものと解釈されるかもしれないと指摘し、また、"all men"という表現は「女性に対する男性の支配の歴史」を反映しているとして、"all human beings"に修正することを求めたが、Harry（オーストラリア）やMrs. Rooseveltは"men"や"mankind"という表現は習慣化しているもので女性差別の意図はないとした。注8

C. 起草委員会案
　　第1条　すべての人は兄弟である。理性と<u>良心</u>を付与されているから、人は一つの家族のメンバーである。人は自由であり、かつ、平等の尊厳と権利とを有する。（All men are brothers. Being endowed with reason and <u>conscience</u>, they are members of one family. They are free, and possess

equal dignity and rights.）

　人権委員会第2会期における宣言に関する作業グループの議論においては、ま
ずRomulo（フィリピン）が、人が「理性と良心を付与されている」ということと
「一つの家族のメンバーである」ということとの間には論理的な関係がないとし
て、後者の言葉の削除を求め、またAmado（パナマ）は宗教的・哲学的概念を表
現する「すべての人は兄弟である」という言葉に反対の意を表明した。さらに
Bogomolov（ソ連）も、「すべての人は兄弟」だとか「平等の尊厳と権利とを有す
る」などと言うのは抽象的な哲学的・宗教的観念でしかなく、「友愛の義務」（duty
of brotherhood）と言う方が抽象的でないとした。Cassinは「この条文はヒトラー
のような理論に対して国境を越えた人類の和合を示そうとしたものだ」と回答し
つつ、Romuloの指摘には同意した（Romuloはそもそも人権概念が抽象的なもの
なのだから、宣言の抽象性自体は恐れるべきでないとしていた）。そこで、Mrs.
Rooseveltの提案により、CassinとRomuloが共同で1条の新しい案を作成する作業
を行うことになった。なお、この議論の間にも、Mrs. Begtrup（女性の地位に関
する委員会議長・デンマーク）等からは、再度、"men"を"human beings"に変更
する要求が出されていた。

　CassinとRomuloの共同修正案は、宣言に関する作業グループ内において、次の
ような形で提出された。

　　すべての人は兄弟である。<u>本性において（by nature）</u>理性と良心を付与され
　　ているから、人は自由、かつ、尊厳と権利とにおいて平等に<u>生まれた（are
　　born）</u>。

　これに対してBogomolovは、多くの対立が世界に存在するのに宣言の始まりに
そのような条文を置くのは偽善だとして、「18世紀フランスの唯物論哲学からで
あろうと、福音（Gospel）に基づく理神論（deism）に由来するものであろうと、
なぜ無意味で儀式ばった宣言が含まれなければならないかが理解できない。その
ような大袈裟で馬鹿げた用語は即時に適用可能であるべき人権宣言には有害で、

前文にさえも含むことはできない」と激しく批判し、この条文の削除を求めた。Cassinは、確かに人は常に「兄弟」として行動しているわけでないことは認めつつも、それだからといって、「兄弟のように行動すべき（should act）」などという用語にすることも宣言には相応しくないとした。そこで、Mrs. Rooseveltによって、「すべての人は自由、かつ、尊厳と権利とにおいて平等に生まれた」という後の方の文を冒頭にもってくることによって妥協が計られ、結局、これがジュネーブ草案（D1条）として採択されることになる（賛成3・反対2）。「本性において」「生まれた」という自然法・自然権の伝統を受けた用語は、このとき初めて1条の草案として登場したものである。現在我々が世界人権宣言の冒頭に見る「人は生まれながらにして…」という形式の条文草案は、以上のようなBogomolovとCassinの激しい対立への妥協として出てきたものだということに注目しておこう。人権委員会全体会議においては、今度はMrs. Metha（インド）が、"all men""brothers"は女性を排除しているように解釈されると批判する。結局、今度もこの用語の修正は行われなかったが、Dukeston（イギリス）の提案によって、ジュネーブ草案には「"men"はすべての人間に関係がある」という趣旨のコメントを付すことが決定された。

D. ジュネーブ草案

第1条　すべての人は自由、かつ、尊厳と権利とにおいて平等に生まれた。人は本性において理性と良心を付与されており、互いに兄弟のように行動すべきである。（All men are born free and equal in dignity and rights. They are endowed by nature with reason and conscience, and should act towards one another like brothers.）

※コメント："men"という言葉が使用されているところではどこでも、人権委員会は男性・女性の両方を含めていた。

　ここで、宣言の哲学的基礎に関する重要な問題なので、人権委員会第2会期中に起こったUNESCO報告書をめぐる問題に触れておきたい。UNESCOは1947年中に、同機関加盟国の多く（約150人）の哲学者・政治学者・法律家等（個人資

格）に対して国際人権宣言の起草が引き起こしている理論問題に関する質問を実行、約70の回答を受け取り、これらの回答に「国際人権宣言の基礎」（The Grounds of an International Declaration of Human Rights）と題された「人権の理論的基礎に関するUNESCO委員会」（委員長はE. H. Carr）の結論を付して、人権委員会第2会期に報告を提出していた（この一連の過程は、UNESCOと国連との合意に基づくものであった）。「国際人権宣言の基礎」は、こうしたUNESCOの理論作業は人権についての対立の出所を説明し、合意の共通の基礎を示すことによって人権委員会の作業に役立つであろうとした上で、「人権宣言の基礎をなす基本的な思想に関わる最大の問題は、以前（17・18世紀）から宣言されてきた市民的・政治的権利に、19世紀の物質的・社会的発展に伴って生じた社会的責任を関連づけるため用いられてきた諸思想の対立に見出される」として、自由権から社会権への歴史的発展を辿りながら、次のような結論を引き出していた。つまり、「それら（次第に拡大された諸権利）は、単に人の間にどんな根本的な違いもないからというだけのことではなくて、人類社会（great society）とすべての人の共同体が現実的・実効的な力となって、そうした共同体の相互依存的性質がやっと認識され始めるようになったから、普遍的なのである。最終的には、人の権利のこの普遍性が、道徳的分析ではすでに明らかにされてきている権利と義務との密接な相互依存を政治的に媒介するものへと置き換えられるに至った。…結局、人権委員会が解決しなければならない問題は、権利と政治的・経済的制度との関係、また、人として及び世界共同体のメンバーとしてのすべての人のために布告される権利章典の実施だということになる」と。この結論には一つの権利リストも添えられていた[注13]。

　ところが、人権委員会同会期では、これを危険視するDehousse（ベルギー）の提案によって、この報告書は（国連全加盟国には）配布しないと決定されてしまった。同報告書へのこの人権委員会の否定的な態度の理由として、一つには、領域的な敵対ということが挙げられている。当時、ブリュッセルで刊行されていた'Syntheses'という雑誌はその「人権」特集号をUNESCO報告書に当てて、実際に起草作業を進めていた人権委員会には言及すらしていなかったという。また、もっと深いレベルでは、人権委員会の多数のメンバーはUNESCO報告書の論争的

性格を問題視したのだとも言われている。Jacques Maritainは同報告書の序文で、（同報告書に収録された種々の回答相互にも見られるような）激しく敵対するイデオロギーの主張者間においてさえ「人権リスト」については合意が成立するのは互いに「なぜ？」（人権の哲学的基礎）と聞かないことを条件としてであるとしながら、敢えてその「なぜ？」という問題から議論を始めている。だから、人権委員会にはこの報告書を厄介な問題を提起するものと見る人が多かったようなのである。しかし、よく読むならMaritainは、理論的にはどんな和解も成立し得ないような対立する諸立場の間でも、むしろそのような和解が不可能だと認識されてこそ実践的には合意が可能になるということを哲学的に説明しているにすぎないと思われる。だから、この報告書が宣言の起草過程に、実際どの程度影響があったのかについては研究者の間でも評価が分かれている。その評価については後で触れることにするが、実はこの報告書をめぐる人権委員会同会期の議事録（E／CN.4／SR.26）は"closed meeting"とされていて、マイクロプリントカードにもマイクロフィッシュにも収められていないことを言い添えておこう。

（2）草案審議過程

　さて、人権委員会第2会期から起草委員会第2会期までの間の動きとしては、女性の地位に関する委員会（第2会期）におけるジュネーブ草案関連条文の検討があった。同委員会は検討の結果、関連条文（D1条・13条）の修正案を経済社会理事会に送付することを決定したが、そのD1条に対する修正案は、"all men"を"all people"（国連憲章の用語）に、"like brothers"を"in the spirit of brotherhood"（より一般的な用語）に変更するというものであった。そして、経済社会理事会（第6会期）が決議120（VI）（E／777）でこの修正案を人権委員会に送付することを決定し、同修正案は事務総長のメモの形で人権委員会に送られていた。

　起草委員会第2会期では時間不足のために1条の検討は行われなかったが、人権委員会第3会期においては、D1条に関して二つのことが問題になった。一つは、「人は本性において理性と良心を付与されている」という文は論争的だとして、この文の削除を求めたChang（中国）の提案をめぐる問題である。そもそもこの

中の「良心」はChang自身の提案によって加えられたものだったわけであるが、この時期になると中国はより簡潔な宣言草案を望むようになっていたのである。[注18]しかし、「本性」「理性」「良心」の削除提案に対しては、Malik（レバノン）が激しく抵抗して、「最初の条文には人間を動物から区別する特徴を述べるべきだ」と主張し[注19]、最終的にはこの削除提案は反対6・賛成5・棄権6で否決されるに至った。

そして、もう一つが前記の女性の地位に関する委員会の修正案をめぐる問題で、これについてはMrs. Ledon（女性の地位に関する委員会副議長）が人権委員会の席上で改めてその趣旨を説明し、「"all men"という言葉の一般的意味（中性性）は理解するが、そこには一定の曖昧さがあるから国連憲章に現れたより正確な言葉を使用する方がよい」とした。しかし、"all men"についてはその他にも、"all people, men and women"という用語を提案するインド・イギリス共同修正案（同案は女性の地位に関する委員会案と同じく、"like brothers"を"in the spirit of brotherhood"に変更していた）[注20]と、"All members of the human family"という用語でこの条文を始めるフランスの修正案が提出されていた。[注21]インド・イギリス共同修正案については、Lebeau（ベルギー）が、「これはフランス語に訳すなら、"tous les hommes, hommes et femmes"という馬鹿げたものになる」と指摘して、"all human beings"という妥協案を提案し、Ledonも議論の中でこのベルギー案に同意を示すようになっていた。が、結局、最終的にはインド・イギリス共同修正案が採択されるという結果になった（賛成11・棄権4）。[注22]

ところが、ここに一つの謎があって、以上のように一旦、"all men"は"all people, men and women"に変更するというインド・イギリス共同修正案が採択されたにもかかわらず、国連事務局が作成した人権委員会第3会期の経済社会理事会への報告書案では[注23]、この条文の冒頭は"all human beings"という用語（Lebeauの妥協案）になっていた。そして、人権委員会・起草委員会とも各会期の最後に国連事務局作成の当該会期の報告書案を検討する会議が行われることになっていたが、この報告書案の検討の際にも、この問題を誰も指摘しないままこの報告書案は承認されて、経済社会理事会に送付されることになった。[注24]この結果、この条文は以下のE1条として第3回総会第3委員会に提出されることになり、第3委員会でも総

会本会議でもこの問題はついに問題にはならなかった。

E. 人権委員会最終草案

　第1条　<u>すべての人間</u>は自由、かつ、尊厳と権利とにおいて平等に生まれた。
　　　　人は本性において理性と良心を付与されており、互いに<u>友愛の精神におい</u>
　　　　<u>て</u>行動すべきである。(<u>All human beings</u> are born free and equal in dignity
　　　　and rights. They are endowed by nature with reason and conscience, and
　　　　should act towards one another <u>in a spirit of brotherhood</u>.)

　第3回総会第3委員会ではE1条に対する多数の修正案が提出されたが[注25]、それらの
修正案をめぐる問題は以下の四つの問題に整理することができる[注26]。
　第一は、削除提案（パナマ案＝A／C.3／220）にしろ、前文に移動する案（キ
ューバ案＝A／C.3／224・グアテマラ案＝A／C.3／228）又は前文と1条の間に序
文的な声明として組み込む案（ウルグアイ案＝A／C.3／231）にしろ、とにかく
この条文を1条から外すという諸提案をめぐる問題である。これらの案は、「1条
は不完全で不必要」（Alfaro・パナマ）として提案されたパナマ案を除けば、この
条文の内容を軽んじて提出されたものではなく、むしろ「1条の内容は並ぶもの
なきもので、特に強調すべき」（Cisneros・キューバ）とか、「宣言全体の構造が
基づく基礎だからこそ前文に移動すべき」（Beaufort・オランダ）として提案され
たものである。また、「宣言は法的文書だから、権利の超越的な根拠は本文に述べ
るべきではない」（Aréchaga・ウルグアイ）などと主張するものであった。しか
し、結局、これらの案は何人もの反論にあって、すべて否決されることになった。
1条の擁護論として最も有力だったのは、「もし1条が前文に移されれば、宣言全
体の考え方がひっくり返されてしまう。宣言は続くすべての権利が含まれる枠組
の声明から始まらねばならない。まさにこの原則が無慈悲に踏みにじられたがゆ
えに、ここ10年以内に何百万人もの命が失われたのである。宣言は法的拘束力を
もつ条約とは異なった種類の文書である。世論に対して最大の印象を与える1条
を長い前文の中に置くならば、世論は国連総会がその理想を宣言することを恐れ
たと言うことであろう」というCassinの意見であった。

第二の問題は"are born"という用語に対する修正案をめぐる問題である。これについてはまず、「人は平等に生まれたとしても、何らかの理由でその平等を失うかもしれないという含意を1条にもたせるべきではない」（Azkoul・レバノン）、「この文は人が本性において善だというルソー流の理論（性善説）に立っているが、現代では人権宣言は新たに出直す（clean slate）方がよい」（Chang・中国）という趣旨で、この条文から単純に"born"のみを削除するという案（レバノン案＝A／C.3／235・中国案＝A／C.3／236）が提出された。そして、これを受けながらAbadi（イラク）は、「1条は権利の声明なのか、事実の声明なのかが明らかではない。この条文の起草者は明らかに情緒的な内容によって我を忘れている。これはルソーとフランス革命の追憶でしかなく、明快さも独創性も欠いている。もし人のすべての潜在的な可能性を発展させることが自由になれば、不平等が生ずるであろうから、論理的には人は自由でも平等でもない。この文は命令として表現されるべきである」として、"are born free"を"should be free"などとする案（イラク案＝A／C.3／237）を提案した。このイラク案をめぐっては、これを強く支持するPavlov（ソ連）が、「法の前の権利の平等は誕生の事実によってではなくて、国家の社会的構造によって決定される」ことを強調し、逆にあくまで"born"という言葉を擁護する代表は、「人は法と神の前に自由かつ平等に生まれたのであって、その自由と平等の意識が社会的構造を打ち建てる決定的要因なのである」（Matienzo・ボリビア）などと主張したことが注目される。この対立には「社会正義モデル」と「自然権モデル」の対立が含意されていると見ることができると思われる。しかし、この問題に関しては、"born"という言葉に対して（3条の議論同様）「人権は胎児期とともに始まる」（Plaza・ベネズエラ）という反対論が出されたことから、結局、議論は"born"を削除するかどうかという問題だけに集約されていき、最終的には"born"に反対するすべての案が否決又は撤回されるに至った。

　次に第三の問題は"by nature"をめぐる問題であるが、これに関しては、まずブラジル案（A／C.3／215）の問題に触れておかねばならない。Athayde（ブラジル）は、

神の似姿において<u>創造されているので</u>、人は理性と良心を付与されており、互いに友愛の精神において行動すべきである。(<u>Created in the image and likeness of God</u>, they are endowed with reason and conscience, and should act towards one another in a spirit of brotherhood.)

というブラジル案の趣旨を、「宗教的・哲学的議論を始める意図ではなく、単にブラジル人民の宗教感情を表現しようとしたものであって、この感情はここに参加している諸国の人民によっても共有されている」と説明した。当然、この案に対しては（政教分離の観点から）「自身の信仰や哲学を他人に押しつけようとすることは、十字軍の時代に通用していた発想への逆戻りである」(Pavlov・ソ連) などという反発が（少数の支持者を除いて）大勢を占め、同じ宗教感情を共有していたであろうラテンアメリカ諸国代表（エクアドルのAndradeやウルグアイのAréchaga）でさえがAthaydeに慎みを求めることになった。「神」への言及の問題に関しては、後に第3委員会で前文の検討をする際、オランダの前文への修正案によって蒸し返されることになるが、結局、1条の議論においては（この案を支持しつつも）引き起こされた困難を考慮して撤回を求めるBeaufort（オランダ）の勧めに応じて、Athaydeはこのブラジル案を撤回することになった。[注27]

　第3委員会における"by nature"をめぐる議論は、以上のブラジル案との関係において進められた。この言葉を削除する提案としてはベルギー案（A／C.3／224）と中国案（A／C.3／236）が提出されていたが、Wiart（ベルギー）はその提案理由を「"by nature"は（ブラジル案と同様）長い哲学的議論を生じさせる」としていた。そこで、以前からこの言葉を強く主張してきたMalik（第3委員会議長・レバノン）は「人権委員会が1条を起草した意図は、人を超越したある何かの存在によって、人が理性と良心を付与されているということではなかった」とし、語順を入れ替えて（"They are endowed <u>by nature</u>…"を"They are <u>by nature</u> endowed…"＝「人は<u>生来</u>、…を付与されており」と変更して）見せて、この条文において人権の根拠をなす意味をもつ理性と良心が、人にとっていわば内在的な（inherent）ものであるということを説明しようとした。この説明にはブラジル案の"God"（人を超越したもの）と"by nature"との違いを際立たせるという意図があった。また、

同じくそのことを示そうとして、"by man's very nature"（Cisneros・キューバ）や"by their nature"（Azkoul・レバノン）とするという提案も出された。しかし、第3委員会におけるこの問題をめぐる議論は諸立場が複雑に交錯したものであって、この"nature"が人の内在的な性質を表すのか、或いは、むしろこれも「神」と同様に又は別の意味において人を超越した「自然」（大文字の"Nature"）を表すのかについては、確たる合意はなかったと言ってよい。例えばAréchaga（ウルグアイ）は、（ブラジル案の「神」とは異なった意味で）「"nature"も超越的（transcendental）なものと見られるかもしれない」として、「国連が基づく哲学は普遍的であるべきだから、神性（godhead）へのどんな言及も国連文書ではなされるべきではない」と述べていた。結局、この問題については、「ブラジル案が撤回されたのだから、"by nature"も削除すべき」（Cruz・チリ）という意見が優勢となり、最終的にはベルギー案が採択（賛成26・反対4・棄権9）される形で、"by nature"は削除されることになった。

　最後に第四の問題は、E1条の第2文（「人は…友愛の精神において行動すべきである」）はむしろ人の義務への言及であるから、E27条(社会に対する義務の規定)に移動すべきである（Rozakis・ギリシア）という趣旨のギリシア案（A／C.3／238）に関する問題である。これは一見もっともなことのように思われる。しかし、Chang（中国）はこれに対して、「幸いにして1条は、第1文の一般的な権利の声明と第2文の義務の含意でバランスが取れている。〈友愛の精神〉への言及が先立たなければ、具体的権利に関する以下の種々の条文はより利己的なものになるであろう」と主張した。このギリシア案は先の1条を前文等に移動するという案が否決された時に、一緒に廃案とされてしまったという事情があって、結局、人の「義務」への言及が「人権宣言」の冒頭の条文にあるという問題はついに議論にはならなかった。が、Changの主張は、後に述べるように世界人権宣言が権利と義務との強い相関関係を前提としたものだという意味において、広く共有されていたものだと言ってよいであろう。

　以上のような議論を経て、E1条から"by nature"のみが削除され、以下のF1条（現在の世界人権宣言1条）が成立した。総会本会議においては、この条文は賛成45・棄権9で採択された。[注28]

第1条　すべての人間は自由、かつ、尊厳と権利とにおいて平等に生まれた。人は理性と良心を付与されており、互いに友愛の精神において行動すべきである。（All human beings are born free and equal in dignity and rights. They are endowed with reason and conscience and should be act towards one another in a spirit of brotherhood.）

II.「自然権モデル」から「社会正義モデル」へ

　以上、1条の成立過程から確認されることは、世界人権宣言は人権の正当化根拠については、おそらく一般に考えられているよりも、「自然権モデル」で構成されている面はかなり弱いということである。以下ではそのことを、採択された条文の前の方の言葉から順に（（1）（2）（3）（4））確認しておきたい。

（1）「生まれながらにして」（are born）

　まず、"are born"について言えば、これは1条の成立過程を通して最後まで残った、ほとんど唯一の明確な「自然権モデル」の証拠（権利の生得性）を示す言葉と言えるかもしれない。しかし、そもそもこの言葉は、すでに確認したように最初のCassin案（B1条）からあった言葉ではなかった。それは、「すべての人は兄弟である」とまるで事実を記述するかのような表現で人の連帯・友愛を表そうとしていた起草委員会案（C1条）に対するBogomolov（ソ連）の批判と、しかしそれだからといって「兄弟のように行動すべき（should）」などという表現は宣言の冒頭には相応しくないとするCassinの、人権委員会第2会期における対立の妥協案として、ジュネーブ草案（D1条）以降、この条文の冒頭に置かれるようになったものにすぎなかったわけである。ところが、総会第3委員会では再び、「生まれた」（are born）という事実記述的な表現が問題にされて、これを"shoud be"に変

更すべきだというイラクの修正案が提出されたのであった。

　第3委員会においては、"born"を削除するかどうかだけに議論が集中してしまって、イラク案には正当な関心が払われたとは言い難い。しかし、この言葉が最終的に残ったのは、議論の中で結局「"are born"とする案も"born"を削除する案も両方とも、人の権利が現に事実として承認されているかどうかに関わりなく、自由と平等が人格の本質的な属性であることを布告しているので、どちらにするかということはあまり重要な問題ではない」（Cruz・チリ）という意見が優勢になったからであった。それならば、1条は「人は自由・平等に生まれた」などという、事実を述べているのか規範を述べているのか区別できない表現を用いるよりも、やはり「人は自由・平等であるべき」という明確に事実とは異なる（不自由で不平等な現実への批判をも含意する）規範として述べるべきものであったように思われる。また、むしろその方が「権利の宣言的意味」もよく表現できたのではないかと思われる。とにかく、起草過程の実際からしても、人権宣言のあるべき形からしても、一般に日本語訳で「すべての人間は、<u>生まれながらにして…</u>」などと高らかに強調されるほど、"are born"という言葉はこの条文において中心的な位置を占めているわけではないと思われるのである。

(2)「理性」（reason）と「良心」（conscience）

　次に、「理性」と「良心」という問題に触れておきたい。

　これらの言葉は、前記の如く起草委員会第1会期において、Malik（理性）とChang（良心）によって加えられたものであった。これについてはさらに、前者が人の「自律性」（autonomy）を表し、後者が「相互作用的概念」（interactive concept）を表現するものだとも言われている。それであれば、この二つの言葉の間には、（次に言及する"by nature"という語と合わせて考えて）、「本性において（生来）、理性を有する」と表現されるような合理的・自律的存在としての人間観が、とかく「他者存在」（社会）とは無関係にまず独立した個々人が存在するというが如き人間観に陥りやすいことに対する一種の修正として、「良心」の方は加えられたというように見ることができるように思われるのである。

そもそも「良心」というものは、「本性において（生来）、人が有する」と表現するような性質のものなのであろうか。それは「他者存在」というものが意識されて、初めて人に生起してくるものなのではないであろうか。その意味において、「良心」という言葉の追加は、近代的な「個」というものを強調する「自然権モデル」を弱めるものだと言えるのではないであろうか。なお、もともと"two-man-mindedness"と英訳された「仁」を"conscience"としたことは、「中国的観念の西洋化」だとも言われているが、英語の"conscience"自体がラテン語の「共に知る、意識する」（cōnscīre）を語源とするものである（"conscious"と同語源）。

(3)「本性において」（by nature）と「神」（God）

以上の「理性」と「良心」の根拠を示す言葉としてジュネーブ草案（D1条）・国際人権宣言草案（E1条）にはあった"by nature"が、総会第3委員会において（「神」に言及するブラジル案の否決とともに）削除されたことは、やはり世界人権宣言が「自然権モデル」で構成されているわけではないということの決定的な証拠だと思われる。近代の諸宣言においては、権利（自然権）の根拠は常に「神」「造物主」（Creator）や「至高存在」（Spreme Being／Être suprême）或いは「自然（法）」に求められていたのに、これがないのは「やや驚きだ」とMorsinkは言っていた。にもかかわらず、Morsinkはこの"nature"の削除は第3委員会の真意ではないとしていた。このMorsinkの見方のどこに問題があるのか。それを考えるために、ここで改めてブラジル案（神）をめぐる問題について触れ、それから"by nature"の削除の意味を考えてみたい。

先には、私は「神」に言及するブラジル案への反発に焦点を当てて議論を要約しておいた。しかし、この案については、単に「キリスト教信仰の押しつけ」というが如き、通俗的な（世俗化一辺倒の）解釈はしない方がよいと思われる。この案を擁護するに当たって、Corominas（アルゼンチン）は、「この案は、ある特定の信仰を押しつける意図ではなく、すべての人が共通に有する信念（belief）に関わるものである。最大限に解釈すれば、どんな人間の集団も自分が選択する信仰や哲学を告白できるという普遍性の要素（神の息吹）を1条にもたらすものな

のである」と述べていた。だから、「神」という象徴的表現を受け入れられない人（＝現に私自身そうである）にとっては、ブラジル案のままでよいとは思わないが、その意図はむしろ「普遍宗教」と言われるものがみな共通にもつ「超越性原理」（すなわち普遍原理）を人権の根拠に据えようとしたものだと受け取ることは可能である。一応、これを私は人権の普遍性に関する「超越的根拠」と呼ぶことにする。

　そして、この「神」に象徴される「超越的根拠」との関係で言えば、"by nature"の方は人権の普遍性に関する「内在的根拠」と言うべきものだと思われる。ここで想い起こされるのは、「国連が基づく哲学は普遍的であるべきだから、神性へのどんな言及も国連文書ではなされるべきではない」という、Aréchaga（ウルグアイ）の言葉である。Aréchaga自身は"nature"も一種の超越的なもの（大文字のNature）と見なせるから"by nature"の削除を支持したのであったが、ここで重要なことは、この発言が「神」に象徴される「普遍性」とは明らかに別の意味（「内在的」な意味）で「普遍的」という言葉を使用していることである。"by nature"を残すことを強く主張したMalikらがこの言葉を人に「内在的」なものとして説明していたのは、先に確認した通りである。

　このように考えるならば、1条が「神」への言及もせず、"by nature"も削除したということは、敢えて「超越的」「内在的」双方の根拠に言及しなかったという意味をもつと思われるのである。ところが、Morsinkが"by nature"の削除を第3委員会の真意ではないとしたのは、多くの代表は人権が何らかの非超越的な意味で理解された"nature"において根拠づけられると考えていたと見たからである。つまり、この言葉の削除の理由は、もっぱら「超越的根拠」の方のみを排除することにあったと捉えてしまったわけである。だから、Morsinkは世界人権宣言の基本的な哲学は自然権哲学だと言っていたのである。しかし、これは一面的な（世俗化一辺倒の）見方でしかないと思われるのである。

　とはいえ、以上のことは、同宣言が人権の普遍性についての「超越的」「内在的」双方の根拠を排除してしまうことによって、人権の普遍性自体を虚ろなものにしたというような意味ではない。実は、第3委員会では1条の議論の早い段階で、平等原則を「基本的権利」（fundamental rights）のみに限定するという修正案につ

いての趣旨説明がWater（南ア）によってなされ、それが物議をかもしていた。Waterはその説明の中で、「平等原則は異なった法的・社会的・経済的及び政治的システムをもつ諸国の実際の条件には合わない」、「平等や人間の尊厳という概念には普遍性はない」などとしたが、この発言に対してDedijer（ユーゴ）が「憤慨」（indignation）し、南ア代表のスピーチの完全な記録を回覧することを強く求めた。そして、議長（Malik）もそれに即座に対応して、そもそも国連憲章（前文）の「人間の尊厳」という言葉は南アのField-Marshal Smutsの提案によるものだったということを想起させつつ、Dedijerに記録の回覧を保証した。また、第3委員会はこのことから議論を敢えて一時中断、（積み残しになっていた）同委員会の記録についての議論をして、（財源・人員等の困難がある中）詳しい要約記録を残すことを決定することになり、この経過を通して南アは早々にその修正案を撤回することになった。私は今このようにして残されることになった要約記録を読んでいるわけである。この経過からは、種々の立場を越えてこの南アの発言（安易な相対主義的姿勢）だけは許さないという雰囲気が伝わってくるように思われる。[注34]

　結局、「神」にも言及せず、"by nature"も削除されたという理由は、Chang（中国）の次の説明に最もよく示されているもののように思われる。Changは「普遍的適用をめざす宣言に取り上げるべきでない神学的問題をうまく回避する」ために「神」への言及に反対して、「西洋文明にとっても、宗教的不寛容の時代は過ぎた」としつつも、同時に"by nature"を削除することによって、「神を信ずる人もこの条文にその考えを読み込むことができる」などとしていた。要するに、この条文は人権に関する「超越的」「内在的」双方の根拠を敢えて挙げなかったわけであるが、それはどちらも否定したということではないと思われるのである。

　従って、私には"by nature"の削除という問題に関しては、Morsinkの解釈よりも、最近の注釈書のLindholmの次のような解釈の方が正しいように思われる。つまり、「この条文は部分的には古典的な自然権の先例に型どられてはいるが、そのこと自体は人権の正当化のアプローチを決定するものではない。世界人権宣言は当初から異なった社会的状況に敏感な傾向をもつものなのであって、互いに対立し合う文化的・宗教的・政治的伝統の視野から受容れることが可能なものなのである。それは最小限に排他的な正当化に関する多元主義の縮図（要約）である

が、それだからといって〈背骨がない〉ということからは程遠いのである」（大意
〈注35〉）と。この解釈は、先に触れたUNESCO報告書序文における、対立するイデオロ
ギーの主張者間でどのようにして「権利リスト」の合意が可能かというMaritain
の説明とも相通じるものであろう。Morsinkは第2次大戦の宣言への影響を論じた
最近の論文（1993）で、この報告書の起草過程への影響について、「（宣言の起草
者たちにとっては）どんな哲学的議論も（ナチによる）人間の尊厳への深刻な侵
害ほどには強くなかったのである」として、極めて否定的に扱っているが、実際
には第3委員会ではMaritainの説明を好意的に引き合いに出した人もいた。
Lindholmの方はその影響に正当な関心を払っているように思われる。勿論、〈注36〉
Maritain自身は自然法論者なわけであるが、UNESCO報告書（序文）自体は互い
に対立する考え方の間に成立し得る合意の多元的基礎を提供するという性質の
ものであると見ればよいであろう。〈注37〉

　ところで、以上のこととその前に述べた"are born"の問題とを考え合わせるな
らば、「すべての人間は、生まれながらにして…」というこの条文の通常の日本語
訳には、削除された筈の"by nature"のもつ含意が滑り込んでしまっているように
も感じられる。確かに、"by nature"は「理性」と「良心」の根拠として挙げられ
ていたものではあるが、以上のことを総合的に考えるならば、殊更に「権利の生
得性」を強調する理由などはほとんどないからである。だから私には、この条文
の冒頭は単に「すべての人間は自由、かつ、権利と尊厳とにおいて平等に生まれ
た」とだけ訳して、確かにルソーを思わせるこの言葉は「しかもいたるところで
鎖につながれている」という「事実」に目を向けることを要請するものだと解釈
すべきもののように思われる。〈注38〉人が実際には「鎖につながれている」という事実
は、宣言の2条以下に列挙される具体的な諸権利の侵害として現れてくるもので
ある。「神」への言及もなく、"by nature"も削除されたということは、すべての人
が各自の思想的・信仰的・政治的・文化的等の諸立場において（例えば「神」が
必要ならばそれを呼び出して、かえって邪魔ならばお引き取り願って）人権を正
当化すればよいということだと思われる。しかし、そこにはやはり一つだけ条件
（先のLindholmの「最小限の排他性」）があって、その条件とは、いかなる思想
や信念に基づくとしても、以下に列挙されるような諸権利の侵害を正当化する思

想や信念は容認されないということである。従って、世界人権宣言は各自の多様な立場における人権の正当化に柔軟に対応する多元的基礎を提供しつつも、同時に各自の思想・信念にもし反人権的な質があれば、そのようなあり方に対しては厳しく再考を迫るという〈背骨〉を有すると言えるのである。私はこのような意味を帯びたものとして同宣言（1条）を読むべきだと思う。

(4)「友愛」（brotherhood）

　最後に、「（人は）友愛の精神において行動すべきである」という1条の最後の部分について述べたい。

　先に記したこの条文の成立過程から、この1条の中心は冒頭の「すべての人間は…生まれた」にあるのではなくて、むしろこの最後の「友愛」にあることは明白であるように思われる。この精神こそがCassin案から起草委員会案（A1条〜C1条）までは条文の冒頭で強調されようとしていたものなのである。ただ、そこには一定の用語上の難点（BogomorovとCassinの対立や、"men""brothers"といった言葉に付着した女性差別性）があって、この部分は条文の最後に下がっていくことになったわけである。

　また、「この部分はむしろ義務を述べるものであるからE27条に移すべき」というギリシア案に対する、「〈友愛の精神〉への言及が先立たなければ、具体的権利に関する以下の種々の条文はより利己的なものになる」というChangの返答は、起草過程全体を通じて広く共有されていたものだと思われる。義務から切り離された権利、他者存在（社会）から切り離された個人のみを強調する傾向は、起草過程全般においてどこにも見あたらない。

　さらに、宣言が超越的な「神」も内在的な「自然」（人間の本性）も人権の正当化根拠として挙げていない以上、それでもなおかつ、以上に述べたような相対立する思想や信念の間で合意できる人権の多元的基礎を提供しようとすれば、人権は人と人との友愛の関係において根拠づけるしかないというのは論理的な必然のようにも思われる。だから、UNESCO報告書も、「それら（次第に拡大された諸権利）は、単に人の間にはどんな根本的な違いもないからというだけではなく

て、人類社会とすべての人の共同体が現実的・実効的な力となって、そうした共同体の相互依存的性質がやっと認識され始めるようになったから、普遍的なのである」と結論づけていたのである。総会本会議における、「社会正義がなければ、個人は互いに争って世界に平和は来ないであろう。だから、この宣言の1条が言及する普遍的な友愛の基礎に基づき、すべての人に平等な機会を与えることによって社会正義の要求を充たすべく、偉大な改革者・思想家・哲学者は幾世紀間にわたり人権宣言を確立しようと努めてきたのである」というKayaly（シリア）の発言は、(他の研究者にはあまり注目されていない発言ではあるが) 私には1条の中心テーマを正しく捉えたもののように思われる。

　以上のこと（“are born”や“by nature”について記したことも含めて）から、私は世界人権宣言1条は人権の正当化根拠については、人権を「単に人として」有する権利として根拠づける「自然権モデル」ではなく、すべての人がいわば「すべての人を含む何らかの社会のメンバーとして」有する権利として根拠づける一種の「社会正義モデル」の立場を取っているものだと考えてみたいのである。しかし、この「すべての人を含む何らかの社会」というものの性格は1条から明らかになるわけではなく、まだこの段階では、とりあえず「人類社会」とか「世界共同体」という抽象的な表現で述べておくしかないものである。そこで、次にはこの「何らかの社会」を「民主社会」として性格づけている29条の成立過程を見てみたいと思うわけである。

　但し、次に移る前に、1条の中心的メッセージである「友愛の精神」に関係して、もう一つだけ触れておきたいことがある。第1章Ⅱで、私は、A. アウトラインからB. Cassin案への転換の意味を、“duty-based”（義務基底的）なものから“right-based”（権利基底的）なものへの転換だと言っておいた。しかし、以上のように、1条は権利と義務との強い相関関係に立つものだと言えるので、ここで若干の修正を加えておく必要があるであろう。A1条からB1条への転換の意味は、むしろJohn Rawlsの方の表現を用いて“teleological”（目的論的）なものから“deontological”（義務論的）なものへの転換だとした方がよいのではないかと思われる。そもそもDworkinの“right-based”と“duty-based”の区別は、もともとはRawlsの“deontological”には混在しているであろう両方の要素を切り離したと見

なすことができるもののように思われるわけであるが、「権利」も「義務」も個人原理を示すものであることには変わりがないであろうから、その意味では"right-based"及び"duty-based"（"deontological"）はともに、功利主義的な集団原理を示す"goal-based"（"teleological"）に対抗するものだと言ってもよいのではないかと思われる。こう考えることが許されるならば、いきなり「自国及び国連（国際社会）への忠誠義務」を述べたA1条の問題性は、「義務」を述べたこと自体にあったのではなくて、「自国及び国連（国際社会）」というものを、まるですでに出来上がってしまった既成のもの（目標）であるかのようにして述べたことにあったのだと思われるのである。むしろ、それらの政治的共同体は個々人が参加することによって、これから打ち建てられるものなのである。だから、1条は社会への義務から切り離された個人の権利のみを強調するものでもないが、それだからといって、既成の社会への自明化された忠誠義務を集団主義的に述べたものでもないのである。

　A1条からB1条への転換の意味を、以上のように修正しておきたい。ただ、あくまで「権利」宣言である以上、B. Cassin案以降の諸草案において"deontological"という枠の中で"right-based"な表現が次第に前面に出されていったという全般的傾向については変更する必要はない。そして、人がこれから打ち建てる「社会的及び国際的秩序への権利」を述べたという意味では、「傘条項」とともに現れたF28条（E26条）こそがまさに"right-based"な表現だと言えるであろう。しかし、「社会」のあり方自体はF29条（社会に対する義務）の成立過程で最も具体的に議論された。とにかく、次にはF29条の成立過程を確認してみたい。

　なお、"brothers"という言葉に付着した性差別性を克服すべく、抽象（名詞）化して使用されるに至った"brotherhood"（勿論これで完全に克服されたとは言い難いであろう）は、日本語訳では通常「同胞」と訳されているが、「兄弟愛」とするものもある。しかし、この言葉については、民族であれ家族であれ、何らかの意味で人の血縁的なつながりを思わせる訳語は避けるべきで、「友愛」という訳語がやはり一番よいように思われる。

III. 第29条の成立過程

　ここでは主として「民主社会」（或いは「共同体」）という言葉の意義に焦点を当てて、29条の成立過程を確認することを目的とする。従って、この言葉が最初に出現したE27条の成立に関わる人権委員会第3会期及び第3回総会第3委員会の議論が、特に重要である。しかし、この言葉はD2条の「民主国家」という言葉との関係で出てきたものであり、やはり人権委員会第3会期までの経過も確認しておく必要がある。この条文は長いものなので、最初に各基礎文書を列挙することはせず、以下、1条と同じくしだいに現在の29条が成立する過程を追ってみたい（但し、D2条までは簡単に）。

（1）草案準備過程

A. アウトライン

　第1条　すべての人は自国及び国連（国際社会）への忠誠の義務を負う。人は共通善に貢献するような共通の犠牲の公正な負担を受け入れなければならない。（Every one owes a duty of loyalty to his State and to the [international society] United Nations. He must accept his just share of such common sacrifices as may contribute to the common good.）

　第2条　権利の行使においては、すべての人は他人の権利・国家及び国連の正当な要求によって制限される。（In the exercise of his rights every one is limited by the rights of others and by the just requirements of the State and of the United Nations.）

　人権委員会第1会期においては、個人の権利を絶対化せず、権利と義務の相関関係を強調する意見は何人もの代表から出されていた。このことはその場の大勢を占めていたと言っても過言ではない。だから、国連事務局人権部はそれを冒頭（A1・2条）にもってきたのだと思われる。人権部はこれらの条文の出典として、

人権委員会第1会期における諸代表の意見（A1・2条共通）・チリ提出の米州法律委員会草案19条・パナマ提出のアメリカ法学会草案18条（A2条のみ）、そしてA1条については21ケ国の憲法、A2条については4ケ国の憲法の関連規定を挙げていた。[注42]

　しかし、起草委員会第1会期においてはA1条に批判が集中したことはすでに述べた。A2条については、二つの条文（個人の国家への関係と個人の他人への関係）に分解するという意見（Chang・中国）などが出されていたが、この段階からすでにMrs. Rooseveltはこの条文の内容を章典の他の場所に移すことを提案していた。[注43] これらの意見をそのまま受けたものではないが、B. Cassin案ではこれらの条文は次のようになる

B. Cassin 案

　第2条　社会の目的は、すべての人が<u>他人のために何かが犠牲にされること</u><u>なく</u>、完全かつ安全に、その身体的・精神的及び道徳的人格を発展させることを可能にすることである。（<u>The object of society</u> is to enable all men to develop, fully and in security, their physical, mental and moral personality, <u>without some being sacrificed for the sake of others.</u>）

　第3条　人間は社会の助けと支援がなくては、生きてその目的を達成することができないので、各人は社会に対する基本的義務を負う。基本的義務とは、法への服従・有用な活動の履行及び共通善のために要求される負担と犠牲の受諾である。（As human beings cannot live and achieve their objects without the help and support of society, each man owes to society fundamental duties which are: obedience to law, exercise of a useful activity, acceptance of the burdens and sacrifices demanded for the common good.）

　第4条　すべての人の権利は<u>他人の権利</u>によって制限される。（The rights of all persons are limited by <u>the rights of others.</u>）

　Cassin案について注目されることは、人の義務の対象を国家や国連ではなく「社会」としていること（B2条）、権利制限の条件を「他人の権利」のみに限定

していること（B4条）、特に「他人のために何かが犠牲にされることなく」ということを強調して、個人を社会のための手段とするのでなく、逆に個人を発展させることを「社会の目的」と設定していること（同2条）、個人の基本的義務の根拠も自明のものとして述べるのではなく個人の必要に即して導き出していること(B3条)などである。これらすべてが、先に述べた<u>A. アウトライン</u>から<u>B. Cassin案</u>への、"teleological"から"deontological"への転換としての意味を物語っていると言えるように思われる。しかし、起草委員会第1会期でCassin案が二度にわたって議論される過程で（B1〜4条は一括して議論される傾向があった）、B2〜4条は結合して1ケ条にまとめる案をChang（中国）が提案、結局、3ケ条のままの案と1ケ条にする案の両案が<u>C. 起草委員会案</u>には併記されることになった。^{注44}

C. 起草委員会案
a：第2・3・4条（最初の代案＝3ケ条）

第2条　社会の目的はそのメンバーの各々に、その精神・知性及び身体の完全な発展のための平等な機会を与えることである。(The object of society is to afford each of its members equal opportunity for the full development of his spirit, mind and body.)

第3条　人間は社会の助けと支援なくては、生きて自己を発展させる（develop themselves）ことができないので、各人は社会に対する基本的義務を負う。基本的義務とは、法への服従・有用な活動の履行及び共通善のために要求される義務と犠牲の自発的な（willing）受諾である（＝変更は括弧内の用語のみ＝寿台）。

第4条　権利の行使においては、すべての人は他人の権利によって制限される。

b：第2の代案（1ケ条のみ）

第2条　これらの権利は他人の平等な権利によってのみ制限される。人はまた、自分がより広範な自由の中で、その精神・知性及び身体を発展させることのできる社会に対する義務を負う。(These rights are limited only by the equal rights of others. Man also owes duties to society through which he is enabled to develop his spirit, mind and body in wider freedom.）

　人権委員会第2会期の宣言に関する作業グループの議論において、Romulo（フィリピン）とAmado（パナマ）が前記Cのbの案を支持、Amadoは「権利の行使においては、すべての人は他人の権利及び<u>民主国家</u>の正当な要求によって制限される」という案を提案する。そして、Romuloがこの権利制限に関するAmadoの提案を前記bの案の第1文とする（bの第2文はそのまま残す）という提案をして、このRomulo提案が同作業グループ内においても（賛成3・棄権3）、その後の人権委員会全体会議においても（賛成9・反対2・棄権5）採択されて、以下の<u>D. ジュネーブ草案</u>2条となる。但し、人権委員会全体会議の際にはその他、「各人の権利は、<u>法によって表現された</u>公的秩序・国家の安全及び集団生活の正常な発展の要求によって、他人の権利を保障するために制限できる」という提案（Victorica・ウルグアイ）、「国家はすべての権利を制限するものとして見なされるべきではないので、『<u>民主国家</u>』という用語に反対する」という意見（Dukeston・イギリス＝権利制限の根拠を他人の権利と社会への義務に限定した代案も提案）、「（第1文につき）その権利の行使においては、すべての人は他人の権利を尊重して、民主国家の正当な要求に従わねばならない」という用語修正案（Wu・中国）も出されたが、すべて否決された。^{注45}

　D. ジュネーブ草案
　　第2条　権利の行使においては、すべての人は他人の権利及び<u>民主国家</u>の正当な要求によって制限される。個人は、より広範な自由の中で、その精神・知性及び身体を発展させることのできる社会に対して義務を負う。(In the exercise of his rights every one is limited by the rights of others and by the just requirements of the <u>democratic State</u>. The individual owes duties to society through which he is enabled to develop his spirit, mind and body in wider freedom.）

（2）草案審議過程

　起草委員会第2会期では時間不足のためにこの条文の議論はなかったが、人権委員会第3会期ではいくつかの重要な問題について議論・修正された。同会期には、権利制限の根拠を「他人の権利及び万人の福祉と安全のみ」に限定するD2条に対するインド・イギリス共同修正案等[注46]が提案されていたが、こうしたことから議論は主としてD2条の「民主国家」をめぐる対立となった。Cruz（チリ）やAzkoul（レバノン）は「民主（国家）」を定義することの困難さを述べて、インド・イギリス共同修正案に支持を表明したが、同時に「民主」という言葉を条文に含むことに対する反対論の中には、「民主主義はベルギー国民に深く根づいている」（Lebeau・ベルギー）或いは「すべての権利の承認に民主主義は含まれている」（Chang・中国）のだから敢えて明記する必要はないという要素もあった。また、言葉の定義の困難さは「民主」（democratic, democracy）の方について述べられたものであったが、そこでは「国家」を権利制限の根拠に挙げることへの脅威も一緒に強調されていた（Azkoul及びMore・ウルグアイ）。

　一方、Vilfan（ユーゴ）は特にLebeauに対して、「民主的自由は現在なおファシズムの残党によって脅かされている」ことを強調した。そして、以上の「民主国家」への反対論全般に対してはPavlov（ソ連）が対抗して、「戦時中は民主主義という概念にすべての解釈にとっての共通の基礎があったから、何の困難もなかった。今日それを拒絶する理由はない。むしろインド・イギリス共同修正案の〈万人の福祉と安全〉という言葉の方が曖昧である。それは誰が定義できるのか」とした上で、「民主主義とはすべての市民がその統治活動に参加する平等な権利を有する国家のことである」という「すべての民主主義に共通の原則」を提示し、古代ギリシアの民主制から近代ブルジョア民主主義へとその問題点を辿りつつ、究極的には国家は階級消滅とともに死滅するものだが、過渡期においてはプロレタリア（一党）独裁という形態を取る（つまり、民主主義は「民主国家」たらざるを得ない）などという極めて公式的なマルクス主義の見解を長々と披露して、「真の民主主義たるソビエト人民民主主義」の優位性を述べたてた。

　ところで、こうした論争の間にもHood（オーストラリア）によって「（他人の

権利及び）人が自由に発展することを可能にする<u>民主社会（democratic society)</u>への義務によって権利は制限される」とする案が提案されていた。Cassinはこのような提案も念頭に入れて、以上のPavlovの発言に続き、「〈民主<u>国家</u>〉は〈民主主義〉それ自体ほど重要ではない」として（フランスは「民主国家の法」による権利制限を認める案を出していたが）、「民主主義の基準は人権が実際に尊重されている程度である」という定義を、Pavlovの先の民主主義の定義に対抗させる形で提示した。

　この問題については、以上の諸提案を検討するための起草小委員会（オーストラリア・中国・フランス・インド・レバノン・イギリス代表で構成）が指名されることになる。議論の過程では以上の他に、D2条の「…精神・知性及び身体を発展させる」などという哲学的表現よりもインド・イギリスの共同修正案（「万人の福祉と安全」）の方がよいとする意見（Cruz）や、D2条の二つの文の順序を入れ替える（最初を「社会に対する義務」として、次に「権利制限」を規定する）という意見等があったが、起草小委員会はこれらの意見も先の「民主国家」をめぐる議論とともに考慮に入れて検討を行った。例によって起草小委員会の記録は残っていないが、この小委員会はこの条文を2項に分けて、第1項で「共同体に対する義務」を規定し、第2項で「他人の権利及び<u>民主社会における一般的福祉の要求</u>」^{注47}による権利制限を規定する案を、人権委員会全体会議に提出した。これが一応採択されて、「民主国家」は「民主社会」に変更されることになった（第2項は賛成12・棄権5で採択）。但し、この小委員会案で1項に繰り上がった「社会（に対する義務）」は「共同体」（community）に変更されていたが、これについては何の説明もなく、議論もなされなかった。^{注48}

　だが、人権委員会同会期の問題はこれで終わりなのではない。同会期におけるD16〜19条（思想・良心・宗教、意見・表現、集会・結社の自由）の審議の際に（諸々の自由の制限の問題に関して）、Loutfi（エジプト）が「この条文（先に採択されたD2条への起草小委員会修正案）の権利制限が十分ではない」とした。この頃までには、宣言では具体的諸権利を列挙する各条文には一々制限規定は含まず、それはこの条文で代表させるという考え方がほぼ固まっていたので、権利制限の列挙は網羅的でなければならなかった。この問題についても起草小委員会

（フランス・エジプト・イギリス代表）が指名されて作業が進み、Loutfiが権利制限に挙げられた「一般的福祉」のフランス語（bien-être general）には「道徳」（morale）や「公的秩序」（ordre publique）という意味は含まれていないとして、権利制限の根拠に英語でも"morality"と"public order"を追加する案を提出する。これに対しては、Fontaina（ウルグアイ）が「公的秩序」のような表現は解釈によって濫用される危険性があると指摘した。しかし、そのような危険性に対しても、「民主社会における」という権利制限自体への限定が効いているという見方が優勢であったと言ってよい。Loutfiの案は賛成8・反対1・棄権7で採択された。また、この議論の際にも、Pavlovは、「民主社会における…」に、「民主国家の正当な要求に従って」という言葉を追加する案を提出するが、これは反対11・賛成4・棄権1で否決された[49]。

　さらに、Chang（中国）は人権委員会同会期を通してずっと、（宣言全体に関わる問題として）諸権利を列挙する前にその制限を述べるのは論理的でないとして、この条文を宣言の最後の方に置くことを主張していた。これに対しては、「宣言の読者は最初から、この宣言の権利と自由が社会の枠内で享受されなければならないと知るべきだ」とするPavlovの反論（ベルギーのLebeauがそれに同意）などもあったが、会期の最後の方になって中国提案が採択され（賛成8・反対7・棄権1）、E. 国際人権宣言草案ではこの条文は27条に位置することになった[50]。

　E. 国際人権宣言草案

　　第27条1項　すべての人は、その人格を自由に発展させることのできる共同体に対する義務を有する。（Everyone has duties to the community which enables him freely to develop his personality.）

　　2項　権利の行使においては、すべての人は他人の権利の正当な承認と尊重、また、民主社会における道徳・公的秩序及び一般的福祉の要求を確保するために必要な制限にのみ服するものとする。（In the exercise of his rights, everyone shall be subject only to such limitations as are necessary to secure due recognition and respect for the rights of others and the requirements of morality, public order and the general welfare in a democratic society.）

この条文に対しても第3回総会第3委員会では多くの修正案が提出されたが、問題になったことは以下の四点にまとめられる。[注51][注52]

　まず第一に、E27条1項に関してWatt（オーストラリア）が、「その人格を自由に発展させることのできる共同体」を、「その中において<u>のみ</u>人格の自由で完全な発展が可能な共同体」（community in which <u>alone</u> the free and full development of his personality is possible）に変更することを提案したことが大きな問題となった。この案に対しては、Dehousse（ベルギー）が「個人は社会の枠内で<u>のみ</u>人格を発展させることができるというのは誤っている。その逆を証明するには、有名な『ロビンソン・クルーソー』を想い起こせば十分だ。また、それは人格を発展させるのは社会の義務だという印象を与えるが、その原則はある国の哲学には適合しても、その逆の考え方には適合しない。第3委員会は特定の見解を押しつけるべきではない」などと激しく抵抗し、それをMrs. Rooseveltが支持したことなどから、Wattはこの案の撤回を余儀なくされた。しかし、それをPavlovが再び取り上げて、「この案は社会の外では個人はその人格を完全には発展させられないということを、正しく強調している。ロビンソン・クルーソーの例は逆に、人が社会の援助なくては生きて人格を発展させられないことを示している。事実、ロビンソンは人間の産業と文化の産物（道具・本）を持っていたのだ」と述べた。結局、Mrs. Corbet（イギリス）がPavlovに同意を示して、"alone"を含むという案が賛成23・反対5・棄権14で採択された。但し、この議論の過程では、Azkoul（レバノン）のように、「この言葉は、社会が人格の完全な発展を保障する限りにおいて<u>のみ</u>個人は社会に義務をもつという（逆の）解釈もできる」ことを指摘する人もいた。なお、E27条の1項に関する議論の中では、「1項が〈共同体〉という言葉を選んでいるのは、国家だけが唯一の関係する社会集団ではないことを示す」（Beaufort・オランダ）と言われていたことにも注目しておこう。

　次に第二の問題は、同条2項の「…を確保するために必要な」を「…をもっぱら確保することを目的として、<u>法によって規定された</u>」と修正するウルグアイ案（A／C.3／268）をめぐる問題である。この修正案の趣旨をAréchaga（ウルグアイ）は、「基本的人権は法によってのみ制限できるということ、また、そのような法自

体が民主社会における道徳・公的秩序・一般的福祉を根拠にして要求されるとき
のみ作成され得るということ（人権を制限する一般法を作成するには世論の支持
が必要だということ）」を示すことだとした。これと同様に、恣意的な権利制限に
一定の歯止めをかけようとする案としては、「道徳・公的秩序及び一般的福祉の
正当な（legitimate）要求」と追加するというフランス案（A／C.3／345）があっ
たが、この案を説明する際、Cassinは「法は必ずしも人権を保障しない」として、
ウルグアイ案に反対した。さらに、これらに対しては、「〈正当な〉という言葉も
〈法的な〉と同じく両義的」（Mrs. Rousevelt）、「権利が法によってのみ制限でき
ると言うのは危険である。専制的な法も存在し得る。そのような制限の基準は法
よりも上位の正義であるべきだ」（Mrs. Corbet・イギリス）等の批判が続いた。
一方、ウルグアイ・フランス両案を支持する代表も多かったが、それらを支持す
る意見にはあまり特筆すべき内容はない。しかし、とにかく何らかの形で権利制
限の恣意性に歯止めをかけねばならないという意見が優勢だったと言ってよい。
ウルグアイ案は賛成21・反対15・棄権7、フランス案も賛成22・反対8・棄権11で
採択された。

　さて、第三の問題も同条2項に関係するものであるが、これが本論文において
は最も重要な問題である。ここでまたしてもソ連は、「民主社会」の後に「及び民
主国家の対応する要求」と追加する案（E／800）を提出していたが、これについ
てはPavlovは、「人は社会的存在だから、個人は社会から自由ではあり得ない。だ
から、人間の進歩を促進することにおいて、個人と社会の利益のバランスを取る
ことは最重要な仕事である。それは社会主義体制でのみ可能である。宣言のすべ
ての権利は民主国家によって民主社会において実施される。実施機構がなければ
法は無だが、現在ではそれは国家である。だから民主国家の要求は無視できない」
などと説明した。しかし、この案は次のような集中砲火を浴びることになる。

Kayaly（シリア）：「社会」は「国家」よりも広く包括的な言葉であり、この条
　　文では個人と社会との関係が強調されてはいるが、ソ連のように国家が個人
　　をコントロールする権利をもつという意味には解釈できない。
Mrs. Corbet（イギリス）：「民主国家」への言及はこの条文を過度に制限するか

ら、ソ連の修正案は受け入れられない。「民主社会」という概念は「共同体」「国家」「国際秩序」を含んでいるので、民主国家よりもずっと広い。

Aquino（フィリピン）：宣言のその他の規定と合わせてみれば、この条文が普遍的な民主社会を予期しているのは明白である。ソ連の修正案は社会の上に国家を置くことによって、この条文の意図と意味を破壊する。ソ連の修正案に強く反対する。

Azkoul（レバノン）：もしソ連の修正案が採択されれば、国家が道徳・公的秩序・一般的福祉よりも上位にあり、それらの要求によって条件づけられない絶対的な権利を有するという印象が作られてしまう。

　これに対してなお、Kaminsky（ベロルシア）とPavlovが反論を試みるが、その内容は今までの繰り返しにすぎない。結局、この案は反対23・賛成8・棄権9で否決された。

　最後の問題は、「これらの権利は、いかなる場合にも、国連の目的及び原則に反して行使することはできない」という追加提案（エジプト案・A／C.3／264及びフランス案・A／C.3／345）に関する問題である。こうした提案の趣旨をCassinは、「個人が国内社会だけでなく国際共同体にも属しており、組織された国際共同体の利益はその人自身の利益と同じだということを明確にすることだ」と説明した。前記のようにこの条文では2項の「民主社会」が最も広い概念として使われているのであるから、「国連の目的及び原則」に言及するこの提案は、2項の「民主社会」に含まれる「共同体」（1項）に加えて、さらに「国際秩序」をも明示して強調しようとしたものだと受け取ってよいように思われる。これに対しては（用語上の問題は別として）反対意見はほとんどなく、Dehousse（ベルギー）の提案で個別の項目（3項）として扱うことを決めた上で、フランス・エジプト案が一括して採択された（賛成34・反対2・棄権6）。但し、Aréchaga（ウルグアイ）は、「ウルグアイは国連の目的と原則を忠実に守るが、それは自由に議論・批判できるべきである。27条3項が国連の目的と原則の批判を禁じる可能性があり、言論の自由を含む宣言の諸権利を制限する恐れがあるので反対した」と自分の投票について説明した。

以上の他、第3委員会で若干の用語修正を受けた後^{注53}、この条文は総会本会議では満場一致で採択された。

F. 世界人権宣言

　　第29条1項　すべての人は、その人格の自由かつ完全な発展がその中にあってのみ可能である共同体に対する義務を負う。(Everyone has duties to the community in which <u>alone</u> the free and full development of his personality is possible.)

　　2項　権利及び自由の行使においては、すべての人は、<u>もっぱら</u>他人の権利<u>及び自由</u>の正当な承認及び尊重を確保し、また、民主社会における道徳・公的秩序及び一般的福祉の<u>正当な</u>要求を充たすことを<u>目的として、法によって定められた</u>制限にのみ服するものとする。(In the exercise of his rights and freedoms, everyone shall be subject <u>only</u> to such limitations as are <u>determined by law solely for the purpose of</u> securing due recognition and respect for the rights <u>and freedoms</u> of others and of meeting the <u>just</u> requirements of morality, public order and the general welfare in a democratic society.)

　　3項　これらの権利及び自由は、いかなる場合においても、国連の目的及び原則に反して行使することはできない。(These rights and freedoms may in no case be exercised contrary to the purposes and principles of the United Nations.)

結　　論

　ここでは、まず以上のF29条の成立過程から確認されることを記して、本論文の結論とし（Ⅰ）、次に世界人権宣言の歴史的・思想的課題に触れておきたい（Ⅱ）。そして最後に、「世界人権宣言」という訳に関する問題を述べて（Ⅲ）、本論文を締めくくりたいと思う。

Ⅰ.「一国社会正義モデル」から「多元的社会正義モデル」へ

　Morsink論文は、F29条については二つの指摘をしていた。その一つは、総会第3委員会で"alone"という言葉が挿入されたことは、宣言が極端な個人主義を回避したことを意味するということであった。これは、以上の成立過程から見て、一応そのように言ってよいであろうと思われる。ただ、確かにこの言葉の挿入は、一部の代表が注目したように、「社会が人格の完全な発展を保障する限りにおいてのみ個人は社会に義務をもつ」と、逆に解釈することも可能である。だから、この言葉の挿入には次のような意味もあることを付け加えておきたい。つまり、この言葉の挿入は極端な個人主義を回避したといっても、逆に個人が完全に集団に埋没するという極端な集団主義の立場を宣言が取ったということではなくて、アトム化された個人という考え方を廃して社会（共同体）に対する義務を強調することによって、むしろそこに個人が義務を負う社会そのものを、個人のもつ諸権利が保障されるような社会に変革する権利を発生させる余地を生むということである。このように個人を社会との相関関係において捉えることによって初めて、個人には「社会的及び国際的秩序への権利」（F28条）が発生するということが言えるのだと思われる。

　但し、このことは宣言が「自然権としての革命権」のようなものを認めたということではない。Morsink論文で取り上げられていたように、「圧制への抵抗権」は宣言本文からは削除されて、前文に含まれることになった。つまり、「人間が、

専制及び抑圧に対して、最後の手段として反逆に訴えることを余儀なくされては
ならないとすれば、人権を法の支配によって保護することが必要である」と。自
然権とは「前社会的」権利として政治社会そのものを構成する権利が人には生来
あるということだから、「人権とは自然権である」と言うためには当然本文に「圧
制への抵抗権」が含まれていなければならない。宣言前文で「法の支配によって
保護することが必要」だと言われている「人権」（本文の諸権利）が「自然権」で
ないことは明白であろう。世界人権宣言本文に列挙された諸権利はそのような
「最後の手段」（究極的な意味）としての「自然権」ではないのである。

　さて、もう一つMorsinkが指摘していたのは、総会第3委員会において「民主国
家」を加えるというソ連の修正案が否決されたことは、世界人権宣言の基本的な
哲学が自然権に立脚しているという（1条）解釈を裏づけるものだということで
あった。しかし、自然権というものは単に「前国家的」権利というにとどまらず、
「前社会的」権利という意味をもつものであろう[注1]。従って、「民主国家」という言
葉が否決されたことは、宣言の哲学が自然権だということの根拠にはならないと
思われる。それよりもむしろ、私は、人権委員会第3会期以来、執拗に繰り返され
たソ連の国家中心主義的主張としての「民主国家」という言葉に対抗する形で、
29条2項の「民主社会」という言葉が使用されているということに注目すべきだ
と思う。「国家だけが関係する社会的集団ではない」という意味において、この言
葉が（「国家」も含むが）国際及び国内の種々の多元的な「共同体」（社会的集団）
を含むものだということは、先に見たように、「民主国家」という言葉との対抗関
係において次第に明らかになってきたことであった。そして、このことと先に1
条に関して確認したこと（第3章Ⅱ）を合わせて考えるならば、世界人権宣言にお
ける人権の正当化根拠は、「一国社会正義モデル」に対抗する形で、「多元的社会
正義モデル」として構成されたものだと見ることができるように思われるわけな
のである。これを序論に挙げた定式で定式化しておくならば、

　　すべての人が（権利主体）、複数の諸集団のメンバーであることによって［関
　係諸集団にとって適切な社会正義の諸原則に基づいて］（正当化根拠）有する権
　利

となるであろう。

宣言採択後、ハーグ国際法アカデミーでの講義において、同宣言が「国際人権宣言」ではなく、「人権の普遍的宣言」という名称になった意義を、René Cassin は以下のようにまとめている（＝以下、(A) (B) (C) (D) (E) は寿台による要約・整理。下線も寿台）。

(A) 国連総会は宣言のタイトルを変えるというフランス提案を受け入れて宣言に「普遍的宣言」という名称を与えた。なぜなら、それは人類世界の全人民の組織された法的共同体に由来し、すべての人にとって共通の願望を表すものだからである。

(B) 宣言の普遍的な局面は、それが常に国家を人権保護の唯一の義務者（débiteur＝債務者）としてはいないという面に現れている。それは個人と国家の対立をドグマとして立ててはいない。その前文は、「すべての個人とすべての社会の機関（organes de la société）が、この宣言を常に念頭におきながら、…これらの権利及び自由の尊重を指導及び教育によって促進し、並びにそれらの普遍的かつ効果的な承認及び遵守を国内的及び国際的な漸進的措置によって確保するよう努力するため、すべての人民とすべての国民とが達成すべき共通の理想（l'idéal commun／a common standard＝共通の基準）として、この人権の普遍的宣言を公布する」と述べている。これは「社会」（société）という機関を意図的に（à dessein）めざした1789年フランス宣言の幼稚な模倣ではないということである。個人は、個人がその一部をなす多様なタイプの社会的集団（家族、国家 cité、宗教的・職業的集団などから、人類社会 société humaine にまで及ぶ）との関係において考慮されている。正しく理解するなら、宣言の起草者たちは国家の本質的役割を否定しはしなかった。国家の存在と役割は多様な形態で言及されている（前文及び2条2項・14条1項・21条1及び2項・22条等）。要するに、宣言は、国際と称される社会（la société dite internationale）が国家のみから構成されているとか、人間存在（êtres humains）だけしか含んでいないというシステムを

慎重に否定しているのである。

(C) 宣言はすべての人間存在に適用されるものとして普遍的である。人間は人類家族のすべてのメンバー（tous membres de la famille humaine）だという理念から出発している（1条・2条1項・6条・7条）。

(D) 宣言はすべての国家（人の住むすべての領域）に適用されるものとして普遍的である。2条2項は「個人の属する国又は地域が独立国であると、信託統治地域であると、非自治地域であると、又は他の何らかの主権制限の下にあるとを問わず、その国又は地域の政治上、管轄上又は国際上の地位に基づくいかなる差別もされない」と述べている。宣言の適用範囲は一見、前文の最後の部分によって「加盟国の住民と加盟国の管轄下にある領域の住民に」限定されているように見えるが、2条2項は無国籍者とともに国連非加盟国のすべての住民にも広がらなければいかなる意味ももたない。

(E) 宣言はその内容において普遍的である。確かに、1778年のアメリカの権利宣言や1789年のフランス宣言のような、あれこれの国においてなされた一定の宣言の起草者たちは、その同国人や市民の権利ばかりでなく、どんな国の人間の権利をも宣言しようとしたが、国連の宣言は二つの点においてより広い射程をもつ。まず第一に、宣言によって、従来はもっぱら、あれこれの個別的な諸国の憲法制定権や立法権に由来した憲法や宣言において宣言されていた権利と自由の総体を保護している。第二に、普遍的宣言は超国家的（supra-nationale）なものであるのだから、単なる諸国の宣言の総和（le simple total des déclaration nationales）でも、それら諸国宣言や憲法の世界段階への引き写し的な拡張（un agrandissement photographique à l'échelle mondiale）でもない。それは、いかなる国の宣言や法律も所与のある国に依拠しないならば定式化できない人権の定式化を、普遍的な局面に立って定式化するという斬新さを示している。例えば、15条は「すべての個人は国籍への権利をもつ」と規定しているが、ある国は自国のためにしかそういう規定はできないし、その国民への新規加入や国民資格の喪失に関してしか規定できない。つまり、国家群単位で人類を分割することに基づく社会においては（dans une société reposant sur une division de l'humannité en groupes étatiques）、すべての人間存在が<u>ある国民に加えられる存在であることへの権利</u>（droit à être agrégé à une nation）を有するということを、ある一国が抽象的に宣言する権威はもっていない。（14条1項の庇護権も含め）ただ国連だけがそうした宣言の一般原則を定式化する権限をもっていたのである。

　人権委員会第3会期での「傘条項」（22条）の趣旨説明における、「生命や自由への権利は無条件なものだから、そうした基本的人権に適用されるカバー条項は保障を含まなくてよい。他方、経済的・社会的権利の実現には国家の側の物質的援助が要るから、保障を必要とする」という二分法の論理からして、実際に宣言の起草作業に中心的な役割を果たしたCassinのような代表的人物は、当然、人権の正当化根拠についても、「自由権については自然権モデル、社会権については社会正義モデル」という「二分法モデル」に立っていたと考えられやすいかもしれない。しかし、以上に引いたハーグにおける世界人権宣言全般に関する説明からは、同宣言がむしろすべての個人をまず「人類社会のメンバー」（社会正義モデル）と見なす枠組の中で、同時に関係する「多様なタイプの社会的集団のメンバー」（多元的社会正義モデル）として捉えていることが読み取れるように思う。特に「傘条項」にのみ「社会のメンバーとして」という言葉が含まれたのは、当面社会権の保障義務は個々人が属する「一国社会」にその一次的責任（二次的責任は国際社会）があるとするしかない現実の国際社会の限界によるものだと理解することができるのではないであろうか。第2章において、Cassinが「自然権モデル」などには立っていなかったと言ったのは、以上のような意味である。

　おそらく、世界人権宣言の起草者たちは人権の「正当化根拠」という要素にあまり自覚的だったとは言えないことであろう。従って、宣言全般をある一つのモデルで統一的に把握しようとしても、起草過程全般においては種々の不整合な部分は出てこざるを得ないであろう。しかし、「成熟した自然権モデル」「一国社会正義モデル」「二分法モデル」などに比べて、この「多元的社会正義モデル」という概念を用いることは、同宣言の起草過程全般を、はるかに首尾一貫した形で整合的に解釈することを可能にするはずだと思われるのである。

Ⅱ. 世界人権宣言の歴史的・思想的課題

　さて、世界人権宣言を、より広い歴史と思想の文脈の中に位置づけてみるならば、いったいどういう問題があるであろうか。今ここでは、そのような大きな課題を本格的に論ずることができるわけではない。が、以下、そうした課題に関わる展望とでも言うべきものを、若干、思いつくままに記しておきたい。

　現代の国際人権というものを、近代の自然権と連続したものとして捉えるのか、それとも断絶したものとして捉えるのか——世界人権宣言の哲学は「多元的社会正義モデル」であるという本論文の結論からすれば、断絶面の方をより重く見ることになるであろう。だが、国際人権というものがその出発点において、自然権というものの考え方と断絶しなければならなかったとすれば、それはどのような理由によるものなのであろうか。Hannah Arendtの『全体主義の起原』には、その理由が示唆されているように思われる。彼女の自然権批判を抜粋しておきたい。^{注3}

- （第一次・第二次両大戦間の）大規模な無国籍者の群の出現が事実上世界につきつけた難問は、譲渡することのできぬ人権、つまりいかなる特殊な政治的身分とも関りなく人間であるという単なる事実にのみ由来する権利などというものがそもそも存在するのか、という回避不能な問いだった。…

- この状況は人権概念につねに含まれてきた多くの難点を解明してくれる。人権がかつてどのように定義されたにせよ（生命、自由、幸福の追求の権利というアメリカの定義、あるいは法の前での平等、自由、所有の権利および国民主権というフランスの定義）、…二十世紀において事実人権を奪われている人々の現実の状態はこれらの人権の定義では把握不可能である。…

- なぜなら無権利者の不幸は、彼が生命、自由、幸福の追求、法の前の平等、いわんや思想の自由などの権利を奪われていることではないからである。これらすべては所与の共同体の内部の諸権利を守るために定式化されたものであり、それ故に無権利者の状態とは何の関係もない。無権利状態とはこれに対し、この状態に陥った者はいかなる種類の共同体にも属さないという事

実からのみ生れている。彼のためには法が存在しないような人間のために法の前の平等を要求することは無意味である。彼が法律に規定のある犯罪を犯すことによってその法律の前に立つところまで漕ぎつければ、この法律の前で不平等に扱われることはほとんどないだろう。全く抑圧されていない人間、彼の不幸は彼を抑圧しようと望む者さえないことだと定義され得るような人間のために、自由を要求しても始まらない。…

・人権の喪失が起るのは通常人権として数えられる権利のどれかを失ったときではなく、人間世界における足場を失ったときのみである。この足場によってのみ人間はそもそも諸権利を持ち得るのであり、この足場こそ人間の意見が重みを持ち、その行為が意味を持つための条件をなしている。…

・そのような権利の存在については、人権を宣言した人々は明らかにまだ全く予想もしていなかった。諸権利を持つ権利——これは、人間がその行為と意見に基づいて人から判断されるという関係の成り立つシステムの中で生きる権利のことを言う——というようなものが存在することをわれわれが初めて知ったのは、この権利を失い、しかも世界の新たな全地球規模での組織化の結果それを再び取り戻すことができない数百万の人々が出現してからのことである。…

　Arendtは「自然権」を否定しているが、「人権」を否定しているわけではないであろう。或いは、自然権論者（特に成熟した自然権論者）ならば、むしろArendtの言う「諸権利を持つ権利」こそが「本来の人権」（自然権）なのだと言うかもしれない。しかし、おそらくArendtから言えば、人権は「人間の本性」(human nature)ではなくて、「人間の条件」(human condition)によって根拠づけるべきものだということになるであろう。彼女によれば、人間の生活には「観照的生活」(vita contemplativa)と「活動的生活」(vita activa)の二つがあるわけであるが、彼女の『人間の条件』という書物自体は「私たちが行っていること」（活動的生活）を問題にしたものであって、「観照的生活」を問題にしたものではない。そして、「われわれは何者であるか」(who are we?)という「人間の本性」に関する問題は、そもそも「観照的生活」に属する問題だというわけである。彼女は、そのような

127

「人間の条件」としての「人間世界における足場…によってのみ人間はそもそも諸権利を持ち得る」と言っているのだと思う。

　Arendtは、現代の無国籍者（無権利者）は事実上「自然状態」に引き戻されているとして、「人権だけしか存在しない自然状態」と「人権以外のすべての権利が失われた無国籍状態」は類似しているとも言っている。人権の問題が国際的な場面に引き出されたとき、そこでは「自然権ではない人権」の定式が切実に求められるようになったと言えないであろうか。そう言えるとすれば、そのとき、「自然権」（natural rights）或いは「人間の権利」（Rights of Man）という言葉で語られてきたものは、どのような変質を遂げて「人権」（human rights）という言葉で語られるものになったのであろうか。そして、そのことは世界人権宣言の成立過程（起草過程よりも広い意味における）にどのように反映しているのであろうか。

　また、多元的社会正義論に基づく「複合的平等」（complex equality）論を提唱しているMichael Walzerの言葉も示唆的である。Walzerは、そもそも「配分的正義」（distributive justice）ということ自体が、政治的共同体の存在を前提としたものであるのだから、まずもって人が互いに配分する基本的なモノ（primary good）は、そうした共同体の「メンバーであること」（membership）だと言う。しかし、Walzerはまた、ある特定のメンバーシップに基づくわけではない相互扶助（mutual aid）の問題にも触れて、個々の政治的共同体には分岐していない「一つの世界」（a world）を構想するならば、次の二つの世界を構想できるとも言う。すなわち、その場合には、誰もメンバーではなくすべての人が互いに「ストレンジャー」であるような世界か、或いは逆に、すべての人がグローバルな国家の「メンバー」であるような世界かのどちらかが構想できる、と。そして、前者をメンバー間においてどんな配分の問題も起こらない一種の「グローバルな自由至上主義」（global libertarianism）と呼び、後者をすでに平等にメンバーシップが配分されている一種の「グローバルな社会主義」（global socialism）と呼んでいる。^{注5}

「友愛の精神」を強調する世界人権宣言は、いわば「グローバルな社会主義」を構想するものだと言えるであろう。但し、Walzerは、以上のような二つの世界がいずれも予見できる将来には実現されそうにないと言っている。確かに、すでに平等にメンバーシップが配分されている「グローバルな国家」とか「世界政府」

といったものは存在しない。だから、「すべての人は兄弟である」ということを事実記述的に述べていた1条の初期の草案には批判が向けられ、現在それはまさに「宣言」（manifesto）として、「友愛の精神において行動すべき」と宣言しているのである。少なくとも同宣言はすべての人が「ストレンジャー」であるような世界を構想したのではなく、すべての人が「メンバー」であるような世界を構想しようとしたということだけは言えるのではないだろうか。「根無草の混沌と現代人の種々雑多な意見——これらの意見の行き着いたところは、テロルの装置のなかに集った虚無の集団であった」（『全体主義の起原』ヤスパース序文[注6]）というナチの体験の後に、すべての人が「ストレンジャー」であるような「無世界」を考えるわけにはいかなかった——そのように考えることはできないであろうか。

「ナチの衝撃が世界人権宣言を生んだ」ということは、よく言われてきたことではある。しかし、それは通常、「ナチは法実証主義であった」という認識に立つ「再生自然法論」の文脈で強調されてきたことであろう。だが、ナチが本当に法実証主義であったかどうかについては疑問視する見方もある。ナチはむしろナチ流の自然法論に立っていた、或いは、ナチには実定法の軽視の方が目立つといった形で[注7]。私は今、ナチの問題自体に判断は下せないが、世界人権宣言の起草過程を見る限り、そこではそれほど「自然法」なるものが強調されていたとも思えない。むしろArendt流に、全体主義というものをいわば近代の行き着いた果てとして見るような観点に立って、実は国際人権というものは当初から近代の負の課題を背負って出発したものなのだということは言えないのであろうか。通常、国際人権というものは、国際法や憲法のテキストのレベルでは、「人権の国際的保障」といった名称の項目で扱われることが多い。そしてそこでは、西洋近代において誕生した人権（自然権）が、そのまま国際的にも保障されるようになってきたという物語が語られる。しかし、今日、そのような思考法が再考を迫られていると言えないであろうか。

III.「世界人権宣言」という訳について

　最後に、"Universal Declaration of Human Rights"という世界人権宣言の原タイトルについて触れておきたい。外務省條約局編『條約集（第二十七集・第四十三巻）』(778) に収められたものを見ると、最初、このタイトルは「人権に関する世界宣言」と訳されていた。ここには「United Nations Bulletin, Jan. 1949から翻訳した」とあるから、最終的に採択されたものを翻訳したものに違いない。ところが、この「人権に関する世界宣言」という訳が気になる。確かに、「人権に関する国際宣言草案」（Draft International Declaration on Human Rights）というタイトルは、途中のジュネーブ草案等にはあったわけだが、タイトルが"Universal Declaration on Human Rights"となっていた場面は起草過程には一度もなかった。ここにどういう事情があったのか。これは今後の課題である。とにかく、その後、同宣言は「世界人権宣言」と呼ばれるようになった。

　第3委員会でこの宣言のタイトルを、"International Declaration"から"Universal Declaration"に変更することを提案したのはCassinである。その趣旨は先に引いた通りである。同宣言が「普遍的」と題されることになったCassinの説明から考えるならば、どうも従来からの「世界人権宣言」という訳では、領域的（空間的）な意味における普遍性は表せても、すべての人間存在に妥当するという内容的な意味での普遍性は表せないのではないかと思われる。その意味においては、「世界人権宣言」という訳は起草者の意思を正しく表したものだとは言えない。

　だから、同宣言のタイトルの日本語訳については、すでに批判はある。一例を挙げれば、武者小路公秀は同宣言前文の解説にあたって、この訳の不正確さを指摘し、次のように述べている。「普遍的ということが、なぜ大事かというと、それは人権がただ『世界』で宣言されることでなく、宣言されてもされなくても、普遍的つまりどんな時代、どんな所に生きているどんな人についても当てはまる規範つまりルールだということです。このことをあらかじめはっきりさせておかないと、前文の意味がなくなってしまうのです」と。注8

　但し、「歴史的考察」としての本論文は、この問題についてもさらにもうひとひ

ねりしておかねばならない。私は、同宣言がア・プリオリに普遍的価値をもつから、「普遍的」と訳すべきだと言いたいのではない。すべての時と場所を超越した「普遍性」を強調するよりも、歴史的文書としての同宣言の研究が重要だと思っているからである。「文化相対主義の挑戦」によって、人権が"universal"かどうかが問われている。その場合、まず歴史的に検証すべき文書として"Universal Declaration…"があるということは、すぐに思い浮かべられることである。ところが、「世界…」ではそれは思い浮かべられない。要するに、私はこの宣言をいわば「神聖不可侵」の聖典と化す意図で、「普遍的」と訳すべきだと言っているのではない。或いは、カッコ付で「人権の普遍的宣言」と訳すのがよいのかもしれない。ただ、本論文においては、一応、日本で一般に通用している「世界人権宣言」という名称をそのまま使用しておいた。これをどのように表現していけばよいのか。今後の課題である。

　ただ単に「人権は普遍的なものだ」というスローガンを挙げておればよいというような時期は、すでに過ぎている。「人権の普遍的宣言」の哲学が、本格的に歴史の検証を受けなければならない時期が来ているのである。

第2部（補論） 世界人権宣言の起草過程における 「少数者の権利」条項削除の問題

はじめに

　この補論において「少数者の権利」条項の問題を取り上げるのには二つの理由がある。まず第一に、これが削除された条項だからという理由である。当然、世界人権宣言に関する各種の解説（書）や注釈（書）の中でも、このような削除された条項に関する問題が取り上げられるということは極めて少ない。しかし、現在の宣言（前文及び30ケ条）は、その起草過程において夥しい数の代案や修正案を退けて成立してきたものである。従って、その過程でどのような案が退けられて現在の宣言になったかを見てみないことには、宣言の抱える問題点が明らかにならないばかりか、宣言のもつ意義自体さえも実は分からないという問題があると思うのである。

　特に宣言の問題点を検討するには、成立した条項を取り上げるよりも削除された条項を取り上げる方が、より適していると言えるであろう。その意味においては、第1部では（宣言の問題点に触れなかったわけではないが、やはり基本的には）成立した宣言の積極的意義（いわば肯定的側面）を示そうとすることに重きを置いてきたのに対して、この補論の方は、もっぱら宣言の起草過程に内包された問題点（むしろ否定的側面）を批判的に検討することを目的とするものだと言うことができる。

　次に、「少数者の権利」条項削除の問題を取り上げる第二の理由は、冷戦後各地で民族紛争や宗教紛争が再燃する中で、この問題が極めて重要な再検討課題として浮上してきていると思うからである。Will Kymlickaはこの問題に関して、「第2次大戦後、…リベラリストの多くは、〈人権〉を新たに強調すれば少数者の対立は解決されるであろうと期待した。選ばれた集団のメンバーのための特別の権利を通して、弱小集団を直接保護するよりもむしろ、集団のメンバーシップには関わりなく、すべての個人に基本的な市民的及び政治的権利を保障することによって、

文化的少数者は間接的に保護されることであろう。…これら個人の権利がしっかりと保護されるならば、特定のエスニック的又は民族的少数者のメンバーには、その上にどんな権利も付与される必要はないであろうと考えられた。…このような哲学に導かれて、世界人権宣言においては、国連はエスニック的及び民族的少数者に関するすべての言及を削除することになったわけである」と言っている。そして、確かに近年では、この問題は国連その他の場において再び盛んに取り上げられるようになったが（例えば、国連のDeclaration on the Rights of Persons Belonging to National or Ethnic, Religious and Linguistic Minorities, 1993）、こうした動きの多くは東欧等における対立のエスカレートに対応するための状況対策的なものであって、そこでは「少数者の権利」問題に関する理論作業が十分なされているわけではないとしている[注3]。従って、国際人権の出発点における「少数者の権利」条項削除の問題を、今改めて詳細に検討し直してみるということは、決して無意味なことではないであろう。

　但しKymlickaは、従来の人権論には、「少数者の権利」問題に対して誤った答えを出したという問題があるのではなくて、実はまったく答えを出していないという問題があるのだという指摘もしている。従って、‘*Multicultural Citizenship: A Liberal Theory of Minority Rights*’と題された著書においては、この問題を抽象的・普遍的な「人権」の問題としてではなく、より具体的な「市民権」（citizenship）の問題として取り上げて、これをリベラリズムの思想に位置づけようと試みているわけである[注4]。しかし、この補論ではこの問題はあくまで「人権」の問題として考えることを主眼としたい。極めて抽象的に即「人類普遍の原理」として高調されやすい「人権」論の枠組では、確かに「少数者の権利」問題は取扱いにくい問題ではあるが、これが一旦は宣言草案に挙げられながら最終的には削除されてしまったという過程に、いったいどのような問題が内包されていたかということを考えてみることは、人権の一般的概念を再検討する上でも極めて意義深いことだと思われるからである。

　以下、まず宣言において「少数者の権利」条項が削除されるに至った過程を確認した上で（Ⅰ）、「少数者の権利」問題に関するKymlickaの分析を参考にしながら[注5]、この過程に内包されていた理論的問題を検討することにしたい（Ⅱ）。

Ⅰ．世界人権宣言における「少数者の権利」条項の削除過程

　まず、「少数者の権利」条項が、一旦は草案に挙げられながら、最終的には削除されるに至った過程を、第1部・第1章に示した見方に従い、(1) 草案準備過程と(2) 草案審議過程に分けて、詳細に確認しておきたい。

(1) 草案準備過程

　人権委員会第1会期においてどのような規定を権利章典に盛り込むべきかという意見を各代表が出し合った際、少数者の権利に関する問題としては、3人の代表から、「少数者」（及び「差別」）という言葉の正確な法的定義の必要性、同化に対する少数者の保護規定の必要性（Mrs. Mehta・インド）、少数者の問題を（国籍や無国籍者の問題とともに）権利の一般的問題として規定する必要性（Hodgson・オーストラリア）、世界の異なった文化的システムを考慮に入れる必要性（Romulo・フィリピン）が訴えられていた。このような意見と当時の16ヶ国の憲法における関連規定を念頭に置いて、国連事務局人権部はA46条を作成した。

A. アウトライン

　第 46 条　多数住民とは異なる人種・言語又は宗教の相当数の<u>人</u>が居住する国家においては、そのようなエスニック的・言語的又は宗教的少数者に属する人は、<u>その目的のために利用可能なあらゆる公的基金の公平な割合に応じて</u>、少数者の学校及び文化的・宗教的施設を設立・維持する権利、及び、裁判所その他の国家当局諸機関及び出版・公的集会において、少数者自身の言語を使用する権利を有するものとする。(In States inhabited by a substantial number of <u>persons</u> of a race, language or religion other than those of the majority of the population, persons belonging to such ethnic, linguistic or religious minorities shall have the right to establish and maintain, <u>out of an equitable proportion of any public funds available for</u>

the purpose, their schools and cultural and religious institutions, and to use their own language before the courts and other authorities and organs of the State and in the Press and in public assembly.）（＝下線は寿台。以下同様）

起草委員会第1会期では、まずMalik（レバノン）がこの条文を宣言に盛り込むことに賛同し、B44条に規定された。

B. Cassin 案

第 44 条　多数住民とは異なる人種・言語又は宗教の相当数の<u>共同体</u>が存在するすべての国において、そのようなエスニック的・言語的又は宗教的少数者に属する人は、<u>公的秩序によって要求される制限内で</u>、学校及び宗教的又は文化的施設を設立・維持する権利を有するものとする。同じ制限を条件として、少数者は出版及び公的会議において、また裁判所又はその他の国家当局諸機関に出頭する際に、少数者の言語を使用できるものとする。

（In all countries where there are substantial <u>communities</u> of a race, language or religion other than that of the majority of the inhabitants, persons belonging to such ethnical, linguistic or religious minorities shall have the right, <u>within the limits required by public order</u>, to open and maintain schools and religious or cultural institutions. Subject to the same limitations, they may use their language in the Press, at public meetings and when appearing before the courts or other authorities of the State.）

Cassinは、フランスでは私的教育のために基金はかけないという理由によって、「公的基金」に関する規定を削除、その代わりに「公的秩序によって要求される制限内で」という規定を置いたわけであるが、起草委員会全体会議におけるB44条に関する議論において、Mrs. Roosevelt（合衆国・起草委員会議長）が、このような人権の実施規定を含む条文は人権委員会への提案として考えられるべきであって、宣言に含むべきものではないという意見を述べた。そこでCassinは、「差別防止」の点からこの条文の重要性を述べ、この条文の権利主体を「個人」

（persons／individus）から「集団」（conglomeration／groupes）にする方がよいなどとしつつも、さらなる検討のためにこの規定を差別防止・少数者保護小委員会に付託することを提案した。またSanta Cruz（チリ）も、元来「移民国家」であるアメリカ大陸諸国の特徴に言及しつつ、注意深い検討の必要性を強調した。

　しかしさらに、一方ではMalik（レバノン）が、この条文をめぐる本質問題がまさにエスニック諸集団間の分裂（divisions）が問題である旧世界と、逆に同化（assimilation）が問題である新世界の違いにあることを認めた上で、この条文の考えが宣言に盛り込まれることを主張したのに対して、他方Wilson（イギリス）は、こうした規定が宣言に盛り込まれるにはまだ機が熟していないというニュアンスの発言をして、これをどこかに付託すれば起草委員会はこの条文を承認したことになるという理由で、人権委員会及び差別防止・少数者保護小委員会のどちらに対してもこれを付託することには反対した。

　結局、この起草委員会の全体会議においては、起草委員会では何も決定せず、以上のような議論があったことのみを示して、問題を人権委員会に付託するというMalikの提案が大勢を占める格好となり、さらにHarry（オーストラリア）の提案によって、C36条に以下 ［　］ 内のような注を付すことになった。[注8]

C. 起草委員会案

　第 36 条　多数住民とは異なる人種・言語又は宗教の相当数の人が居住する国家においては、そのようなエスニック的・言語的又は宗教的少数者に属する人は、公的秩序と矛盾しない限りにおいて、学校及び文化的又は宗教的施設を設立・維持する権利、また出版・公的集会及び裁判所その他の国家当局諸機関において少数者自身の言語を使用する権利を有するものとする。（In States inhabited by a substantial number of persons of a race, language or religion other than those of the majority of the population, persons belonging to such ethnic, linguistic or religious minorities shall have the right as far as compatible with public order to establish and maintain their schools and cultural or religious institutions, and to use their own language in the Press, in public assembly and before the courts and other

authorities of the State.）
　注［多数の国にとってのこの条文の最重要性の観点から、起草委員会は人権
　　委員会による徹底的な事前の検討なしでは草案条文を準備できないと感
　　じ、必要ならば、少数者問題の検討のために、この条文が差別防止・少数
　　者保護小委員会に付託されることを提案した。］

　ところで、まだ公式に宣言草案を付託されたわけではなかったが、差別防止・
少数者保護小委員会はその第1会期において、同小委員会に関連の深いC. 起草委
員会案の諸規定（C6・13・15・28・36条）を検討することを決定した。
　この小委員会におけるC36条に関する議論においては、種々の修正提案が出さ
れた。まずMasani（インド）は、この条文を完全なものにするために、「（少数者
自身の）言語（を使用する権利）」に「及び文字」（and script）という言葉を加え
ることを提案し、また、定義もせぬまま「少数者」（minorities）という言葉を使
用することの問題性を強調するBorisov（ソ連）の指摘を受けて、「少数者」を「集
団」（groups）という言葉に変更するという提案をした。次にShafaq（イラン）は、
別に人権委員会は国民間の言語的・人種的分離の促進を欲しているわけではない
ということから、「エスニック的・言語的又は宗教的（少数者）」に「正しく定義
された」（well defined）という言葉を加え、この条文の最後に「もし彼ら（少数
者）がそれを選択するならば」（if they so choose）という言葉を追加することを、
またSpanien（フランス）が「正しく定義された」という言葉に「異なった取扱い
が付与されることを望む」（want to be accorded differential treatment）という言
葉を加えることを提案した。そしてさらにNisot（ベルギー）が、少数者問題に関
する条約はすべて国籍保有者（国民）しか対象にしていないとして、権利主体を
「人」（persons）から「国籍保有者」（ressortissants）に変更することを提案する
が、McNamara（オーストラリア）は、この権利はむしろ弱い集団にこそ認めら
れるべきだということから、「相当数の」という言葉の削除を提案した。
　こうした議論から、Ekstrand（スウェーデン・同小委員会議長）の提案によっ
て、同小委員会ではさらにC36条に対する同小委員会の修正案を作成するための
小委員会（メンバーはShafag・Miss Monroe＝イギリス・McNamara・Spanien）

が設置されることになり、この修正案作成小委員会が以上の修正提案をほぼそのまま盛り込んだ形の修正草案を作成する。但し、この修正案では、「人」を「国籍保有者」に変更するというNisotの提案だけは退けられたわけであるが、それはMcNamaraがそのような変更はあまりにもこの条文を制限的なものにすると主張したからであった。この修正案に対しては、差別防止・少数者保護小委員会の全体会議で多くの批判が出されたが、結局、同小委員会は賛成6・反対4・棄権2でこれをC36条に対する修正案として採択し、これに反対したNisotらの意見を添えて人権委員会に送付することになった。[注9]

<u>C36条に対する差別防止・少数者保護小委員会の修正案</u>

その他の住民とは明確に<u>区別</u>され、また、異なった取扱いが付与されることを望む、<u>正しく定義された</u>エスニック的、言語的又は宗教的集団が居住する国家においては、そのような集団に属する人は、公的秩序及び安全に矛盾しない限りにおいて、その集団の学校及び文化的・宗教的施設を設立・維持する権利、また、<u>もしその集団がそれを選択するならば</u>、出版・公的集会及び裁判所その他の国家当局諸機関において、その集団の言語<u>及び文字</u>を使用する権利を有するものとする。(In States inhabited by <u>well-defined</u> ethnic, linguistic or religious <u>groups which are clearly distinguished from the rest of the population, and which want to be accorded differential treatment</u>, persons belonging to such groups shall have the right as far as is compatible with public order and security, to establish and maintain their schools and cultural or religious institutions, and to use their own language <u>and script</u> in the Press, in public assembly and before the courts and other authorities of the State, <u>if they so choose</u>.)

さて、人権委員会第2会期では差別防止・少数者保護小委員会第1会期の報告、すなわち同小委員会の関連諸規定(C6・13・15・28・36条)に対する修正案を考慮に入れて、<u>C. 起草委員会案</u>の検討をすることになったが、「少数者の権利」問題に関しては、人権委員会同会期における宣言に関する作業グループの議論にお

いて、Romulo（フィリピン）の提案によって、むしろC36条に対する同小委員会の修正案を議論の基礎とするということになった。

　同作業グループにおける議論において顕著なことは、Mrs. Roosevelt（合衆国・議長）が、この条文を削除するという主張を以前よりもいっそう鮮明に打ち出し始めたことである。彼女は、この条文に述べられた考えはすでに宣言の所々に見つけられるものだとして、1938年のリマ会議で「少数者が存在しないアメリカ（大陸）ではエスニック的・言語的・人種的集団の保護システムは効果がない」と確認されたということ、また1945年のチャプルテペック会議でも「アメリカ（大陸）では少数者の地位を要求する閉鎖的な同質集団が存在することは望ましくない」と宣言されたということに言及した。

　しかし他方ではまた、権利保障の単なる表明にとどまっている現状の諸草案でもまだ不満足であって、この権利のさらなる具体的な保障規定を盛り込むべきだとする社会主義諸国の主張が、人権委員会内で主張され始めたことも、同作業グループの議論では目立った点であった。Stepanenko（ベロルシア）は、単に原則を表明して規範を確立するだけではなくて、民族的集団（groupes nationaux）に真の自律を拡大する手段を国家が提供することも保障すべきであるとして、その趣旨に沿った修正案を提案し、また、この条文に「公的秩序及び安全に矛盾しない限りにおいて」などという制限条項があることは驚きだという批判も述べた。

　結局、少数者の権利条項自体を宣言から削除するというMrs. Rooseveltの提案も（賛成1・反対2・棄権2）、またStepanenkoの修正案も（賛成2・反対3）、ともに否決されることになり、同作業グループでは、少数者の権利に関する条文については何も決定せず、D31条にはC36条及びC36条に対する差別防止・少数者保護小委員会の修正案の両方を列挙するにとどめて諸国の意見を求めるという、Cassinの提案が採択され（賛成4・反対1）、これがそのまま人権委員会全体会議でも承認されることになった。従って、D. ジュネーブ草案の31条は、「人権委員会は次の2つの草案に関する決定をしなかった。この2つの草案は、さらなる考慮のためにここに再現されている」というコメントを付して、2つの案を列挙するという変則的な形を取ることになったわけである。^{注10}

以上、「少数者の権利」条項に関する草案準備過程の議論においては、まだそれほど激しい議論の応酬があったという印象を受けるわけでも、また、少数者の権利に関する本質的な問題（争点）が完全に明確になったと言えるわけでもない。しかし、しだいに鮮明にされる各代表の主張には、相互の調整もつかないような隔たりがあることを垣間見ることができるようである。いずれにしても、「少数者の権利」条項に関しては、D. ジュネーブ草案の成立に至っても、なお一本化された草案を準備することすら不可能であったということに注目させられるしだいである。

（2）草案審議過程

　起草委員会第2会期においては時間不足のためD31条に関する議論はなされなかったが、この条文に対する各国政府の意見としては、オランダ・ブラジル・エジプトの3ケ国からの意見が寄せられていた（が、これらについては特筆すべき問題はない）。また、人権委員会第3会期には、いくつかの国が個別に修正案を提出していた。これらの内、特に中国・インド及びイギリスの削除提案、フランスの修正案が出されていることに議長（Mrs. Roosevelt）が注意を促して、人権委員会第3会期のD31条に関する議論は始まった。

　同会期においては、この条文の削除を強く主張する諸代表と、何らかの形で「少数者の権利」条項を残すことを主張する諸代表の間で、互いに各国・各地域の特定的な状況やこの時代特有の問題を引き合いに出しての相当長く激しい議論が闘わされた。この議論は実際には非常に錯綜していて整理しにくいものであるが、おおよそ議論はD31条の削除を主張する側がしかけて、それにこの条文を残すことを主張する側が応戦するという形で展開したため、前者の主張の一々の論拠が順次論争点となって議論が進むという形になっている。従って、以下は便宜上そうした各論争点ごとにD31条に対する賛否両論を整理する形で同会期の議論を要約することにしたい。

　論争点は四つに整理できる。まず第一の論争点は、各国・各地域の特定的な政治状況をめぐる問題である。これについては、Mrs. Rooseveltが人権委員会第2会

期に引き続いて、再度リマ会議（1938）・チャプルテペック会議（1945）における「アメリカ大陸には少数者問題は存在しない」という確認に言及したことが、それに対する反論を呼び起こす契機となった。Mrs. Rooseveltは、合衆国は国内に住む外国出身集団の同化（assimilation）にずっと成功してきたとして、例えばある国家の市民がすべて同一の言語を話せなければ公的秩序は崩壊するなどと述べ、この条文の削除を強く主張した。

　これに対抗する発言としては、この条文の中心問題が2つの異なった国家観念の違いにあるとしたMalik（レバノン）の発言が挙げられる。Malikは国家というものを、種々のエスニック的・人種的・宗教的・言語的集団を組み込み、それら諸集団をいわば「るつぼ」（melting-pot）に入れて同化する政策を行う単一民族（uni-national）・単一文化（uni-cultural）国家と、多様化された諸集団の発展を促進する多民族（multi-national）・多文化（multi-cultural）国家に区別、合衆国と大半のラテンアメリカ諸国及び西欧諸国では前者の同化政策が現に行われており、またそれが可能であったが、後者の形態の国家であるソ連・東欧諸国やインドのようなアジア諸国及びレバノンには同化政策は適用できないとして、後者におけるエスニック集団を保護する規定が必要であるとした。

　これをVilfan（ユーゴ）が強く支持、ユーゴにおける問題の歴史と現状の複雑さ、そして言語的・文化的集団の権利の重要性を訴え、またKlekovkin（ウクライナ）・Stepanenko（ベロルシア）も各々自国の経験を披露して、この条文を残すことを主張した。これらの代表の発言にはみな共通して、合衆国代表の主張とは逆に、むしろある国家内の種々のエスニック的・宗教的・文化的諸集団の存在と権利を認めてこそ混乱を回避し、諸集団の発展と統合を促進し得るという趣旨の発言が含まれていた。また、Klekovkinが合衆国によるハワイ同化の問題に言及して、同化政策にはそれが植民地主義の拡大になりかねないという問題性があると指摘したことにも注目される。

　次に第二の論争点はナチの問題である。これはLibeau（ベルギー）が提示した削除の論拠である。Libeauはドイツ隣国におけるドイツ人少数者の取扱いの問題を、ヒトラーがその政治的・軍事的目的の手段として利用したという歴史的事実に注意を促した。但し、彼は他方で、イタリア支配下のチロル人が強制的に同化

されたような逆の例があり得ることにも言及したが、こうした問題は宣言に規定するよりも、むしろ少数者に救済（redress）の機会を与えることによって解決する方がよいとした。

　これに対してはVilfan（ユーゴ）が反論、ヒトラーが少数者に関する国際条約を侵略の口実にしたことは事実であるが、だからといって少数者の権利擁護がほとんどすべて侵略の口実になるというわけではなく、権利の濫用がその権利の内在的価値を損なうものではないとした。また、Klekovkinもこの発言に同調した。

　第三の論争点は、D31条の問題は人権宣言（人権問題一般）の範囲を越えた問題であるという同条削除の論拠に関する問題である。Hood（オーストラリア）は、宣言は個人の権利を列挙するものであるが、この条文は集団それ自体の権利を認めるものであるとした。また、Fontaina（ウルグアイ）は、エスニック的・言語的・文化的集団の権利保護は主権国家の管轄権に関わる政治問題であるが、宣言は個人の権利保護という法的問題に限定されたものであるとした。

　この論争点に関し、まず少数者の権利は個人の権利ではないから宣言には場違いだとする論拠に対しては、D31条は人及び国家の平等な権利が同文において言及されている国連憲章のスタイルに完全に合致したものであって、憲章の原則に反する差別と不平等に対して少数者集団のメンバーを保護するものだという、Pavlov（ソ連）の主張が対抗している。また、D31条の問題は政治問題だから宣言には場違いという論拠に対しては、Stepanenko（ベロルシア）が、宣言に含まれたすべての条文が非政治的な性格のものだというわけではないから、それはこの条文を削除する理由にはならないとした。

　最後の論争点は、少数者の権利はすでに宣言のその他の諸規定によって保護されているから、D31条は余分なものだとする削除の論拠に関する問題である。この問題については、まずLoutfi（エジプト）が、少数者の権利は国際条約によって保護されており、それに加えて人権宣言が完全に実施されるならば少数者問題は自動的に解決されるであろうと述べ、Mrs. Mehta（インド）がそれに同調、少数者集団のメンバーは宣言ではD1条（人間平等の宣言）・D3条（恣意的差別に対する法の平等な保護）・D30条（文化的権利）によって人間（human beings）として保護されることが規定されているから、少数者に特別の権利を認める必要はな

いとした。またLibeau（ベルギー）もこの議論の線に沿って、少数者の権利という問題は少数者メンバーへの寛容と人権（一般）の厳格な適用の問題であるとし、さらにOrdonneau（フランス）も、フランスはすべての住民に対する普遍的人権の厳格な適用によって同質国家へと発展したのであるから、従って宣言に列挙されるその他の諸権利がそのように適用されるならばD31条は不必要だとした。

　これに対抗する主張としては、Vilfan（ユーゴ）とKlekovkin（ウクライナ）のものが挙げられる。Vilfanは、エスニック集団の権利は完全に個人の権利と符合するものではないから、必ずしも一般的な権利章典によって保護できるものではないとし、Klekovkinは、差別なき自由な発展への個人の権利を声明するだけでは、多民族国家における個別集団の文化発展を促進するのには役立たないとして、例えば教育に関する条文は教育権（一般）は保障するが、特定集団のメンバーが自らの言語で教育を受ける権利を保障するものではないという例を挙げた。

　さて、以上のような議論の応酬が続く中において、Wilson（イギリス）の次の発言は、D31条削除の主張が俄然優勢になる契機であったように見受けられる。Wilsonは、ここまで諸代表は少数者問題について個々の国家の観点から異なる解釈をしてきた（つまり、各国・各地域の個別の問題状況が賛否の両側から引き合いに出されてきた）ということを指摘し、諸国が民族的少数者の問題解決のために各々異なった政策を行っているのは諸国の歴史に依るものだという根拠を挙げて、従って宣言において同化の原則を公布することにも反対だが、逆に多様性（diversity）の原則を実施することによってかえって少数者問題を生み出してしまう恐れのある諸国もあるのだから、その原則を課すことも困難だと述べて、宣言はすべての人間に適用可能な権利の声明に限定した方がよいと結論づけた。この議論は、D31条の支持者自身が支持の論拠としてきた多様性の原則に立てば、むしろこの条文を削除することの方が望ましいということを、巧みに主張した議論であった。この発言自体は、以上の四つの論争点で言えば第一の点に属する問題として分類できるものではあるが、実際には錯綜した議論の全体をD31条を削除するという方向にぐっと加速させる上で、極めて有力な役割を果たした議論であったと見ることができる。

　従って、Malik（レバノン）はこうした議論を受けて、多民族・多文化国家の側

に立つ自身の立場を主張するばかりでなく、それと単一民族・単一文化国家の2つの国家観念を和解させる定式を見つけることが重要だと言わざるを得なくなり、それに沿った新たな修正案を提出することになる。Malikは、問題は少数者というよりも文化的集団（一般）の保護だとして、別個の条文又はD18条（表現の自由）等への追加提案として、「文化的集団は自由な自己発展への権利を否定されてはならない」という修正案を提案、またPavlov（ソ連）も個別の条文又はD30条（文化的権利）への追加提案として類似の修正案を提案して、各々問題の一般化をはかるが、このような修正案は文化という言葉の2つの意味（科学や芸術一般を「文化」と呼称する意味と民族解放的な意味でこの言葉を使用する意味）を混同するものだ（Hood・オーストラリア、Chang・中国）といった批判を受けて、否決されるに至った。

　結局、人権委員会第3委員会においては、最終的に賛成10・反対6でD31条が削除されることになった。[注13]

　以上、宣言から「少数者の権利」条項を削除するという決定は、実質的には人権委員会第3会期でなされたものであった。しかし、この問題はこれが最終決定ではなかった。第3回国連総会第3委員会には、人権委員会段階で一旦削除された諸規定（少数者の権利・請願権・圧制への抵抗権等）に関する追加提案が出されていたが、第3委員会はE. 国際人権宣言草案（28ケ条）の審議を終了した後、それらの追加提案についての審議を行った。その際、少数者の保護に関する提案としてはソ連・ユーゴ・デンマークの3つの追加提案と、さらにこの問題に関するハイチの決議草案が出されていた。[注14]

　その内まずソ連の提案は、人種的・民族的・宗教的に少数者であろうとなかろうと、民族の文化を発展させたり、母語を使用したりすること（列挙された具体的な権利はD31条までの以前の諸規定とほぼ同内容）は、すべての人の基本的権利であるという趣旨のもので、（人権委員会第3会期における議論の流れに沿って）少数者の権利としてよりはむしろ文化的権利一般として主張するものであった。この提案に関するPavlovの趣旨説明において、以前には出されていなかった新しい主張は国際主義を達成する2つの方法に関するものであった。すなわちPavlov

によれば、国際主義はすべての人民の権利・独立・主権を尊重することによってと、種々の人民を同化することによっての2つの方法があるが、ソ連は後者の方法は拒否する、と。

　次にユーゴの提案は、どの民族的少数者（any national minority）もエスニック的共同体として（as an ethnical community）エスニック的文化の発展や言語使用への権利を有するというものであったが、この提案の趣旨説明においては、Radevanovicが「個人をその所属共同体に結びつける連帯」ということを強調したことに注目される。すなわち、民族的少数者の共同体に属する個人が保護されるには、まずその共同体がエスニック的共同体として承認されなければならず、そうした個人の権利は国家の中でその共同体が享受する地位に依存し、その地位は共同体と個人の間に存する連帯と相互依存にかかっているとする主張である。但し、この提案自体は個人ではなく集団の権利を規定するものであるから、ソ連やデンマークの提案と相まって完全な意味をもつと、Radevanovicは述べた。

　デンマークの提案は、少数者に属するすべての人の権利をごく簡潔に規定するもので、この趣旨説明では、Hvassがただソ連の提案は詳細すぎると述べただけだった。

　最後にハイチの決議草案というのは、少数者問題という極めて複雑な問題の一律的な解決の困難さや人権宣言の普遍的性格などを考慮して、宣言ではこの問題を取扱わないことを決定し、国連が少数者保護について効果的な措置を取ることができるように、この問題を徹底的に研究することを差別防止・少数者保護小委員会に求めることを、経済社会理事会に要求するというものであった。

　結局、第3委員会の議論においては、ソ連・ユーゴ・デンマークの追加提案に対する反対意見が圧倒的に優勢で、これらの提案に対しては投票もなされぬまま、ハイチの決議草案が採択されて、少数者問題に関する議論は終了することになったわけであるが、追加諸提案に対する反対意見の中には、ほとんど目新しい意見は見あたらない。つまり、第3委員会の議論において最も顕著なのは、以前からMrs. Rooseveltらが主張してきた「アメリカ大陸には少数者の問題は存在しない」（新世界と旧世界の政治状況は違う）という議論の線上で、Campos Ortiz（メキシコ）・de Athayde（ブラジル）・Santa Cruz（チリ）・Jimnez de Aréchaga（ウル

グアイ）・Saint-Lot（ハイチ）といったラテンアメリカ諸国代表が、次々と異口同音に反対意見を繰り返したことであったが、これらの代表が追加諸提案に反対した論拠はいずれも、すでに人権委員会第3会期においてD31条削除の論拠として出されていたものと大して変わらないものであったのである。

　但し、第3委員会においても、少数者問題に関する認識をさらに深めることにとって重要な問題が、まったく提示されなかったわけではない。Dehousse（ベルギー）は、追加諸提案に一定の共感を示して、少数者問題というものは、ある国に自発的に入国したがゆえにその国の法に従うのが当然であるところの移民の問題とは異なり、ある所定の領域において歴史的に作られた集団の問題だとした。この発言は、従ってラテンアメリカ諸国が移民国家であるという前提に立って、「少数者の権利」条項に反対するのはおかしいということを意味するものであった。が、これに対してはWatt（オーストラリア）が、移民と少数者の区別はさらに検討を要する問題だとして、例えば移民国家において自国語使用の権利を要求する移民の子孫は少数者として認められるのか、また、少数者集団はどの段階で「少数者」として認められるのかといった問題を提起した。また、このやりとりとは別に、Kaminsky（ベロルシア）が、ここまではほとんど正面切って問題にならなかったオーストラリアにおける先住民強制排除の政策や北米インディアンの問題に言及して、Wattとの間で若干の論戦を闘わすという場面もあった。

　こうした問題はもっと早い段階から議論になっていれば、互いに相違する各国・各地域の特定的な状況を考慮に入れて、どのような権利を少数者の権利一般として宣言に盛り込むべきかという議論に展開したかもしれない。しかし、すでに宣言採択のタイムリミットが近づいていた。追加諸提案は興味深いものではあるが、問題の全体をカバーしたものではないと述べ、問題の共通分母を見出すことは不可能だとしたCassin（フランス）の発言は、第3委員会がハイチの決議草案を通して議論を終了させざるを得なかった事情を、最もよく示していた発言のように思われる。ハイチの決議草案は一部の修正を受けて、賛成24・反対0・棄権16（点呼投票）で採択された。[注15]

　ソ連は総会本会議でも再度追加提案を提出したが否決され（賛成10・反対32・棄権14）、第3委員会が通した決議草案が賛成46・反対6・棄権2で採択された。[注16]

II. 「少数者の権利」条項の削除過程に内包された理論的問題

　先に確認した「少数者の権利」条項の削除過程における諸問題は、理論的には二つの問題に分類することができると思われる。一つは各国・各地域及びこの時代特有の政治状況に関わる問題であり、もう一つは人権概念に関わる問題である。これは、この条項の削除を主張した側と逆にこれを擁護した側、双方の主張の対立点が最も鮮明に現れた人権委員会第3会期における四つの論争点を、さらに整理すればこの二つの問題に集約できるのではないかということである。以下、この整理に沿って、「少数者の権利」条項の削除過程に内包された、より政治的なレベルの問題としての (1) 同化主義の問題と、人権の基本的な概念に関わる問題としての (2) 抽象的普遍主義の問題について、Kymlickaの「少数者の権利」問題の分析を参考にしながら、議論を進めていきたい。

（1）同化主義の問題

　まず、「少数者の権利」条項の賛否をめぐる政治的な対立の構図を再確認しておきたい。世界人権宣言の起草過程において「少数者の権利」条項の削除を最も強く主張したのはMrs. Roosevelt（合衆国）らであった。その主張は、元来が移民国家であり、少数者問題などは存在しないアメリカ大陸では「同化」こそが重要な問題なのであって、しかもそれが成功しているので、かえって分裂と不安定を生じさせる恐れのある「少数者の権利」を特別に認めるのは好ましいことではないというものであった。総会第3委員会では、ラテンアメリカ諸国代表が大挙して、この「新世界と旧世界は違う」という論理に乗っかることになり、少数者保護に関する追加提案を退けることになったのであった。

　他方、「少数者の権利」条項を擁護する側は、人権委員会第3会期におけるMalik（レバノン）の区別（単一民族・単一文化国家／多民族・多文化国家）に基づいて、宣言にこれを残すことを主張していた。すなわち、Malikも社会主義諸国代表も、どちらも「多民族・多文化国家」であるレバノンやソ連・東欧（及びアジア）

諸国には、「新世界」で行われている同化政策は適用できないとして、むしろ「少数者の権利」を特別に認めることこそが各国・各民族の安定と文化的発展につながると主張したのであった。

　ところで、以上の対立の構図において注目されることは、「少数者の権利」条項に関する賛否自体がいかに激しく対立したものであったとしても、実は双方ともがほとんど同じ区別に基づいて、互いの主張を展開していたということである。つまり、どちらも同じ問題構成（新世界＝単一民族・単一文化国家／旧世界＝多民族・多文化国家）に立って、一方はこの条項に反対し、他方は賛成していたということである。

　そこで、ここではこの問題構成自体に一体どういう問題があったかということを考えてみたいわけであるが、これを考えるにあたって、以下に紹介するKymlickaの区別は非常に有益であろうと思われる。

　Kymlickaは、今日ますます顕著になっている世界的な文化的多様性という状況の中で、少数者の権利という問題を考えるには、まず次の二つの問題を区別することが重要だとする。すなわち、以前は領域的にまとまって独立していた諸文化を、征服や植民地化によって強制的に組み込んで成立した「多民族国家」（multinational states）における「民族的少数者」（national minorities）の問題と、個人や家族の自発的な移民によって成立した「ポリエスニック国家」（polyethnic states）における「エスニック集団」（ethnic groups）の問題である。そして、典型的には、「民族的少数者」は自身の文化を当該国家の多数派文化（majority culture）とは別個のものとして維持・存続することを求め、その保障のために自治や独立を要求する度合いが強いわけであるが、「エスニック集団」はむしろ当該国家に統合されて、その完全なメンバーとして受け入れられることを求めており、エスニック・アイデンティティーを主張することがあっても、それは別個の独立した民族になるためではなく、当該国家の法と制度を修正するためにすぎないと説明している。

　しかし、勿論この区別は、ある国家が排他的に「多民族国家」か「ポリエスニック国家」のどちらかだという主張をするための区別ではなくて、大半の国家に

おける文化的多様性がこの両者の複合から生じているということを示すための
ものである。確かに、相対的にアメリカ大陸（新世界）は「ポリエスニック国家」
（移民国家）である度合い強く、「旧世界」では「民族的少数者」の問題が顕著だ
ということはあるが、例えば合衆国にもインディアン・プエルトリカン・メキシ
コ系アメリカ人（Chicanos）・アラスカエスキモー・ハワイアン・グァム等の種々
の太平洋諸島人の問題のような「民族的少数者」の問題があり、逆に「旧世界」
（西欧諸国）でも従来の「民族的少数者」に当てはめることのできない「エスニ
ック集団」（第2次大戦以来の旧植民地から英仏への移民や、ドイツにおけるトル
コ人労働者の永住者化等）の問題があるわけである。

　また、「民族的少数者」と「エスニック集団」のどちらにも分類しがたい（どち
らの要素ももつ）例として、Kymlickaは特にアフリカ系アメリカ人（黒人）の例
を強調している。つまり、奴隷として強制的に連行され、多数派文化への同化も
拒まれた黒人は「エスニック集団」のパターンにも当てはまらないが、しかし、
或いはアフリカの異なった種々の言語圏から連行され、或いは同言語圏からの出
身者もアメリカ社会で分散してしまってその文化を再生することも許されない
黒人の場合には、いわゆる「民族的少数者」と見なすこともできないというわけ
である（その他、難民等もグレイゾーンの存在として指摘されている）。さらに
Kymlickaは、元来は移民であった人々が歴史的経過の中で民族的少数者に成る場
合にも言及して、ケベック（カナダ）のフランス語系住民等の例を挙げている。

　一方、Kymlickaは「集団の被識別権」（group-differentiated rights＝ある特定の
集団が当該領域の多数派住民から識別されることによって、当該集団・関係団体
及び当該集団の個々のメンバーに対して認められる権利[注17]）を次の3つの権利に分
類している。すなわち、「自治権」（self-government rights＝その文化的発展と利
益の保障のための政治的自治や領域的管轄の要求に対して、しばしば連邦主義の
形態をとってなされる民族的少数者への権限の委譲）・「ポリエスニック的権利」
（polyethnic rights＝特定のエスニック集団や宗教集団の言語や教育等に関する
一定の実践のための財政支援と法的保護）・「特別代表権」（special representation
rights＝国家の中央制度内において保障されるエスニック集団や民族集団のため
の議席）の三つである。これらの権利は、ある集団が当該領域の多数派住民とは

質的に異なるものだという識別に基づいて認知される権利であるから（つまり、異なるという認知を得ること自体が権利なのであるから）、特に「自治権」と「ポリエスニック的権利」は別に一時的な（temporary）権利として認められるものではないとされる。但し、「ポリエスニック的権利」の方は自治ではなく、むしろ当該領域への統合（integration）を意図したものだという説明や、また、「特別代表権」は中央制度における抑圧やシステム上の不利を是正するための権利と見なされる限り、一時的な積極的差別是正措置（affirmative action）としての性格が強いなどという説明がなされている。[注18]

　さて、以上のKymlickaの分析に照らすならば、宣言の起草過程における「少数者の権利」条項削除の経過には、どのような理論的問題が内包されていたと言えるであろうか。

　まず真っ先に指摘しなければならないことは、元来が移民国家である新世界には少数者問題は存在せず、重要なことは同化であるという論理が、アメリカ大陸の先住民等の問題を完全に無視した論理であったということであろう。また、仮にアメリカ大陸諸国が相対的に「移民国家」（ポリエスニック国家）である度合いが強いという側面だけから言ったとしても、本当にはそれは「少数者の権利」条項の削除を主張する根拠にはなっていなかったのではないかという問題もある。宣言の起草過程において提案された関連諸草案に列挙された権利は、Kymlickaの分類で言えば、ほとんどすべて「ポリエスニック的権利」に属するものであって、「自治権」や「特別代表権」までの提案は出されていないと言うことができる。そして、「エスニック集団」が「自治権」や「特別代表権」まで得ることは困難だとしても、「ポリエスニック的権利」を得ることは十分あり得ることなのであるから、アメリカ大陸諸国が移民国家であるということは、そのままこの条項を削除する根拠には本当はなっていなかったのではないかと思われるのである。

　しかし、最も重要な問題は、「新世界＝単一民族・単一文化国家／旧世界＝多民族・多文化国家」という完全に間違った問題構成の上で、賛否双方の議論が展開してしまったことであったと思われる。Kymlickaは、「多民族国家」（民族的少数者）の問題も「ポリエスニック国家」（エスニック集団）の問題も、どちらも「多

文化主義」（multiculturalism）・「文化的多元主義」（cultural pluralism）という問題内部におけるバリエーションとして論じているのである。従って、「新世界」諸国も、「旧世界」諸国とは相対的にあり方は違うとしても、「多民族・多文化国家」なのである（つまり、本当は「単一民族・単一文化国家」などというものはほとんど存在しない）という認識に立って、議論は進められるべきであったということになるわけである。

　これに関しては、人権委員会第3会期で「単一民族・単一文化国家」と「多民族・多文化国家」という区別を立てることによって、結局は自ら墓穴を掘ることになってしまったのが、むしろ「少数者の権利」条項を強く擁護したMalik（レバノン）であったということにも注意しておくべきであろう。このような区別に立った「少数者の権利」条項擁護の論理は、むしろ多様性の原則に立てばこそ「多民族・多文化国家」の原則（多様性の原則）を同化政策を行っている「単一民族・単一文化国家」に押しつけることはできないなどという、Wilson（イギリス）の巧妙な、しかし奇妙な（普通、「押しつけ」というものは単一性の原則を押しつけることなのであって、「多様性の原則を押しつける」などというのは言葉の矛盾であると思われるから）論理によって打ち負かされざるを得なかったのである。確かに、議論の過程において個々の問題としては、東欧諸国代表から合衆国のハワイ同化（人権委員会第3会期・ウクライナのKlekovkin）や北米インディアン・オーストラリアのアボリジニ（総会第3委員会・ベロルシアのKaminsky）の問題が指摘されはしたが、彼らにしても「新世界＝単一民族・単一文化国家／旧世界＝多民族・多文化国家」という問題構成を変更するまでには至らなかったのである。

　ただ総会第3委員会においては一度だけ、そのまま議論を継続すればKymlickaのような問題分析につながったであろうと思われる議論が、「少数者」と「移民」を区別すべきとするDehousse（ベルギー）と、「移民」はどの段階で「少数者」として認められるか等と問うWatt（オーストラリア）の間でかわされた。が、これがすでに遅きに失した議論であったことは先に確認した通りである。いずれにしても、以上のように、「少数者の権利」条項を擁護する側にしても、「新世界＝単一民族・単一文化国家／旧世界＝多民族・多文化国家」という問題構成を変更

できず、その立場はまだ同化主義の枠組を完全に越え出たものだとは言えなかった。つまり、今日ではむしろますます優勢になりつつあると思われる、「同化主義」に対抗する軸としての「多元主義」という立場が、当時はまだ十分に形成されていなかったと言えるように思うわけである。

　ここでは最後に、ナチの問題（ヒトラーが少数者問題を口実にしてポーランド・チェコに侵略したという問題）に触れておきたい。「少数者の権利」条項削除の論拠としてこの問題を挙げることは、論理的にはすでに「権利の濫用はその権利の内在的価値を損なうものではない」（人権委員会第3会期・ユーゴのVilfan）という発言で論破されたもののようにも思われる。また、議事録上はこの論拠はそれほど強く（何回も繰り返して）主張されたものでもない。しかし、或いはこの時代特有の問題としては、この問題は多くの代表の念頭に常に置かれていたものなのかもしれない。だとすれば、多くの代表は、人種や民族・エスニシティーといった問題は、少なくとも先進諸国ではナチを最後に消滅し、あらゆる偏見・差別・紛争・対立はなくなるというこの時代の一般的な希望的観測を共有していたと言ってもよいのかもしれない。いずれにしても、「同化主義」の側の圧倒的優位の状況下で、「少数者の権利」条項は削除されてしまったというわけなのである。

（2）抽象的普遍主義の問題

　人権委員会第3会期において「少数者の権利」条項を削除する根拠として主張された第三の論拠（少数者保護の問題は人権宣言の範囲を越えた問題であるとする論拠）と第四の論拠（宣言のその他の諸権利が実施されれば少数者問題は自動的に解決される問題だから、少数者の権利は不要であるとする論拠）をめぐる論争は、人権の基本的な概念に関わる論争であったと言える。但し、この第三の論拠には、少数者の権利は主権国家の管轄権に属する政治問題だからという理由と、それからそれは集団的権利だからという理由で、それぞれ個人の権利を対象としている人権宣言には場違いだとする二つの主張が含まれていた。しかし、今ここではこの前者の方の主張は検討する必要はないであろう。というのは、このような削除の論拠は、「宣言に含まれたすべての条文が非政治的な性格のものだとい

うわけではない」というStepanenko（ベロルシア）の発言ですでに論破されてしまっている問題であり、そもそも従来は各国の国内管轄事項だと見なされてきた人権一般を国際関心事項として列挙するという趣旨が「国際権利章典の作成」という任務自体には含まれていたということを考えるならば、このような理由はまったくどんな権利も削除する根拠にはならないと思われるからである。従ってここでは、以下、少数者の権利は集団的権利だから宣言には場違いであるという主張（(a)）と、宣言のその他の権利さえ実施されればこの条項は不要であるという主張（(b)）を、この両者の主張の関係に注目しながら検討することにしたい。

(a) 集団的権利と人権

まず集団的権利の問題を考えるために、再びKymlickaの議論を紹介してみたい。

集団的権利は個人の権利（人権）と矛盾・対立するものだという主張は、一般によくなされるものであるが、この問題に関してKymlickaは、「集団的権利」には次の二つの意義があるとしている。すなわち、「内的制限」（internal restrictions＝その集団の連帯や文化的純潔の名において、その集団の個々のメンバーの自由を制限する、ある集団の権利）と「外的保護」（external protections＝資源や制度の問題に関して多数派の決定から害されないように、多数派社会からその少数者集団に対して行使される経済的・政治的な力を制限する、ある少数者集団の権利）の二つである。Kymlickaは、前記の三つに分類された諸権利（「自治権」「ポリエスニック的権利」「特別代表権」）が各々どのような場合に「外的保護」と見なすことができ、また「内的制限」として作用してしまうかということを詳細に検討することを通して、「外的保護」としての「集団的権利」は別に個人の権利と対立するわけではなく、むしろそれは当該集団の個々のメンバーを保護するためのものだということを明らかにしようとしている。

また、Kymlickaは、そもそも少数者の権利を「集団的権利」（collective rights）として表現すること自体にも疑問を表明している。つまり、この表現には、概念が広すぎる（これには会社や労働組合の権利や市民の権利全般さえが含まれてしまう）という問題や、またこの表現を使用する限り「個人主義対共同体主義」（個

人の権利対集団的権利）という誤った二分法を乗り越えられないという問題があるというわけである。従って、少数者の権利というものは、「（少数者）集団の被識別権」と表現した方がよいのであって、実際にはこの権利は、ある集団が抑圧された少数者であると識別されることによってその集団に属する個々人によって行使されたり（例えば、母語で教育を受ける権利）、その集団自体によって行使されたり（例えば、先住民の特別の狩猟や漁業の権利）、さらに関係団体によって行使されたりする（例えば、連邦主義の枠組内でケベックのフランス系住民の文化を保護し育成するケベック州の権利）ものだとしているのである。[注22]

　以上のような分析に照らすならば、宣言の起草過程において「少数者の権利」条項が提案されたのは、主としてある少数者集団の「外的保護」のためであったと言うことができるように思われる。勿論、起草過程において「内的制限」と「外的保護」という問題がそれほど意識的に議論されたというわけではない。しかし、「民族的少数者の共同体に属する個人が保護されるには、まずその共同体がエスニック的共同体として承認されなければならず、そうした個人の権利は国家の中でその共同体が享受する地位に依存」しているという、総会第3委員会におけるRadevanovic（ユーゴ）の追加提案の趣旨説明には、「外的保護」のためにこれを提案するのだという意図がかなり明確に打ち出されていたと見ることができるように思われるのである。

　また、先にも触れたように、宣言の起草過程において提案された関係諸草案はほとんど「ポリエスニック的権利」に関わるものであったが、そのうち特に母語使用の権利は実際には個人によって行使される権利であるということができるものである（「ポリエスニック的権利」は「自治権」や「特別代表権」に比べて個人によって行使される度合いが大きいと言えるであろう）。

　以上のように、「少数者の権利」条項は主として少数者集団に属する個々のメンバーの「外的保護」のためのものであって、そこには相対的に（少数者集団に属する）個人によって行使される権利が列挙される度合いが大きかったということから言えば、少数者の権利は集団的権利だという主張は、この条項を削除するのに十分な根拠だと言えるものではなかったと思われる。またKymlickaが指摘す

るように、そもそも集団的権利と個人の権利はそれほど截然と区別できるもので
もないことは、例えば参政権（F21条）や労働権（F23条）等が別にある特定の集
団（ある国の市民・労働者）の権利だという理由で削除されることなどはなかっ
たということからも言えることだと思われるのである。

　さてしかし、一応以上のような確認をしたとしても、ある集団的権利がやはり
その集団に属する個々のメンバーの権利の「内的制限」につながってしまう恐れ
がないわけではない。また、「少数者の権利」条項の中では学校や文化的・宗教的
施設を設立する権利等は、個人によって行使される権利だとは言えない性質のも
のであろう。従って、「少数者の権利」条項の議論において真に重要であったの
は、以上のKymlickaのような分析に基づいて、この権利が「内的制限」に陥らな
いためにどのような工夫をすべきかということや、少数者の権利の中でもとりわ
けどの権利を人権宣言には列挙すべきかという問題に関する議論がなされるこ
とであったのだと思われる。

　なぜ議論はそのような生産的な方向に展開しなかったのであろうか——この
問題に関しては、次のことに注意することが必要であろう。すなわち、実は、少
数者の権利は集団的権利だから宣言には場違いだという「少数者の権利」条項削
除の論拠と、宣言のその他の権利さえ実施されればこの条項は不要であるという
論拠は、互いに矛盾するものだということ、そしてまた、少数者の権利は集団的
権利だという主張自体はこの条項を削除する論拠としてばかりでなく、逆にこの
条項を擁護する論拠としても主張されていたということである。結局、このよう
な矛盾をどの代表も指摘することがなかったということが、議論を非生産的なも
のにした一つの大きな理由だと思われるのである。

　まず、少数者の権利は集団的権利だから人権宣言には場違いだという主張には、
集団的権利と個人の権利の矛盾・対立という認識が含まれているわけであり、従
ってここには、少数者保護という問題はいわゆる人権問題の枠組内では解決のつ
かない問題だという認識も含まれていると言ってよいであろう。そして、確かに
前記のように集団的権利と個人の権利は截然と分けられるものではないとして
も、やはり前者が後者の「内的制限」になってしまう恐れは否定し切れないので
あるから、少なくともこの矛盾・対立があることを認識しておくこと自体は極め

て重要なことではないかと思われる。

　ところが一方、宣言のその他の権利が実施されれば少数者の権利も自動的に解決される筈だからこの条項は不要であるという主張には、個人の権利と集団の権利の矛盾・対立についての認識が欠けている。そして、このような主張（＝これを「抽象的普遍主義」と呼ぶ）は少数者問題自体を「問題」として認識することすらできなくさせてしまうものなのだと思われる。だから、人権委員会第3会期では、この抽象的普遍主義の主張に対抗する形で、Vilfan（ユーゴ）らは「エスニック集団の権利は完全に個人の権利と符合するものではないから、必ずしも一般的な権利章典によって保護できるものではない」などとしていたのである。つまり、少数者の権利が集団的権利だという主張自体は、「少数者の権利」条項を削除する論拠にも、逆に擁護する論拠にもなりうるのである。

　しかし、審議の過程においては以上のような諸矛盾を指摘する代表はいなかった。その結果として、議論の全体は、どのような意味において少数者集団の権利を人権宣言に取り上げるべきか、またどの権利を列挙すべきかといった生産的な方向には向かわず、一気に抽象的普遍主義の方向へと押し流されていくことになってしまったのだと思われる。実際、審議の記録からも、少数者の権利は集団的権利だから宣言には場違いだという論拠よりは、宣言のその他の権利さえ実施されれば少数者の権利は不要だという論拠の方が、「少数者の権利」条項削除の論理としては中心的な役割を果たしていたように見受けられる。そして、この抽象的普遍主義の問題こそが人権の最も基本的な概念に関わる問題として、乗り越えられなければならない問題なのだと思われる。この問題を最後に検討してみたい。

（b）無差別平等原則と少数者の権利

　宣言のその他の権利さえ実施されれば、少数者問題は自動的に解決される筈だから、「少数者の権利」条項は不要であるという論理を検討する場合、宣言のその他の条文の中ではこの条項に最も関係の深い「無差別（non-discrimination）平等原則」（F2条）との関係で問題を検討する必要があると思われる。従って、ここでは宣言の起草過程におけるこの原則に関する問題に少し立ち入ってみたいのであるが、その前にこれまた極めて参考になる議論であると思われるので、かつ

てはリベラリストの間でも盛んになされた少数者の権利に関する議論が、第2次大戦後、なぜリベラリストの言説から消えることになったかという問題についてのKymlickaの議論を以下に紹介しておきたい。

　Kymlickaは19世紀・20世紀前半（戦間期）のリベラリストは少数民族の権利という問題について盛んに議論しており、少数者の権利を擁護することは「リベラル」であることの資格証明書でさえあったと言う。しかし第2次大戦後、現代のリベラリストはこの問題に関しては、「無差別」或いは「慇懃な無視」（benign neglect）といった簡単な定式を暗唱して済ますことになってしまったと批判している。

　そしてKymlickaは、なぜ現代のリベラリストはこの問題について黙り込んでしまったのかという問題を提起して、自民族中心主義的な（ethnocentric）非西欧諸文化の否定や、戦間期の少数者保護条約の失敗によって諸民族間の正義・公平への関心が、国際の平和と安全への関心に置き換えられたこと、さらに冷戦等の要因に触れながら、おおよそ次のような説明をしている。すなわち――この問題は、大英帝国の勃興と凋落、そしてアメリカ合衆国の台頭という歴史の流れに関係する問題として捉えることができる。大英帝国のリベラリストは1800年代初期から第2次大戦後の脱植民地化にかけて、どのようにして植民地にリベラルの諸制度を輸出できるかという問題に絶えず直面せざるを得なかった。そして、リベラルの諸制度が多民族国家では機能しないという難問に接したとき、多民族国家（少数者の権利）を擁護する者と否定する者（西欧中心主義者）に対立しながらではあるが、とにかくイギリスのリベラリストはこうした問題について真剣に議論せざるを得なかった。しかし、19世紀・20世紀初期のアメリカのリベラリストはイギリス的な論争にはほとんど関わらなかった。彼らには植民地の取扱いという問題もなく、民族的少数者の問題を抱えるヨーロッパからも遠く離れていたからである。また、アメリカ国内の孤立的で弱小な民族的少数者はまだ見えない存在であった。そして、第2次大戦を契機に国際の平和と安全、冷戦へと支配的な関心が移るにつれて、この問題は「無差別」といった抽象的普遍主義者の定式の中で処理されることになってしまった――（大意）というわけである。[注24]

以上のKymlickaの説明は、第2次大戦後、少数者の問題が抽象的普遍主義の定式の中に解消されてしまうという歴史的経過をうまく物語るものであり、宣言の起草過程における「少数者の権利」条項削除の歴史的背景として重要な指摘であろう。

　さてしかし、人権論の分野では、近代（18世紀）の人権（自然権）思想や人権宣言と比較した場合、「無差別平等原則」を強調したことこそが現代の人権思想や人権宣言（特に世界人権宣言）の際立った特徴なのであり、これは人権思想の大きな発展なのだと説明されるのが一般的なのではないかと思われる。そこで最後に、世界人権宣言2条（F2条）の成立過程における中心的な問題に少し触れて、宣言における「無差別平等原則」の成立と「少数者の権利」条項削除の問題が、一体どのように関係していたかということを考えてみたい。

　現在、世界人権宣言の無差別平等原則は次のようになっている。すなわち、「すべての人は、人種・皮膚の色・性・言語・宗教・政治的又はその他の意見・民族的又は社会的出身・財産・出生又はその他の地位等のいかなる種類の差別も受けることなく、この宣言に規定されたすべての権利と自由への資格を付与されなければならない」と（＝但し、これはF2条の第1項のみで、第2項は省略）。この条文の成立過程における中心的な問題は、通常一般に差別の根拠になっているものとして、何を具体的に列挙するかという問題であった。国連憲章はこの問題に関しては「人種・性・言語及び宗教」の四つしか列挙していない（憲章1条3項・13条b項・55条c項等）。実は世界人権宣言においても初期の段階では（C. 起草委員会案までは）、若干の例外を除いて国連憲章とほぼ同様のものしか列挙していなかったのである（A45条・B6条・C6条）。

　これが現在の宣言2条のような詳細な規定になってくるのは、D. ジュネーブ草案（D3条1項）からであった。この条文の変遷に決定的な影響を及ぼしたのは、差別防止・少数者保護小委員会第1会期における議論であった。同小委員会の議論において、Manani（インド）が、「皮膚の色」や「政治的意見」を加えることを提案したことを契機にして一つの論争が沸き上がり、「この定式をもっと完全なものにするためにその他のあり得る差別のカテゴリーを列挙すべき」（Borisov・ソ連）という方向に議論が進んだのであった。そして、この小委員会

の修正案が人権委員会第2会期で承認され[注27]、D31条1項からE2条を経て現在（F2条1項）のような規定になったというわけである。

　従って、「無差別平等原則」を強調する世界人権宣言が、近代の人権思想に比べて広く現代における人権思想の発展を示すものだということは、実はこの宣言が「人類みな兄弟」というが如き抽象的普遍主義の定式を成立させたという意味なのではない。そうではなくて、むしろ考えうる差別のカテゴリーを詳細に列挙しようとしたことに、宣言における「無差別平等原則」の意義があるわけである。つまり、すべての人が即「平等」だという世界に入ってしまう前に、まずは平等を疎外しているものをより具体的に認識するようになったということが、人権思想の発展と言えば発展なのである。

　ただしかし、もし以上のように言えるとすれば、単に「無差別平等原則」を宣言して終わるのではなくて、次にはそこに列挙された具体的な差別からの保護を、これもまた具体的に規定しなければならないのは当然のことであろう。ところが、そのような線に沿った条文である筈の「少数者の権利」条項は削除されることになってしまった。また、これと関連する問題で言えば、人権委員会発足当初から現在にも存続している差別防止・少数者保護小委員会は、完全な人権委員会が発足する前にこの委員会の構成や任務を定めた人権「核」委員会の段階では、差別防止小委員会と少数者保護小委員会の二つの小委員会として考案されていたものが、人権委員会第1会期において一つの小委員会としてまとめられたものであった[注28]。このことに関して、国連事務局人権部の初代ディレクターJohn P. Humphreyは、人権委員会は少数者の積極的な保護に関心を示さなかったと述べて、次のような批判をしている。すなわち——すべての人が同じように取扱われさえすれば、少数者に対する特別の保護措置は不要だという安易で誤った合理化が国連を支配していた、そして（同小委員会の）少数者保護という任務は差別防止という任務の中に吸収されることになってしまった——と[注29]。

　以上、宣言における「無差別平等原則」自体は、Kymlickaが指摘するように、即「抽象的普遍主義」に立つものだとは言えず、人権思想の一定の発展を示すものではあった。しかし、差別に対する具体的な措置を必要とする少数者保護の問題を、一旦「無差別平等原則」を宣言しさえすれば自動的に解決される問題だと

して、「少数者の権利」条項を削除してしまうことによって、国連諸代表は「無差別平等原則」が単なる抽象的普遍主義の定式と化す方向に道を開いてしまったのだと思われる。

おわりに

　この補論においては、宣言において「少数者の権利」条項が削除された過程を確認した上で、この過程において中心的な役割を果たしていたと思われる二つの論理（より政治的なレベルにおける同化主義と人権の基本的な概念に関わる抽象的普遍主義）を批判的に検討してきた。今日、我々にはこの二つの論理をどう乗り越えるかという問題が課されているのだと思われる。

　より政治的なレベルで言えば、近年、「同化主義」に対する「多元主義」の主張は盛んになってきている（むしろ優勢になってきている）と思われる。しかし、それに比べて人権（自然権）という概念にまとわりついた「抽象的普遍主義」という問題に関しては、確かに批判はないわけではない（それこそこれに対する批判自体は、近代人権思想の出現とともに始まっているわけである）が、ではこれに対抗し得るだけの人権の概念が成立しているかというと、それはまだ成立していないのではないかと思われるのである。

　従って、今後我々はより政治的なレベルの議論に対応して、多元主義的な立場に立った人権概念を（再）構成していかねばならないのではないかと思われる。それにはとにかく、人権（人間）というものを、種々の特定的な社会的関係を捨象して、「単に人として有する権利」（単なる人としては平等）として捉える「自然権モデル」ではなくて、「個人が同時に複数の集団のメンバーとして得る権利」（具体的な個人がもつ種々の社会的特定性を捨象しないでしかも平等）として捉える「多元的社会正義モデル」に基づいて（再）構成していく道が考えられるのではないかと、私は思うわけである。

　なお、私は今後、「少数者の権利」問題等に代表される人権の現代的諸課題を、世界人権宣言のような国際的（一般的・総論的）な場から、もっと特定の国や地域といった国内的（個別的・各論的）な場へと目を移して、検討していきたいと

考えている。^{注30}

［注］

第1部

序論

（注1）佐藤、1994（［参考文献］参照＝以下、同様）。

（注2）Donnelly, 1994.

（注3）Nickel, 1987, p. ⅷ.

（注4）ibid., pp. 107-108.

（注5）ibid., pp. 6-12.

（注6）Donnelly の場合、自然権は多くの論文で強調されているが、後注8の論文の他に、1989, PartⅠ・Ⅱの各章を参照。また、世界人権宣言をはじめとする現代の国際人権の哲学的複雑さ（自然権の伝統とは矛盾する多様な要素を含む）を指摘するものとして Alston, 1988 参照。

（注7）Morsink はこの部分では、「29・30条を除いた最後の7ヶ条」とか、「社会的・政治的及び文化的権利」（social, political, and cultural rights）などという言い方をしている。しかし、通常、世界人権宣言においては22～27条が「社会権」（経済的・社会的及び文化的権利）に分類される。おそらく文脈からいっても何かの間違いだと思われるし、また、内容的にも影響はないと思われるので、この部分は寿台が通常「社会権」と言われているものに訂正して要約した。

（注8）Beitz, 1979 はその前半部分で、アメリカ人権外交における諸権利の優先順序を批判している。アメリカ外交における人権考慮の範囲は、「拷問又は残虐で非人道的な若しくは品位を傷つける取扱い若しくは刑罰、告訴や裁判なしの長期拘留、その他の生命・自由又は身体の安全の目にあまる否定」を含む「国際的に承認された人権の重大侵害」などと表されるもので（これは世界人権宣言3・5条にほぼ相当する規定）、いわゆる自由権の中でも（投票権や言論・報道の自由等の政治的諸権利を除いた）「身体的安全

の権利」（personal security rights）のみに切り詰められたものであった。Beitz は外交における人権考慮の範囲をこのように切り詰めることには根拠がないという批判をしている。

　この批判は、アメリカ人権外交が「身体的安全の権利」「市民的・政治的自由」「経済的又は福祉的権利」という人権のいわば「三分類」に基づいていたことに沿った批判である。しかし、このような人権の分類も、一般的に言えば、やはり「自由権」「社会権」という人権の二分法の一つのバリエーションだと言ってよいものだと思われる。従って、Beitzは「二分法」（dichotomy）という言葉を使用しているわけではないが、問題を一般化して言えば、二分法的な考え方に立って人権外交において考慮すべき権利を選択すること（つまり自由権偏重）を批判しているのだと言ってもよいと思われる。

　但し、Beitz, 1979は同時に（この論文の後半部分で）、現実の外交においてはすべての権利を即考慮の範囲に収められるものではないのだから、そこには実は諸権利を「比較・選択するメカニズム」を備えた人権の「モデル」が必要なのだとしている。そして、人権というものを社会の特定的なあり方とは無関係に「単に人として」などと定義する「自然権モデル」は、そもそも社会の特定的な関係においてしか捉えることができない「政治的・経済的権利」を予め「純粋な人権」（自然権）から排除してしまうものであるのだから、最初から「比較・選択のメカニズム」を備えることができない（そのようなメカニズムを備える気すらない）ものなのだという批判をしている。従って、人権は「社会正義モデル」によって再定義されるべきものだとしているわけである。

　一方、それに対して、Donnelly, 1982は、自然権論の修正によってその批判に応じようとしている。つまり、伝統的な自然権論には、Beitzの批判が妥当する面があるということは認めつつも、例えば初期マルクスの人間観などに基づいて、人が本性において（by nature）労働的存在だと言えるならば、そのときには「労働への自然権」というような考え方も可能になるのだということを言っているわけである。そして、逆に人権を「ある集団

のメンバー」に保障されるものとして定義する「社会正義モデル」（人権の
ラジカルな再定義）は、むしろ人権の普遍性を損なうものだと批判してい
る。

　なお、以上の議論に関し、アメリカ人権外交についてはVance, 1977;
Bedau, 1979; カタリナ・トマチェフスキー、1992等、自然権についてはHart,
1955; Wasserstorm, 1964; Freeden, 1991（特にpp. 24-42＝邦訳、pp. 40-69）
等、Beitzについては他に、1975; 1989（進藤訳）参照。Donnellyは前注6。

(注9) 以下の定式はもともとは Gewirth, 1982, p. 2 の定式であるが、以下は主
　　として、この概念枠組を用いて権利（人権）概念の解説をしている Vincent,
　　1986, chap. 1 を参考にしている。なお、本文に記した定式の 4 つの要素
　　（権利主体・正当化根拠・義務所持者・権利の対象）に加えて、Gewirth は
　　さらに権利の「性質」（Nature）を、Vincent は権利の「行使」（exercise）
　　を挙げているが、ここでは省略した。

(注10) いわゆる人権（自由権・社会権）の二分法（Dichotomy）の問題につい
　　ては、極めて明瞭な二分法に基づき社会権の方は「人権」とさえ認めない
　　ものとして Cranston, 1973; 1983 を、逆に二分法のラジカルな解体を試み
　　たものとして、Shue, 1979; 1980, chap. 2 を参照。

(注11) Beitz は「社会正義モデル」による人権の定義を、「その集団にとって適
　　切な社会正義の原則によって、ある集団のメンバーに保障されるであろう
　　種々の人間的利益を充足することに対して付与される〈権利〉としての資
　　格」（entitlements to the satisfaction of various human interests that would
　　be guaranteed to members of a group by principles of social justice
　　appropriate to that group）としているが（Beitz, 1979）、これでは人権の
　　主体が「ある集団のメンバー」となってしまって、「すべての人が普遍的に
　　有する権利」という「人権」の最低限の定義から逸脱してしまうのではな
　　いかと思われる（例えば、Wasserstorm, 1964 参照）。しかし、Beitz, 1979
　　と Donnelly, 1982 の対立は人権の正当化根拠に関するものなのであるか
　　ら（Vincent, 1986, pp. 13-16 参照）、当然この対立を一般定式化するなら
　　ば、以上のように定式化してよいものだと思われるしだいである。なお、

前注 8 参照。

第1章

(注 1) Eide, 1992, pp.1-3.

(注 2) Cassin, 1951, pp. 273-276.

(注 3) サンフランシスコ会議から実際に起草作業が始まる人権委員会第 1 会期までには、以下に列挙するような経過があった（以下は主として、Yearbook on Human Rights, for 1947, pp. 430-432, pp. 449-461 から重要と思われるものを列挙）。

●国連準備委員会（第 1 会期 1945/6/27 のみ；第 2 会期 1945/11/24～12/28）──人権委員会の設置を勧告。その任務の中に「国際権利章典の作成」を含む。

●総会第 1 会期第 1 部（1946/1/10～2/14）──国連準備委員会の報告を承認。総会で人権宣言問題の議論を求めるキューバ代表の提案は議題に含めず。

●経済社会理事会第 1 会期（1946/1/23～2/18）──1946/2/16 決議 1／5 で人権委員会を設置、その作業の第一に「国際権利章典」に関する提案・勧告・報告を経済社会理事会にすることを挙げる。但し、まずは「核」（nuclear）の形態で 9 名（個人の資格）から成る委員会（人権委員会の構成と任務について勧告するための委員会）を設置。最初の「核」委員会のメンバーは、Paal Berg（ノルウェー）・René Cassin（フランス）・Fernand Dehousse（ベルギー）・Vctor Ral Haya de la Torre（ペルー）・K. C. Neogi（インド）・Mrs. Roosevelt（合衆国）・John C. H. Wu（中国＝後、C. L. Hsia に変更）・Jerko Radmilovic（ユーゴ＝後、Dusan Brkish に変更）・Nikolai Krioukou（ソ連＝後、Alexander Borisov に変更）。ここで初めて宣言起草を主導した Cassin・Mrs. Roosevelt の名が登場したことが注目されることである。

●人権「核」委員会（1946/4/29～5/20）──Mrs. Roosevelt を議長、Cassin を副議長、Neogi を報告者に選任。人権委員会の構成・任務等に関する

全般的な議論。宣言草案に関しては、（「核」ではなく完全な）人権委員会ができる限り早く「国際権利章典」を起草し、それを国連各国政府に提案を求めて回覧することを勧告し、キューバ及びパナマ代表によって提出された文書の検討は後に残すことに決定。人権委員会の構成に関しては、「核」委員会は非政府の代表 18 名から成るものにすることを勧告するが、Borisov（ソ連）はそれに反対、人権委員会のメンバーは政府代表にすべきだとする。

●経済社会理事会第 2 会期（1946/5/25〜6/21）——1946・6・21 決議 2／9 で人権委員会の構成・任務等を確定。人権委員会の構成に関しては、「核」委員会の勧告に反して、政府代表の資格とすることに決定。確定された人権委員会の任務は、(a) 国際権利章典、(b) 市民的自由・女性の地位・情報の自由及び類似の事項に関する国際宣言又は条約、(c) 少数者の保護、(d) 人種・性・言語又は宗教に基づく差別の防止（ここまでは経済社会理事会第 1 会期でも任務に挙げられていた）、(e) その他 (a)(b)(c) 及び (d) の項目によってはカバーされない人権に関するあらゆる問題について、経済社会理事会に提案・勧告及び報告を提出することに確定された。

●経済社会理事会第 3 会期（1946/9/11〜12/10）——1946/10/2 人権委員会のメンバー18 名を選定。最初の人権委員会のメンバーは、William Roy Hodgson（オーストラリア）・F. Dehousse（ベルギー）・V. K. Prokoudovitch（ベロルシア）・Felix Nieto del Rio（チリ）・P. C. Chang（中国）・Osman Ebeid（エジプト）・Mrs. Roosevelt（合衆国）・René Cassin（フランス）・Mrs. Hansa Mehta（インド）・Ghasseme Ghani（イラン）・Charles Malik（レバノン）・Ricardo V. Alfaro（パナマ）・Carlos P. Romulo（フィリピン）・Charles Dukes（イギリス）・G. D. Stadnik（ウクライナ）・V. F. Tepliakov（ソ連）・Jose A. More Otero（ウルグアイ）・Vladislav Ribnikar（ユーゴ）。

●総会第 1 会期第 2 部（1946/10/23〜12/15）——1946/12/11 決議 43（Ⅰ）で、パナマ代表提出の「基本的人権と自由に関する宣言草案」（A

／234）を、人権委員会における国際権利章典の準備において考慮され
　　るために、経済社会理事会に付託（理事会からさらに人権委員会に送ら
　　れるべく）。

（注4）Eide, 1992, pp. 5-16. 但し、実際には、同書は「歴史的背景」「起草と採
　　択の歴史」「国内的・地域的・国際的なレベルでの続く規範の発展」「諸国
　　の実行」「北欧諸国の実行」と 5 つに分けて共通方針を述べているが、こ
　　こでは便宜上、後の 3 つは一括して「採択後の規範の発展等」とした。

（注5）なお、最近の注釈書のうち Morsink が言及していない条文を扱う章にも
　　若干触れておくと、5・6・15 条等を扱う章もほとんど起草の歴史に言及し
　　ていない。また、4・9・11・17・25・26 条等を扱う章は一応直接原資料
　　を用いて起草過程を簡単に記述している。さらに、2 条等を扱う章はそれ
　　なりに詳しいものである。

（注6）実際、人権委員会段階の資料は利用しにくいものである。日本全国のす
　　べての関連図書館を調査できたわけではないが、現在までに分かったとこ
　　ろで言えば、この資料については東京大学総合図書館国際資料室又は国立
　　国会図書館官庁国際機関資料室所蔵のマイクロプリントカードのものを
　　使うか、或いは、最近国連のハマーショルド・ライブラリーによってマイ
　　クロフィッシュにされ始めたもの（*United Nations Publications Catalogue*
　　1995 96, p. 6 参照）を利用するかしかないようである。但し、マイクロプ
　　リントカードのものは、マイクロフィッシュやマイクロフィルムのものと
　　違って、コピーに大変なコストがかかるので、実は極めて読みづらい機械
　　を通して読むしかないという困難が伴う。このような困難は一刻も早く改
　　善されるべきだと思われる。

（注7）田畑、1951、pp. 106-120; 1988、pp. 38-45。宮崎（高野編、1965、p. 64）；
　　斎藤、1984、p. 124。

（注8）田畑、1996。

（注9）田畑、1951、pp. 24-30。

（注10）同上、pp. 25-26。

（注11）同上、pp. 35-54。

（注 12）斎藤、1984、pp. 87-100。

（注 13）同上、p. 98。

（注 14）外務省條約局国際協力課編、1951、「はしがき」。なお、同書は約 120 ペ
ージ（収録された資料を除くページ数）のほとんどすべてが宣言成立の経
緯に関する記述。

（注 15）同上、「序節」。

（注 16）このような同宣言への研究姿勢がどこかで受け継がれてきたかどうか
については不明である。例えば、外務省外務報道官、1988 を見ても、宣言
の起草過程に関してはほとんど十数行程度の説明があるのみで、内容の説
明においても宣言の 30 ケ条を「市民的、政治的権利に関する権利（第三
条から第二一条）、経済的、社会的及び文化的権利に関する権利（第二二条
から第二七条）」などと、ただ単に諸権利を類型化（パターン化）して並べ
ているだけである（同書、pp. 2-3、pp. 7-11）。

（注 17）但し、Morsink は *Sultanhussein Tabandeh of Gunabad, Iran,* 1970 とい
うイスラム系の注釈書も紹介しているが、これは調べることができなかっ
た。

（注 18）Robinson, 1950, p. 34.

（注 19）Third Committee Records, p. 190.

（注 20）Verdoodt, 1963, pp. 75-76.

（注 21）いわゆる宣言の法的性格をめぐる問題とは、宣言がもっぱら道徳的意義
のみを有するのか、何らかの法的拘束力が認められるのか、或いは、むし
ろ採択後の諸国の実行等によって慣習法となったと言えるのかといった
問題のこと。宣言が道徳的意義（効力）をもつことについては起草者たち
に合意があり、もっぱら道徳的意義のみを認めるのが多数であったが、
Cassin のように「宣言は国連憲章の権威的解釈（憲章を補足するもの）」
と見たり（例えば Third Committee Records, p. 61）、「単なる勧告以上の
もの」（Azkoul・レバノン, ibid., p. 51）として一定の法的意義を認める見
解もあった。また、宣言の非法的性格を強調するとともに、その道徳的意
義にさえ疑問を呈するものとして、Lauterpacht, 1968, chap. 17、それとは

逆に、むしろ宣言は採択後の諸国の実行等を通じて慣習法と見ることができるようになったことを主張するものとして、Humphrey, 1979 参照。なお、こうした宣言の法的性格をめぐる問題についてコンパクトにまとめたものとしては、Sieghart, 1983, pp. 53-55 参照。

(注22) 同書の趣旨及び構成については Verdoodt, 1963, pp. 5-10.

(注23) ibid., pp. Ⅴ-ⅩⅣ.

(注24) Chapelle, 1967, pp. Ⅴ-Ⅷ（Cassin からの書簡）pp. 1-8（序文）の全般から受ける印象として、このように言ってもよいもののように思われる。なお、第二バチカン公会議がカトリック教会に多大の刷新をもたらし、「解放の神学」の登場にもつながったことについては、G.グティエレス、1985 参照。また、「解放の神学」の提唱者であったグティエレスも世界人権宣言の起草過程で参照される一つの宣言を出していたことは興味深い。本章の注 39 参照。

(注25) 例えば、本論文の第 2 章Ⅰで扱う 3 条の成立過程において、いわば「胎児の権利」と「女性の中絶の権利」の主張が激しく衝突する場面があるが、こうした問題を扱う際、Chapelle は一方的に前者を支持しすぎているように思われる（pp. 93-96）。第 2 章の注 6 参照。

(注26) 本章の注 2 と同じ個所。

(注27) Ｅ／CN.4／AC.2／SR.1, p. 3. A〜E のすべてにわたって「基礎文書」という表現が使用されているわけではないが、人権委員会第 2 会期における宣言に関する作業グループの会議の始まりにおいて、C. 起草委員会案を当該会議の「基礎文書」とするという確認から議論は始まっている。従って、同様に各会期において全体の議論の対象となった文書・草案を一括して「基礎文書」と呼んでよいものだと思われる。

(注28) Ｅ／CN.4／AC.1／SR.7, pp. 7-8・SR.12, p. 3; Ｅ／CN.4／21, p.3.

(注29) この［表2］は、*Check List of United Nations Documents,* 1952, p. 76 の対照表（D. ジュネーブ草案・E. 国際人権宣言草案・F. 世界人権宣言に関してのみの対照表）を基に、さらにそれに先立つ三つの基礎文書（A. アウトライン・B. Cassin 案・C. 起草委員会案）を加えて、寿台が作成した

ものである。［表2］A～F は各々、「A～F の各基礎文書を中心にして見た
場合の諸条文の変遷過程を示す表」だということを意味している。つまり、
例えば［表2］A なら「A. アウトラインを中心にして見た場合の諸条文の
変遷過程を示す表」を意味し、［表2］B なら「B. Cassin 案を中心にして
見た場合の諸条文の変遷過程を示す表」を意味するということである。

(注 30) E／CN.4／SR.7, p. 2.

(注 31) Humphrey, 1984, pp. 25-26.

(注 32) 例えば人権委員会のメンバーに配布された国連戦争犯罪委員会の情報
文書（W.20）もこの種の「限定配布」文書となっていた（*Check List,* 1952,
p. 29）。

(注 33) E／CN.4／SR.7, pp. 2-3. 人権委員会段階に限らず総会第 3 委員会も含
めて、使用した議事録はすべて"Summary Records"であるから、発言は直
接話法ではなく間接話法で要約してあるものである。以下、審議の内容を
記す際は、長く詳しい「要約記録」自体を短く要約する場合が多いという
こと、また、比較的発言自体に忠実に「　」で括って引用風に記したり、
或いは討論再現風に記したりする場合も、完全な逐語訳ではなく、要約或
いは意訳であるような場合が多いということ等をお断りしておきたい。

(注 34) E／CN.4／SR.7-9・SR.13-14 等の随所で。

(注 35) E／CN.4／SR.10, pp. 3-7・SR.11-12・SR.22, p. 4-5. また、E／CN.4／
19, p. 13・21; E／259, p. 2 参照。

(注 36) E／CN.4／SR.22, p. 5.

(注 37) 経済社会理事会第 4 会期については、Verdoodt, 1963, p. 56; *Yearbook
on Human Rights, for* 1947, p. 426, pp. 432-433, p. 468 等。この会期で経
済社会理事会は、(a) 起草委員会によって準備された準備草案は人権委員
会第 2 会期に提出されるということ、(b) 人権委員会（第 2 会期）によっ
て作成された草案は意見や提案を求めて国連全加盟国に送付されるとい
うこと、(c)（b）から得られた意見や提案は必要ならば起草委員会（第 2
会期）における再起草の基礎として考慮されるということ、(d) その結果
として得られる草案は最終的な考慮のために人権委員会（第 3 会期）に提

出されるということ、(e) 経済社会理事会は 48 年の総会に国際人権章典を勧告することを目標にして人権委員会によって提出された人権章典を考慮すること、というその後ほぼこの通りに辿られた日程を決定した。

(注 38) 女性の地位に関する委員会第 1 会期では、同委員会の代表（議長・副議長・報告者）が人権委員会の国際人権章典関連の会議に出席できるよう経済社会理事会に要請すること、また、人権委員会の起草グループが章典の準備草案を人権委員会のメンバーと同時に女性の地位に関する委員会のメンバーに回覧することを求めることが決定された（Verdoodt, 1963, p. 55; *Yearbook on Human Rights, for* 1947, p. 465）。

(注 39) これらの宣言や文書に断片的に触れる参考文献は多いが、18 の文書をまとめて紹介してくれている文献は少ないと思われる。現在までに確認できたものとしては、Verdoodt, 1963, pp. 40-44 に紹介されたものがあるのみである。従って、ここにそれを記しておきたい（タイトルはフランス語のまま）。

●"Droits internationaux de l'individu et des associations"——1917 年 1 月、ハバナで開催された第 2 回アメリカ国際法学会（Institut américain de droit international）の間に提出された Docteur Alexandre Alvarez の『将来の国際法の基本的資料』に関する草案の第 6 セクション。

●"Déclaration des droits internationaux de l'homme"——1929 年 10 月 12 日、ニューヨークの Briarcliff Manor, Briarcliff Lodge で開催された国際法学会（Institut de droit international）によって採択されたもの。

●"Déclaration des droits de l'homme"——1940 年、H. Wells による National Peace Council のパンフレット。

●"Déclaration internationale des droits"——1941 年 4 月 14 日、Révérend Wilfred Parsons によって、l'Association catholique pour la paix internationale の第 15 回年次会議に提出されたもの。

●"Déclaration internationale des droits"——1942 年 6 月、l'Ecole de droit de la Southwestern University（ロサンゼルス）の名誉学部長・Conseil d'administration de l'Association des juristes の副議長 Rollin McNitt に

よって提出されたもの。

● "Déclaration internationale des droits"——1943 年、A. Isaacs による個人の権利・義務を定める原則。

● "Exposé des droits essentials de l'homme"——1944 年 2 月、アメリカ法学会（l'Institut de droit américain）の後援の下で開催された世界の主要な諸文化を代表する Comité de conseillers によるもの。この草案はパナマ政府によって国連に提出された（G／7（2）,E／HR／3）。

● "Déclaration des droits de l'homme"——1945 年 1 月、アメリカユダヤ人委員会（Comité juif américain）によって出されたもの。

● "An international Bill of Rights of Men"——1945 年、H. Lauterpacht によるもの（New-York, Colombia University Press）。

● "Déclaration des droits et devoirs internationaux de l'individu"——1945 年、Gustave Gutierrez によるもの。

● "Les droits de chacun"——1945 年、Free World によって提出された文書（連合国のための一つの憲章第 1 章）。

● "Projet de Déclaration des droits et devoirs internationaux de l'homme et rapport annexe"——1945 年 2 月 21 日から 3 月 8 日にかけてメキシコで開催された戦争と平和の問題に関する米州会議の決議IV及びVIに従って、米州法律委員会（Comité juridique interaméricain）によって作成された 1945 年 12 月 13 日付のもの（1945 年 New-York で平和機構研究委員会によって公刊）。この草案に国連の注意を促したのはチリ政府（A／C.1／38, E／CN.4／2）。

● "Projet de Déclaration des droits de l'homme"——キューバ代表によって国連総会に提出されたもの（E／HR／1）。この草案は、1945 年 5 月 2 日、キューバ代表によってサンフランシスコ会議に提出されたもので（2G／14（g））、その出所が政府である唯一の文書。

● "Enumération des paints à étudier pour la rédaction dune Déclaration internationale des droits"——1945 年、American Bar Association によるもの（Chicago）。

- "Déclaration des droits proposés aux Nations Unies par l'Association pour un Gouvernement mondial"――1946 年（刊行地記載なし）。

- "Projet d'une déclaration internationale des droits"――1946 年、l'Association américaine pour les Nations Unies 及びアメリカユダヤ人会議（Conference juive américaine）により作成されたもの（刊行地記載なし）。

- "Déclaration internationale des droits"――1946 年 8 月 9 日付で、アメリカ労働連盟（Fédération américaine de travail）によって国連事務総長に提出された提案（E／CT.2／2）。

- "Déclaration des droits de l'homme"――1946 年 12 月、平和機構研究委員会（Commission d'étude pour l'organisation de la paix ＝ James T. Shotwell 委員長）によって設置された人権委員会（執行委員）によって準備された草案。これについては、同委員会によって公刊された 1943 年 Quincy Wright による "Les droits de l'homme et l'ordre mondial" 及び同委員会第 4 報告第 3 部 "Protection internationale des droits de l'homme" という二つの先行研究を参照のこと。

（注 40）Humphrey, 1984, pp. 31-32.

（注 41）E／CN.4／AC.1／SR.1, p. 5.

（注 42）Humphrey, 1984, pp. 39-40.

（注 43）E／CN.4／21, Annex B＝この文書は条約（規約）草案の基礎となった。また、起草委員会第 1 会期にはアウトラインへの修正提案として合衆国の提案（ibid, Annex C）も提出されており、これも考慮に入れられた。

（注 44）E／CN.4／AC.1／SR.2, pp. 8-12・SR.3-4.

（注 45）E／CN.4／AC.1／SR.5.

（注 46）E／CN.4／AC,1／SR.6.

（注 47）E／CN.4／21, p. 4.

（注 48）Cassin, 1951, p. 274.また、Verdoodt, 1963, p. 60 も 45 ケ条としている。

（注 49）E／CN.4／AC.1／SR.7, p. 2.

（注 50）E／CN.4／AC.1／SR.7-10, p. 2.

（注 51）E／CN.4／AC.1／SR.12-15.

（注 52）E／CN.4／AC.1／W.1-2 and W.2／Rev.1-2 という途中で作成された Cassin 案関係の文書は、マイクロフィッシュの方には収められている。しかし、それもフランス語版の方しか収められておらず、どうも英語版とは条文の数が異なるようなので（*Check list,* 1952, p. 16）、ますます混乱してくるわけである。ちなみに、W.1 という文書は本文に記した通り、Cassin が当初作成したものを作業グループ内で修正した前文及び 6 ケ条を含むもの（これは英仏両語版に違いはなし）、W.2 という文書には 7〜32 条（英語版では 33 条）しか載っておらず、W2／Rev.1 という文書には 7〜33 条までしか載っておらず（どうもこの英語版が 7〜44 ケ条となっていたようである）、W.2／Rev.2 という文書には前文なしで 1〜41 条（この英語版は 43 条）が載っているという具合である。

（注 53）Humphrey, 1984, pp. 42-44, pp. 66-67. また、Alston, 1984 参照。

（注 54）Humphrey, 1984, pp. 25-26.

（注 55）ibid., p. 44, pp. 64-65.

（注 56）Dworkin, 1977, pp. 168-177（邦訳、pp. 222-234）参照。後（第 3 章 II）でこの見方に修正を加えることにするが、今はとりあえず"duty-based"から"right-based"へとしておいた方が分かりやすい。第 3 章の注 40 参照。

（注 57）E／CN.4／AC.1／SR.9, p. 8.

（注 58）E／CN.4／SR.23・SR.25・SR.27-30. なお、宣言に関する作業グループのメンバーは、Mrs. Roosevelt（合衆国）・Bogomolov（ソ連）・Stepanenko（ベロルシア）・Romulo（フィリピン）・Amado（パナマ）・Cassin（フランス）。

（注 59）E／CN.4／AC.2／SR.1-2, p. 4.

（注 60）E／CN.4／AC.2／SR.2, pp. 4-10・SR.3-9.

（注 61）E／CN.4／57.

（注 62）E／CN.4／SR.34-41.

（注 63）この件に関し Chapelle, 1967, p. 39 参照。

（注 64）E／CN.4／SR.42, pp. 9-12・SR.44, pp. 17-19; E／600, p. 5. なお、

"Measures for Implementation"は後に"Measures of Implementation"と変更される。

（注65）E／CN.4／SR.44／Add.1; E／600, pp. 3-4.

（注66）E／CN.4／AC.2／SR.7, p. 2; E／CN.4／SR.37, p. 16-17; E／600, p. 9.

（注67）E／CN.4／52.

（注68）E／CN.4／AC.2／SR.3, pp. 2-5・SR.9, pp. 5-21; E／CN.4／SR.31・SR.34, pp. 9-11・SR.35, pp. 3-6・SR.40, pp. 16-17; E／600, p. 11. 但し、少数者の権利に関しては、人権委員会は起草委員会案と差別防止・少数者保護小委員会案の選択をせず、D31 条として C36 条と小委員会案の双方を列挙することになった。

（注69）E／CN.4／80.

（注70）E／CN.4／84.

（注71）E／CN.4／81.

（注72）起草委員会第 2 会期の一般的議論は E／CN.4／AC.1／SR.20-21、逐条審議は同 SR.35-41。

（注73）田畑、1988、p. 45。

（注74）E／CN.4／AC.1／SR.21, pp. 2-7.

（注75）E／CN.4／AC.1／29. Verdoodt, 1963, p. 66 参照。

（注76）Verdoodt, 1963, pp. 66-67. 米州人権宣言については、*Yearbook on Human Rights, for* 1948, pp. 440-442 及び『国際人権条約・宣言集』、1994、pp. 394-396。

（注77）インド・イギリス共同修正案は E／CN.4／99、中国案は E／CN.4／102。なお、この他にフランス案（E／CN.4／82／Add.8）も考慮に入れられた。

（注78）E／CN.4／SR.81, p. 30; E／800, pp 29-35. なお、ソ連はこの声明に修正案を付しており、それは総会第 3 委員会に送られた。

（注79）E／SR.180・SR.201・SR.202・SR.215・SR.218. *Yearbook on Human Rights, for* 1948, p. 464; Verdoodt, 1963, p.71 等参照。

（注80）Third Committee Records, pp. 26-180, pp. 182-277, pp. 304-473, pp. 496-790, pp. 847-890 and Annexes.

（注81）ibid., p. 886.

（注82）Cassese, 1990, p. 33 参照。

（注83）GAOR, pp. 852-934. 第3委員会の報告（A／777）は同委員会の審議の結果として31ケ条の草案になっていた。その3条（「この宣言に規定された権利は信託統治・非自治地域のすべての住民に平等に適用される」）を削除して、イギリス代表の修正案を2条の第2文（現在の世界人権宣言2条の第2文）に加え、以下の条文を繰り上げた結果、宣言は最終的に30ケ条になったというわけである。

（注84）ibid., pp. 910-911.

（注85）ibid., pp. 899-900.

（注86）ibid., p. 862.

第2章

（注1）E／CN.4／AC.1／3／Add.1, pp. 16-21. なお、人権委員会第1会期の際のCassinの意見というのは、「生命の保護（存在への権利）ということは人が思っているほど初歩的な権利ではない。1933年にドイツがこの原則を侵した時、世界の多くの国は干渉の権利があるかどうかを自問していたほどだ。だから、存在への人権を確認することは基本的に重要である」というものであった（E／CN.4／SR.13, p. 7）。

（注2）ibid., pp. 28-30.

（注3）E／CN.4／AC.1／SR.8, p. 4.

（注4）この草案(Draft Declaration of the International Rights and Duties of Man) 1条の原文は以下の通り（本章の注1の他に E／CN.4／2, p. 2 参照）——Every person has the right to life. This right extends to the right to life from the moment of conception; to the right to life of incurables, imbecils and the insane. It includes the right to sustenance and support in the case of those unable to support themselves by their own efforts; and it implies a duty of the state to see to it that such support is made available.／（＝パラ

グラフ変更。以下同様）The right to life may be denied by the state only on the ground of conviction of the gravest of crimes, to which the death penalty has been attached.

（注 5）E／CN.4／AC.1／SR.12, pp. 6-8. なお、チリの追加草案とレバノンの代案については［資料］の C. 起草委員会案（原文）7 条の部分に記載。

（注 6）E／CN.4／AC.2／SR3, pp. 7-8; E／CN.4／SR.35, pp. 12-17. なお、この問題に関して第 1 章の注 25 参照。

（注 7）E／CN.4／AC.1／SR.2, pp. 10-11.

（注 8）E／CN.4／SR.35, p. 13; Third Committee Records, pp. 142-192（＝第 3 委員会における 3 条に関する議論の随所で）. ソ連の第 3 委員会における修正案（A／C.3／265）には、"The death penalty should be abolished in time of peace"という一文が含まれており議論を呼んだ。これは最終的には否決される（21 対 9・棄権 18）が、どちらかと言えば「これは 3 条には場違い」とする反対意見が優勢で、中には「平時のみの死刑廃止」には反対だとする（より進んだ）意見もあった。

（注 9）本章の注 5。

（注 10）E／CN.4／AC.1／SR.35, pp. 2-8. ここでも胎児の問題や不治の病人等の問題が何人かの代表によって議論されていた。

（注 11）Third Committee Records, Annexes, pp. 13-14. なお、第 3 委員会においては、本章の注 8 ソ連の修正案等も出されており、以下が修正案のすべてではない。

（注 12）Third Committee Records, p. 144.

（注 13）ibid., pp. 145-148.

（注 14）Third Committee Records, Annexes, p. 17. この共同修正案はすでに第 3 委員会における E1 条の議論の際に提出されていたメキシコの修正案（A／C.3／229）から刺激されたものだという趣旨説明を Azkoul（レバノン）は行った（Third Commitee Records, p. 152）。メキシコの E1 条への修正案は次のようなものであった——All human beings are born free and equal in dignity and rights. The right of sustenance, health, education and work is considered essential in order to guarantee <u>social justice</u> and <u>full development of the human being</u>. メキシコ代表（Alba）によれば、この修正案は「メキシコ革命の理想」を表すものであったが (ibid., p. 91)、結局、Alba は 1 条の審議ではこの案を撤回して、E3 条の審議において問題を再提出することになった（ibid., p. 122）。こうした経過から、メキシコ代表は E3 条への 3 ケ国共同修正案に賛同することになるわけである。なお、先に挙げたキューバ案（A／C.3／224）がなぜ他の 2 ケ国（レバノン・ウルグアイ）やメキシコ案と共通性をもつのかはよく分からない。この案には"integrity of person"という言葉が加えられているだけで（これは人体実験という戦争中の出来事に対するものだというのが趣旨＝ibid., p. 145）、別に社会権の内容を含むものではないからである。

（注 15）Third Committee Records, p. 154.

（注 16）ibid., pp. 154-155.

（注 17）ibid., pp. 164-165.

（注 18）ibid., p. 168.

（注 19）ibid., p. 172.

（注 20）ibid., p. 178, p. 192.

（注 21）本章の注 18。

（注 22）Third Committee Records, p. 188.

（注 23）世界人権宣言の成立過程を極端に東西の政治的対立のみに集約してしまう見方としては、序論の注 10　Cranston, 1973, p. 54; 1983, p. 7 等。逆に、同宣言成立への第 3 世界諸国の参加が一般に過小評価されていることへの反論は Alston, 1983。なお、Alston のこの論文は、その他にも種々挙げられる同宣言への批判（例えば西洋中心主義的・個人主義的だとか、社会権を軽視している等）にまとめて反論したものである。

（注 24）E／CN.4／AC.1／3／Add.1, pp. 365-374.

（注 25）E／CN.4／AC.1／SR.4, p. 10.

（注 26）E／CN.4／AC.1／SR.5, pp. 2-3.

（注 27）E／CN.4／AC.1／SR.9, pp. 10-11.

（注 28）"social security"と"social insurance"については、『英米法辞典』東京大学出版会、1991、p. 789 参照。

（注 29）合衆国案 29 条（E／CN.4／21, Annex C＝この草案はアウトラインへの修正提案として提出されたものだが、この条文に対応するアウトラインの条文はない）は次の通り――Everyone has the right to a fair and equal opportunity to advance his own physical, economic, spiritual and cultural well-being and to share in the benefits of civilization.／It is the duty of the State, in accordance with the maximum use of its resource and with due regard for the liberties of individuals, to promote this purpose by legislation or by other appropriate means. Among <u>the social rights thus to be achieved progressively by joint effort of the individual and the State</u> are those defined in the following Articles.

（注 30）E／CN.4／AC.1／SR.14, pp. 8-9.

（注 31）E／CN.4／AC.2／SR.8, pp. 11-13.

（注 32）Eide,1992, pp. 336-337.

（注 33）本章の注 30。

（注 34）フランス案 22 条（E／CN.4／82／Add.8, p. 5＝この案は各国政府への求めに応じてジュネーブ草案への提案として出されたもの）は次の通り――Everyone has a right to social security.／The State has a duty to maintain or ensure the maintenance of comprehensive measures for the security of the individual against various social risks. In particular, the individual shall be guaranteed against the consequences of unemployment, disability, old age, and the loss of livelihood in circumstances beyond his control.／Mothers and children shall be granted special care and assistance.／Everyone without distinction as to economic or social conditions has the right to protection of his health by all the appropriate means relating to food, clothing, housing and medical care to as great an extent as the resources of the State or community permit.／It is the duty of the State and the community to take all adequate health and social measures to meet the responsibilities incumbent upon them.

（注35）E／CN.4／AC.1／SR.42, pp. 11-14.

（注36）以上の経過は E／CN.4／SR.64, pp. 5-18.

（注37）以上の経過は E／CN.4／SR.65, pp.3-11. 但し、後に Pavlov は Fontaina（ウルグアイ）と交替。

（注38）E／CN.4／120. Cassin によって当初作成された追加（傘）条項案は次の通り――Everyone as a member of society has the economic, social and cultural rights enumerated below, whose fulfilment should be made possible in every State separately or by international collaboration. また、「社会的及び国際的秩序への権利」（E26 条）の最初の案は次の通り――Everyone has the right to a good social and international order in which the rights and freedoms set out in this Declaration can be fully realized.

（注39）以上の経過は E／CN.4／SR.67, pp. 2-8・SR.71, pp. 3-4・SR.72, pp. 2-5.

（注40）E／CN.4／SR.66, pp. 12-15. インド・イギリス共同修正案（E／CN.4／99）の他に、中国案（E／CN.4／102）も考慮に入れられた。これらはいずれも諸条文を（前者は D24～26 条を、後者は 23～29 条を）ごく簡潔な1ケ条にまとめる案だった。

（注41）この小委員会が提案した案（E／CN.4／127）は次の通り――1. Everyone has the right to social security. This includes the right to a standard of living and social services adequate for the health and well-being of himself and his family and to security in the event of (against the consequences of) unemployment, sickness, disability, old age or other lack of livelihood in circumstances beyond his control.／2. Mother and child have the right to special care and assistance.

（注42）議論の過程で Metall が提案した案は次の通り――Everyone has the right to a standard of living, and to social services adequate for the health and well-being of himself and family, and to social security including protection in the event of unemployment, sickness, invalidity, old age and the loss of livelihood in circumstances beyond his control.

（注43）以上の経過は E／CN.4／SR.70, pp. 7-12・SR.71, pp. 4-15.

（注44）以上の経過は E／CN.4／SR.72, pp. 7-10.

（注45）この提案は E20 条の"has the right to social security"を削除して、"set out below"を"essential for his <u>social security</u>, his dignity and the free development of his personality"とするという提案。また、同様に（同じ個所を）"essential for dignity, to the free development of his personality and his social security in general"とするという Contoumas（ギリシア）の提案も出されたが、否決された。但し、厳密にはこれらは下に言及するキューバ案への修正案。

（注46）以上の第 3 委員会の議論は、Third Committee Records, pp. 496-516.

（注47）Verdoodt, 1963, p. 215; Eide, 1992, pp. 342-345.

（注48）Third Committee Records, p. 501.

（注49）本章の注 23 の Cranston。

（注50）序論の注 10 の Shue 参照。

（注51）Cassin, 1950, pp. 277-279.

（注52）例えば、部落解放研究所、1989、pp. 11-12; 第 1 章の注 16 の外務省外務報道官。

（注53）田畑、1990、pp. 267-268。

（注54）宮沢、1971、p. 68; 宮崎（高野編、1965、p. 59）。

（注55）ここで、Chang について少し調べたことを記しておきたい。この人はおそらく、「張彭春」（Chang Pêng-chun）という人だと思われる。『中国文化界人物総覧』（昭和 15 年、p. 418）によれば、「字名は仲述、天津の人。清華学校を卒業、米国に留学して、コロンビア大学の哲学博士、帰国して南開大学教育学教授に任じた。その後仏国に赴いて民国二十六年（1937 年＝この補足は寿台。以下同様）九月仏国から帰国し、現に西南大学師範学院教育系教授に在任、二十八年（1939 年）一月また欧州に赴き、オックスフォード中国協会和平委員会にて講演、英国下院に出席して中国抗戦の現状を述べたという」（＝但し、原文は旧漢字）となっている（他に『現代中国

人物表』株式会社大安、1969; Verdoodt, 1963, p. 333 参照）。但し、生没年については、『中国文化人物総覧』が「1893-1957」、Verdoodt は「1982-1955」としていて、違いがある。

（注56）Third Committee Records, p. 462, p. 467.

（注57）確かに、Morsink 論文以後、Morsink 自身が少し世界人権宣言の自然権的解釈から離れつつあるということについては、第3章の注36参照。

第3章

（注1）E／CN.4／SR.13, p. 4.

（注2）E／CN.4／AC.1／SR.2, pp. 2-5.

（注3）E／CN.4／AC.1／SR.2, pp. 8-9・SR.3, pp. 8-10.

（注4）E／CN.4／AC.1／W.1　但し、この文書自体は第1章の注52に述べたように、フランス語版しか私の手もとにはないが、その他の案との照合のしやすさを考えて、今は Humphrey, 1984, p. 44 に記されている英語のものを記した。なお、フランス語版は次の通り——Tous les hommes sont frères. Comme êtres doués de raison et membres d'une seule famille, ils sont fibres et sont égaux en droits.

（注5）Eide, 1992, p. 33.

（注6）Chang が出した中国的観念が何であったか、漢字で書いてあるわけではないのでよく分からない。しかし、文脈等から考えて当然「仁」（jen）だと思われる。これについては A Source Book in Chinese Philosophy, 1963, p. 788-789 参照。この本には次のような説明がある。"Etymologically, jen means man in society, as the Chinese character for jen consists of both the word for man and　the word for two (signifying a group)." なお、この本の存在は、仏教学研究をしている友人のジョアキン・モンテイロ氏（駒沢大学大学院人文科学研究科博士課程修了・文学博士）から教えていただいた。記して謝意を表したい。

（注7）E／CN.4／AC.1／SR.8, pp. 2-3.

（注8）E／CN.4／AC.1／SR.13, pp. 4-8.

（注 9）E／CN.4／AC.2／SR2, pp. 4-7.

（注 10）E／CN.4／AC.2／SR.9, pp. 21-22.

（注 11）E／CN.4／SR.34, pp. 4-6.

（注 12）E／600, p. 19. ジュネーブ草案には一般的に又個別の諸条文に多くのコメントが付されることになった（同文書の Annex A, Part Ⅱ）。

（注 13）UNESCO, 1949.「人権の理論的基礎に関する UNESCO 委員会」の結論「国際人権宣言の基礎」は同書の pp. 258-272（邦訳、pp. 263-276）。

（注 14）Maritain の序文は Ibid., pp. 9-17（邦訳、pp. 11-20）。

（注 15）従って、以上の人権委員会同会期における UNESCO 報告書をめぐる経過は、Eide, 1992, pp. 36-38; Morsink, 1993, pp. 397-398; Verdoodt, 1963, pp. 62-63; E／CN.4／78 による。

（注 16）E／CN.6／SR.28, pp. 5-6.

（注 17）E／CN.4／81.

（注 18）中国案（E／CN.4／102）は 1 条を削除していた。

（注 19）実は、最初（人権委員会第 1 会期）に人間と動物の区別を強調していたのも、Chang（中国）であった（E／CN.4／SR.7, p. 4）。

（注 20）E／CN.4／99.

（注 21）E／CN.4／82／Add.8.

（注 22）以上の人権委員会第 3 会期の議論は、E／CN.4／SR50, pp. 9-15.

（注 23）E／CN.4／148／Add.1, p. 2.

（注 24）E／CN.4／SR.81 pp. 26-29. なお、この問題については、Morsink, 1991, pp. 235-236 参照。

（注 25）以下の修正案は、Third Committee Records, Annexes, pp. 10-12.

（注 26）以下の第 3 委員会における 1 条に関する議論は、Third Committee Records, pp. 90-126 の主要な流れをまとめたものである。

（注 27）前文の審議においてオランダ代表（Beaufort）は再び、前文第 1 パラの「人類家族のすべてのメンバーの固有の尊厳と平等及び不可譲の権利」は「人の神的起源と不死の運命に基づく」（based on man's divine origin and immortal destiny）ものだとする修正案を提出したが（A／C.3／219＝Third

Committee Records, Annexes, p. 48）、このようなデリケートな問題は投票で決めるべき問題ではないという意見が支配的で、投票には付されなかった（Third Committee Records, pp. 754-777）。なお、その他にも、総会本会議において Roijin（オランダ）は、宣言に結局「人の神的起源」や「至高存在」（Supreme Being／l'Être suprême）への言及がなされなかったのは残念だとし（GAOR, p. 874）、また、人権委員会第 2 会期（E／CN.4／SR.37, pp. 11-12）・起草委員会第 2 会期（E／CN.4／AC.1／SR.38, pp.8-9）においては Malik が、家族の権利（B17・D13 条）に関連して、社会の「自然的・基本的ユニット」としての家族は「創造者」（Creator）によって不可譲の権利を付与されているという主張をした。その際 Malik が、「創造者」とは必ずしも「神」ではなく、ある哲学においてはそれは「自然」であって、神学的意味はないとしていたことが注目される。

（注 28）GAOR, p. 933.

（注 29）Feinberg, 1973, pp. 64-67, 94-95.

（注 30）Wetlesen, 1990.

（注 31）Eide, 1992, p. 33.

（注 32）『新英和中辞典』（第 5 版）研究社、1967、p. 350; *The American Heritage Dictionary,* Third Edition, 1994, p. 186.

（注 33）竹内、1988、pp. 140-146; 1989、pp. 26-27、p. 171。

（注 34）この部分の第 3 委員会からの発言もすべて本章の注 26 に挙げた部分から引いたものであるが、この経過に関する部分のみ少し別の話題が 1 条の審議の中に入ってきた格好になっているので、その個所を記しておく。Third Committee Records, pp. 91-96.

（注 35）Eide, 1992, p. 52.

（注 36）本章の注 15。第 3 委員会の議論の始まりの方（一般的議論）で、同委員会の議長であった Malik は、「人権に関する現代の著名な哲学者の意見を含む UNESCO 報告書」の存在に注意を促し（Third Committee Records, p. 42）、1 条の議論においても、Grumbach（フランス）は Maritain を引き合いに出して、権利の起源についての合意の不可能性と基本的権利に関す

る合意の可能性を主張していた（ibid., p. 117）。 Lindholm はこのことに正当な（過大ではない程度に）関心を払っているわけである。なお、"World War Two and the Universal Declaration" と題された 1993 年の論文では、Morsink は先の 1984 年の論文の立場（宣言の自然権的解釈）からは自分は少し離れつつあるということを注記している。これは、国際人権の創始者たちが人権の正当化根拠を「人間の本性」「自然」「神」等に求める自然法学説を宣言から明確に除いたということから、Lindholm が Morsink の自然権的解釈を批判していること（Lindholm, 1992, pp. 397-398）に対して述べられたものである。しかし、Morsink の 1993 年の論文は全体として、宣言の起源・出所を起草者たちの「第 2 次世界大戦」（ナチの残虐行為）という時代体験の直接性に求めすぎるあまり、UNESCO 報告書も過小に評価しすぎるのだと思われるわけである。

（注 37）なお、戦後社会がそれを基に打ち建てられるべき社会の基礎的観念は、personalist（社会は全体としてその尊厳が社会に先立つ人から構成される）・communal（人は自然に、その中においては、各人の権利を侵害しない限りにおいて、共通善が個人の善に優越するような共同体を志向する）・pluralist（人の尊厳はただ自律的な共同体の多元性の中においてのみ開花し得る）・theist or Christian（社会のすべてのメンバーが神を信じたり、キリスト教徒であるという意味においてではなくて、物事のリアリティーにおいて、神、すなわち人格の原理と目的・自然法の根源は、政治社会と人の間の権威の根源である）という四つの不可欠な特徴をもつべきだとする Jack Maritain の考え方については、Cassese, 1990, pp. 30-31 参照。

（注 38）ルソー、1954、p. 15。なお、その他にもこのような読み方をするものとして、アムネスティ・インターナショナル日本支部編、1993、p. 70 参照。

（注 39）GAOR, p. 922.

（注 40）Rawls, 1971, pp. 24-25 p. 30; 第 1 章の注 56 の Dworkin 参照。

（注 41）本章の注 38 のアムネスティ・インターナショナル日本支部編。

（注 42）E／CN.4／AC.1／3／Add.1, pp. 7-15. ここには人権委員会第 1 会期に

おける権利と義務の相関性を強調する、Hodgeson（オーストラリア）・Wu（中国）・Ebeid（エジプト）・Dukes（イギリス）・Cassin（フランス）の発言が載せられている（E／CN.4／SR.9, pp. 3-4・SR.14, p. 2, pp. 4-6 参照）。

（注43）E／CN.4／AC1／SR.3, pp. 10-11.

（注44）E／CN.4／AC.1／SR.13, pp. 4-8.

（注45）E／CN.4／AC.2／SR.2, pp. 7-8; E／CN.4／SR.34, pp. 6-8. なお、これら人権委員会第2会期の全体会議で出された諸提案等（中国・イギリス・ウルグアイに加え合衆国）は、ジュネーブ草案へのコメントとして添付された（E／600, pp. 22-23）。

（注46）この条文に対するインド・イギリス共同修正案（E／CN.4／99）は次の通り――The exercise of the rights and freedoms set forth in this Declaration shall be subject only to such restrictions as are necessary to secure due regard for the rights of others and the welfare and security of all. また、次のフランス案（E／CN.4／82／Add.8）も考慮に入れられた――Man owes duties to the society which allows him to shape and freely develop his personality. In their discharge, the right of each is limited only by the rights of others and by the just laws of the democratic State.

（注47）起草小委員会の提案（E／CN.4／111）は次の通り――1. Everyone has duties to the community which enables him freely to develop his personality. ／2. In his exercise of his rights, everyone shall be subject only to such limitations as are necessary to secure due recognition and respect for the rights of others and the requirements of general welfare in a democratic society.

（注48）以上の経過は E／CN.4／SR.50, pp. 16-17・SR.51, pp. 2-12・SR.52, pp. 2-3.

（注49）以上の経過は E／CN.4／SR.60, p. 7・SR64, pp. 4-5・SR.74, pp. 11-15.

（注50）本章の注（48）（49）の随所；E／CN.4／SR.75, p. 3・SR.77, pp. 2-3.

（注51）第3委員会における E27条への諸修正案は、Third Committee Records,

Annexes, pp. 42-44.

（注 52）以下の第 3 委員会における E27 条に関する議論は、Third Committee Records, pp. 642-665 をまとめたものである。

（注 53）合衆国案（A／C.3／223）によって、この条文の 2 項の用語を「権利<u>及び自由</u>」とし、また、先に触れたフランス案の"legitimate"を"just"とした。

結論

（注 1）Freeden, 1991, p. 34（邦訳、p. 56-57）.

（注 2）Cassin, 1951, pp. 279-283.

（注 3）アーレント『全体主義の起原』第 2 巻、pp. 270-290（「人権のアポリア」）。

（注 4）アレント、1994、第一章（「人間の条件」）。

（注 5）Walzer, 1983, pp. 33-34.

（注 6）アーレント『全体主義の起原』第 1 巻、p. viii。

（注 7）『法思想史』、1988、p. 204; 竹下、1987; アーレント『全体主義の起原』第 3 巻。

（注 8）世界人権宣言中央実行委員会他編、1993、p. 6。

第2部（補論）

（注 1）現在までに確認したところでは、「少数者の権利」条項削除の<u>全過程</u>を取り上げているものは、Verdoodt, 1963（pp. 287-299）; Morsink, 1999（pp. 269-280）; Eide et al. eds., 1999（pp. 701-723）ぐらいだと思われる。

（注 2）Kymlicka, 1995, pp. 2-3.

（注 3）ibid., pp. 5-6.

（注 4）ibid.. また、Beiner ed., 1995 所収のいくつかの論文を参照。

（注 5）「少数者の権利」問題についての今日的議論としては、他に Pejic, 1997 を参照。

（注 6）E／CN.4／SR.2, p. 4; 同 SR.9, p. 2.

（注 7）E／CN.4／AC.1／3／Add.1, pp. 409-416.

（注 8）以上の起草委員会第 1 会期の議論については、E／CN.4／AC.1／SR.5, p.

10; 同 SR.15, pp. 6-7; 同 SR.18, p. 10.

（注 9）以上の差別防止・少数者保護小委員会第 1 会期の議論については、E／CN.4／Sub.2／SR.10, pp. 2-6; E／CN.4／52, p. 9.

（注 10）以上の人権委員会第 2 会期の議論については、E／CN.4／AC.2／SR.9, p. 5, pp. 17-20; E／CN.4／SR.40, p. 16; E／CN.4／57, p. 16.

（注 11）E／CN.4／82, p. 19; 同 Rev.1, p. 9; 同 Add.2, p. 7; 同 Add.3, p,2; E／CN.4／85, p. 47.

（注 12）E／CN.4／82／Add.8, p. 6; E／CN.4／95, pp. 13-14; E／CN.4／99; E／CN.4／102.

（注 13）以上の人権委員会第 3 会期の議論については、E／CN.4／SR.73, pp. 5-13; 同 SR.74, pp. 3-4, pp. 5-6.

（注 14）E／800; A／C.3／307／Rev.1／Add.1-2; A／C.3／373.

（注 15）以上の第 3 委員会の議論については、Third Committee Records, pp. 716-736.

（注 16）GAOR, pp. 931-932, p. 935.

（注 17）"group-differentiated rights"という概念については、Beiner ed. op. cit., chap. 6（Iris Marion Toung）参照。

（注 18）Kymlicka op. cit., pp. 6-7, chap. 2.

（注 19）梶田編、1996、pp. 28-49（関根）参照。

（注 20）Chapelle, 1967, p. 23 参照。

（注 21）梶田編前掲書、p. 29。

（注 22）Kymlicka, op. cit., chap. 3.

（注 23）Donnelly, 1989, chap. 8 参照。

（注 24）Kymlicka, op. cit., chap. 4.

（注 25）Nickel, 1987, pp. 6-9 参照。

（注 26）E／CN.4／Sub.2／SR.4, pp.6-7; 同 SR.5, pp. 2-12; E／CN.4／Sub.2／38, p. 3.

（注 27）E／CN.4／AC.2／SR.9, p. 11; 同 SR.34, pp. 11-14; 同 SR.35, p. 15.

（注 28）E／CN.4／SR.21; E／CN.4／6.

（注 29）Humphrey, 1984, pp. 20-21.

（注 30）私は現在、一橋大学大学院法学研究科博士課程（憲法専攻）において、博士論文のテーマとして、かねてより関心をもっていたアンベードカル（Bhimrao Ramji Ambedkar, 1891-1956＝「不可触民」解放運動家・インド新仏教運動の創始者であると同時に、インド憲法の起草者）の憲法思想の研究に取り組んでいることを、ここに付記しておきたい。

［参考文献］

※国連文書・刊行物のみⅠに挙げ、その他の文献はすべてⅡにアルファベット
　順・50音順に並べる。

Ⅰ. 国連文書・刊行物

※以下の資料中、◆印のものはマイクロプリントカード（東京大学総合図書
　館国際資料室・国立国会図書館官庁国際機関資料室所蔵）及びマイクロフ
　ィッシュ（*Commission on Human Rights documents and publications:*
　1946-1960, Readex Microprint Corporation, 1987 [United Nations Law
　Library collection: Optional segments 2]）のものを使用（但し、●印の資料
　は除く）

A. 起草過程8段階の資料（＝以下は Morsink の8段階に従って配列してある
　ので、若干、相互にダブっている資料もある）

◆①人権委員会第1会期関係　E／CN.4／1-20; E／CN.4／SR.1-22; ●E／259.

◆②起草委員会第1会期関係　E／CN.4／AC.1／1-15; E／CN.4／AC.1／
　SR.1-19; E／CN.4／21.

◆③人権委員会第2会期関係　E／CN.4／21-79; E／CN.4／SR.23-45.
　E／CN.4／AC.2／SR.1-9; ●E／600.

◆④加盟国からの意見・提案　E／CN.4／82 and Add.1-12; E／CN.4／85.

◆⑤起草委員会第2会期関係　E／CN.4／AC.1／16-42; E／CN.4／AC.1／
　SR.20-44; E／CN.4／95.

◆⑥人権委員会第3会期関係　E／CN.4／80-154; E／CN.4／SR.46-81; ●E／
　800.

　⑦第3回国連総会・第3委員会記録　*Official Records of the Third Session*
　of the General Assembly, Part Ⅰ（*Third Commitee, Summary Records*
　of Meeting, 21 September-8 December 1948）and *Annexes*（＝引用の

際、Third Committee Records と略）.

⑧第3回総会本会議記録　*Official Records of Third Session of the General Assembly,* plenary meetings, pp. 852-934（＝引用の際、 GAOR と略）.

B. その他の文書及び刊行物

◆○女性の地位に関する委員会第2会期関係　E／CN.6／SR28.

◆○差別防止・少数者保護小委員会第1会期関係　E／CN.4／52; E／CN.4／Sub.2／SR.4・SR.5・SR.10; E／CN.4／52; E／CN.4／Sub.2／38, p. 3.

◆○経済社会理事会第7会期関係　E／SR.180, 201, 202, 215, 218.

○*Yearbook on Human Rights, for* 1947 (Klaus Reprint Co., 1973).

○*Yearbook on Human Rights, for* 1948 (Klaus Reprint Co., 1973).

○*Yearbook of the United Nations,* 1948-49.

○*Check List of United Nations Documents,* Part 6D: No.1, Commission on Human Rights,1947-1949, United Nations Library,1952.

○*Yearbook of the United Nations,* Special Edition, UN Fiftieth Anniversary 1945-1995.

○*The United Nations and Human Rights: 1945-1995* (The United Nations Blue Books Series vol. Ⅶ), 1995.

Ⅱ. その他の文献

○*A Source Book in Chinese Philosophy* (translated and compiled by Wing-Tsit Chan), Prinston University Press, 1963.

○Alston, Philip. The Universal Declaration at 35: Western and Pass or Alive and Universal, *The ICJ Review,* No. 31, December 1983.

————. Book Review of 'Human Rights and the United Nations: A Great Adventure', *Human Rights Quarterly* 6, 1984.

————. Making Space for New Human Rights: The Case of the Right to Development, *Harvard Human Rights Yearbook,* Vol. 1, 1988.

〇American Anthropological Association. Statement on Human Rights, *American Anthropologist* 49, 1947.

〇Bedau, Hugo Adam. Human Rights and Foreign Assistance Program, P.G. Brown & D. Maclean eds., *Human Rights and U. S. Foreign Policy,* Lexington Books, 1979.

〇Beiner, Ronald ed.. *Theorizing Citizenship,* State University of New York Press, 1995.

〇Beitz, Charles. Justice and International Relations, *Philosophy & Public Affairs* 4: 4 [1975 Summer].

　　―――. Human Rights and Social Justice, P. G. Brown & D. Maclean eds., *Human Rights and U. S. Foreign Policy,* Lexington Books, 1979.

　　―――（進藤榮一訳）『国際秩序と正義』岩波書店、1989。

〇Cassese, Antonio. *Human Rights in a Changing World,* Polity Press, 1990.

〇Cassin, René. La Déclaration Universelle et la Mise en Oeuvre des Droits de l'Homme, *Recueil des Cours,* 1951（Ⅱ）.

〇Chapelle, Philippe de la. *La déclaration universelle des droits de l'homme et le catholicisme,* Paris, Librairie Générale de Droit et de Jurisprudence, 1967.

〇Cranston, Maurice. *What Are Human Rights?,* New York, Taplinger Pub., 1973.

　　―――. Are There Any Human Rights?, *Daedalus* 112, 1983.

〇Donnelly, Jack. Human Rights as Natural Rights, *Human Rights Quarterly* 4, 1982.

　　―――. *Universal Human Rights in Theory and Practice,* Cornell University Press, 1989.

　　―――. Post-Cold War Reflections on the Study of International Human Rights, *Ethics & International Affairs,* 1994, 8.

〇Dworkin, Ronald. *Taking Rights Seriously,* Harvard University Press, 1977（＝ロナルド・ドゥウォーキン［木下・小林・野坂共訳］『権利論』木鐸社、

1986).

○Eide, Asbjørn et al. eds.. *The Universal Declaration of Human Rights: a commentary,* Scandinavian University Press, 1992.

　————. *The Universal Declaration of Human Rights: A Common Standard of Achievement,* Martinus Nijhoff Publishers, 1999.

○Feinberg, Joel. *Social Philosophy,* Prentice-Hall Inc., 1973.

○Freeden, Michael. *Rights,* Open University Press, 1991
　　（＝マイケル・フリーデン［玉木・平井訳］『権利』昭和堂、1992）.

○Gewirth, Alan. *Human Rights: Essays on Justification and Application,* The University of Chicago Press, 1982.

○Hart, H. L. A.. Are There Any Natural Rights?, *Philosophical Review* 64: 2, 1955 April.

○Humphrey, John. The Universal Declaration of Human Rights: Its History, Impact and Juridical Character, B. G. Ramcharan ed., *Human Rights: Thirty Years after the Universal Declaration,* Martinus Nijhoff *Publishers,* 1979.

　————. Memoirs of John P. Humphrey, *Human Rights Quarterly* 5, 1983.

　————. *Human Rights and United Nations: A Great Adventure,* Transnational Publishers, 1984.

○Johnson, M. J.. The Contributions of Eleanor and Franklin Roosevelt to the Development of International Protection for Human Rights, *Human Rights Quarterly* 9, 1987.

○Kymlicka, Will. *Multicultural Citizenship: A Liberal Theory of Minority Rights,* Clarendon Press・Oxford, 1995.

○Lauterpacht, H.. *International Law and Human Rights,* Archon Books, 1968.

○Lindholm, Tore. Prospects for Research on the Cultural Legitimacy of Human Rights, Abdullahi Ahmed An-Na'im ed., *Human Rights in*

Cross-Cultural Perspectives: A Quest for Consensus, University of Pennsylvania Press, 1992.

○Malik, Charles. The drafting of the Universal Declaration of Human Rights, *Bulletin of Human Rights* (UN) 1986.

○Morsink, Johannes. The Philosophy of the Universal Declaration, *Human Rights Quarterly* 6, 1984.

————. Women's Rights in the Universal Declaration, *Human Rights Quarterly* 13, 1991.

————. World War Two and the Universal Declaration, *Human Rights Quarterly* 15, 1993.

————. Book Review of 'The Universal Declaration of Human Rights: a commentary', *Human Rights Quarterly* 17, 1995.

————. *The Universal Declaration of Human Rights: Origins, Drafting, and Intent,* University of Pennsylvania Press, 1999.

○Nickel, James W.. *Making Sense of Human Rights: Philosophical Reflections on the Universal Declaration of Human Rights,* University of California Press, 1987.

○Pejic, Jelena. Minority Rights in International Law, *Human Rights Quarterly* 19, 1997.

○Rawls, John. *A Theory of Justice,* Harvard University Press, 1971.

○Robinson, Neheimiah. *Universal Declaration of Human Rights: its origins, significance and interpretation,* New York, Institute of Jewish Affairs, 1950.

○Shue, Henry. Rights in the Light of Duties, P. G. Brown & D. MacLean eds., *Human Rights and U.S. Foreign Policy,* Lexington Books, 1979.

————. *Basic Rights: Subsistence, Affluence, and U. S. Foreign Policy,* Princeton University Press, 1980.

○Sieghart, Paul. *The International Law of Human Rights,* Oxford: Clarendon Press, 1983.

○UNESCO. *Human Rights: Comments and Interpretations,* Allan Wingate, 1949（＝ユネスコ編［平和問題談話会訳］『人間の権利』岩波書店、1951）．

○Vance, Cyrus. Human Rights and Foreign Policy, *The Department of State Bulletin* [U. S.] Vol. 76, No. 1978, 1977 [May 23].

○Verdoodt, Albert. *Naissance et signification de la déclaration universelle des droits de l'homme,* Société d'Êtudes Morales, Sociales et Juridiques, Louvain Êditions Nauwelaerts, Louvain-Paris, 1963.

○Vincent, R.J.. *Human Rights and International Relations,* Cambridge University Press, 1986.

○Walzer, Michael. *Spheres of Justice,* BasicBooks, 1983.

○Wasserstorm, Richard. Rights, Human Rights, and Racial Discrimination, *Journal of Philosophy* 61: 20, 1964 October.

○Wetlesen, Jon. Inherent Dignity as a Ground for Human Rights: A Dialogical Approach, *Archiv für Recht-und Sozialphilosophie* 41, 1990.

○アムネスティ・インターナショナル日本支部編『わたしの訳・世界人権宣言』明石書店、1993。

○尾高朝雄「世界人権宣言と自然法」尾高編『田中先生還暦記念　自然法と世界法』有斐閣、1954。

○外務省外務報道官『世界人権宣言と国際人権規約──世界人権宣言40周年に当たって──』、1988。

○外務省條約局『條約集（第二十七集・第四十三巻)』(778)、1949。

○外務省條約局国際協力課編『「人権に関する世界宣言」成立の経緯』(国際連合基礎資料第一巻第六号)、1951。

○梶田孝道編『国際社会学──国家を超える現象をどうとらえるか──』名古屋大学出版会、1996（第2版)。

○カタリナ・トマチェフスキー（宮崎繁樹・久保田洋監訳）『開発援助と人権』国際書院、1992。

○カーレル・バサック編『ユネスコ版　人権と国際社会（上)』(財)庭野平和財

　　団・(財)世界宗教者平和会議日本委員会、1984。

○G.グティエレス（関望・山田経三訳）『解放の神学』岩波現代選書、1985。

○久保田洋『実践国際法』三省堂、1986。

○国際人権法学会『国際人権』No. 10、1999。

○齋藤純一「民主主義と複数性」『思想』867、1996。

○斎藤恵彦『世界人権宣言と現代——新国際人道秩序の展望——』有信堂、1984。

○佐々木允臣『人権の創出——ルソー、マルクスと現代人権論——』文理閣、
　　1990。

○佐藤優「国連世界人権会議」『国際人権』No. 5、1994。

○寿台順誠「アンベードカルの憲法思想・序論——インドにおける憲法文化の
　　確立——」『マハーラーシュトラ』6、2000。

○世界人権宣言中央実行委員会・反差別国際運動日本委員会編『わたしの世界
　　人権宣言』部落解放研究所、1993。

○関之『近代人権宣言論』勁草書房、1965。

○竹内芳郎『意味への渇き——宗教表象の記号学的考察——』筑摩書房、1988。
　　————『ポスト＝モダンと天皇教の現在——現代文明崩壊期に臨んで—
　　—』筑摩書房、1989。

○竹下賢「カウフマン——再生した自然法論」長尾龍一編『現代の法哲学者た
　　ち』日本評論社、1987。

○田中成明・竹下賢・深田三徳・兼子義人『法思想史』有斐閣Sシリーズ、1988。

○田畑茂二郎『世界人権宣言』アテネ文庫、1951。
　　————『人権と国際法』日本評論新社、1952。
　　————『国際化時代の人権問題』岩波書店、1988。
　　————『国際法新講（上）』東信堂、1990。
　　————「国際人権法研究雑記（二）」『GLOBE』1996春。

○田畑茂二郎・竹本正幸・松井芳郎・薬師寺公夫『国際人権条約・宣言集（第
　　二版）』東信堂、1994。

○田村幸策『世界人権宣言』炉辺文庫（日本ユネスコ協会連盟）、1953。

○友永建三『人権とは？——国際人権規約と日本——』部落解放研究所、1992。

○日本国際問題研究所『国際問題』No. 459、1998。

○日本ユネスコ国内委員会『世界人権宣言に関する文献目録』1960。

○ハンナ・アーレント（大島通義・大島かおり訳）『全体主義の起原』（全3巻・新装版）みすず書房、1981。

　　　————アレント（志水速雄訳）『人間の条件』ちくま学芸文庫、1994。

○宮沢俊義『憲法II（新版）』有斐閣、1971。

○山本武彦／藤原保信／ケリー・ケネディ・クオモ編『国際化と人権——日本の国際化と世界人権体制の創造——』国際書院、1994。

○ユネスコ（釘本久春訳）『世界人権宣言と教育——世界理解のために——』古今書院、1957。

○ルソー（桑原武夫・前川貞次郎訳）『社会契約論』岩波文庫、1954。

［資料］

....

A. Draft Outline of an International Bill of Human Rights (Prepared by the Division of Human Rights of the Secretariat), E／CN.4／21, Annex A.

The Preamble shall refer to the four freedoms and to the provisions of the Charter relating to human rights and shall enunciate the following principles:

1. that there can be no peace unless human rights and freedoms are respected;

2. that man does not have rights only; he owes duties to the society of which he forms part;

3. that man is a citizen both of his State and of the world;

4. that there can be no human freedom or dignity unless war and the threat of war is abolished.

Art.1. Every one owes a duty of loyalty to his State and to the [international society] United Nations. He must accept his just share of responsibility for the performance of such social duties and his share of such common sacrifices as may contribute to the common good.

Art.2. In the exercise of his rights every one is limited by the rights of others and by the just requirements of the State and of the United Nations.

Art.3. Everyone has the right to life. This right can be denied only to persons who have been convicted under general law of some crime to which the death penalty is attached.

Art.4. No one shall be subjected to torture, or to any unusual punishment or indignity.

Art.5. Every one has the right to personal liberty.

Art.6. No one shall be deprived of his personal liberty save by a judgement of a court of law, in conformity with the law and after a fair public trial at which he has had an opportunity for a full hearing, or pending his trial which must take place within a reasonable time after his arrest. Detention by purely executive order shall be unlawful except in time of national emergency.

Art.7. Every one shall be protected against arbitrary and unauthorized arrest. He shall have the right to immediate judicial determination of the legality of any detention to which he may be subject.

Art.8. Slavery and compulsory labour are inconsistent with the dignity of man and therefore prohibited by this Bill of Rights. But a man may be required to perform his just share of any public service that is equally incumbent upon all, and his right to a livelihood is conditioned by his duty to work. Involuntary servitude may also be imposed as part of a punishment pronounced by a court of law.

Art.9. Subject to any general law adopted in the interest of national welfare or security, there shall be liberty of movement and free choice of residence within the borders of each State.

Art.10. The right of emigration and expatriation shall not be denied.

Art.11. No one shall be subjected to arbitrary searches or seizures, or to unreasonable interference with his person, home, family relations, reputation, privacy, activities, or personal property. The secrecy of correspondence shall be respected.

Art.12. Every one has the right to a legal personality. No one shall be restricted in the exercise of his civil rights except for reasons based on age or mental condition or as a punishment for a criminal offence.

Art.13. Every one has the right to contract marriage in accordance with the laws of the State.

Art.14. There shall be freedom of conscience and belief and of private and public religious worship.

Art.15. Every one has the right to form, to hold, to recieve and to impart opinions.

Art.16. There shall be free and equal access to all sources of information both within and beyond the borders of the State.

Art.17. Subject only to the laws governing slander and libel, there shall be freedom of speech and of expression by any means whatsoever, and there shall be reasonable access to all channels of communication. Censorship shall not be permitted.

Art.18. There exists a duty towards society to present information and news in a fair and impartial manner.

Art.19. There shall be freedom of peaceful assembly.

Art.20. There shall be freedom to form associations for purposes not inconsistent with this Bill of Rights.

Art.21. Every one has the right to establish educational institutions in conformity with conditions laid down by the law.

Art.22. Every one has a right to own personal property.

His right to share in the ownership of industrial, commercial and other profit-making enterprises is governed by the law of the State within which such enterprises are situated.

The State may regulate the acquisition and use of private property and determine those things that are susceptible of private appropriation.

No one shall be deprived of his property without just compensation.

Art.23. No one shall be required to pay any tax or be subjected to any public charge that has not been imposed by the law.

Art.24. There shall be equal opportunity of access to all vocations and professions not having a public character.

Art25. Everything that is not prohibited by law is permitted.

Art.26. No one shall be convicted of crime except by judgement of a court of law, in conformity with the law, and after a fair trial at which he has had an opportunity for a full public hearing.

Nor shall anyone be convicted of crime unless he has violated some law in effect at the time of the act charged as an offence, nor be subjected to a penalty greater than that applicable at the time of the commission of the offence.

Art.27. There shall be access to independent and impartial tribunals for the determination of rights and duties under the law.

Every one has the right to consult with and to be represented by counsel.

Art.28. Every one has the right, either individually or in association with others, to petition the government of his State or the United Nations for redress of grievance.

Art.29. Every one has the right, either individually or with others, to resist oppression and tyranny.

Art.30. Every one has the right to take an effective part in the government of the State of which he is a citizen. The State has a duty to conform to the wishes of the people as manifested by democratic elections. Elections shall be periodic, free and fair.

Art.31. Every one shall have equal opportunity of access to all public functions in the State of which he is a citizen.

Appointments to the civil service shall be by competitive examination.

Art.32. Every one has the right to a nationality.

Every one is entitled to the nationality of the State where he is born unless and until on attaining majority he declares for the nationality open to him by virtue of descent.

No one shall be deprived of his nationality by way of punishment or be deemed to have lost his nationality in any other way unless he concurrently acquires a new nationality

Every one has the right to renounce the nationality of his birth, or a previously acquired nationality, upon acquiring the nationality of another State.

Art.33. No alien who has been legally admitted to the territory of a State may be expelled therefrom except in pursuance of a judicial decision or recommendation as a punishment for offences laid down by law as warranting expulsion.

Art.34. Every State shall have the right to grant asylum to political refugees.

Art.35. Every one has the right to medical care. The State shall promote public health and safety.

Art.36. Every one has the right to education.

Each State has the duty to require that every child within its territory receive a primary education. The State shall maintain adequate and free facilities for such education. It shall also promote facilities for higher education without distinction as to the race, sex, language, religion, class or wealth of the persons entitled to benefit therefrom.

Art.37. Every one has the right and the duty to perform socially useful work.

Art.38. Every one has the right to good working conditions.

Art.39. Every one has the right to such equitable share of the national income as the need for his work and the increment it makes to the common welfare may justify.

Art.40. Every one has the right to such public help as may be necessary to make it possible for him to support his family.

Art.41. Every one has the right to social security. The State shall maintain effective arrangements for the prevention of unemployment and for insurance against the risks of unemployment, accident, disability, sickness, old age and other involuntary or undeserved loss of livelihood.

Art.42. Every one has the right to good food and housing and to live in surroundings that are pleasant and healthy.

Art.43. Every one has the right to a fair share of rest and leisure.

Art.44. Every one has the right to participate in the cultural life of the community, to enjoy the arts and to share in the benefits of science.

Art.45. No one shall suffer any discrimination whatsoever because of race, sex, language, religion, or political creed. There shall be full equality before the law in the enjoyment of the rights enunciated in this Bill of Rights.

Art.46. In States inhabited by a substantial number of persons of a race, language or religion other than those of the majority of the population, persons belonging to such ethnic, linguistic or religious minorities shall have the right to establish and maintain, out of an equitable proportion of any public funds available for the purpose, their schools and cultural and religious institutions, and to use their own language before the courts and other authorities and organs of the State and in the Press and in public assembly.

Art.47. It is the duty of each Member State to respect and protect the rights enunciated in this Bill of Rights. The State shall, when necessary, co-operate with other States to that end.

Art.48. The provisions of this International Bill of Rights shall be deemed fundamental principles of international law and of the national law of each of the Member States of the United Nations. Their observance is therefore a matter of international concern and it shall be within the jurisdiction of the United Nations to discuss any violation thereof.

....

B. Suggestions submitted by the Representative of France for Articles of the International Declaration of Human Rights, E/CN.4/21, Annex D.

Preamble

Whereas:

1. Ignorance and contempt of human rights have been among the principal causes of the sufferings of humanity and particularly of the massacres which have polluted the earth in two world wars;

2. There can be no peace unless human rights and freedoms are respected and, conversely, human freedom and dignity cannot be respected as long as war and the threat of war are not abolished;

3. It was proclaimed as the supreme aim of the recent conflict that human beings should enjoy freedom of speech and worship and be free from fear and want;

4. In the Charter of 26 June 1945 we reaffirmed our faith in fundamental human rights, in the dignity and worth of the human person and in the equal rights of men and women;

5. It is one of the purposes of the United Nations to achieve international co-operation in promoting and encouraging respect for human rights and fundamental freedoms for all without distinction as to race, sex, language, or religion;

6. The enjoyment of such rights and freedoms by all persons must be protected by the community of nations and guaranteed by international as well as municipal law,

Now, therefore, we the Peoples of the United Nations have resolved to define in a solemn Declaration the essential rights and fundamental freedoms of man, so that this Bill, being constantly present in the minds of all men, may unceasingly remind them of their rights and duties, and so that the United Nations and its Members may constantly apply the principles hereby formulated,

And we have therefore adopted the following Bill:

Chapter 1 GENERAL PRINCIPLES

Art.1. All men, being members of one family are free, possess equal dignity and rights, and shall regard each other as brothers.

Art.2. The object of society is to enable all men to develop, fully and in security, their physical, mental and moral personality, without some being sacrificed for the sake of others.

Art.3. As human beings cannot live and achieve their objects without the help and support of society, each man owes to society fundamental duties which are: obedience to law, exercise of a useful activity, acceptance of the burdens and sacrifices demanded for the common good.

Art.4. The rights of all persons are limited by the rights of others.

Art.5. The law is the same for all. It applies to public authorities and judges in the same way as to private persons. Anything not prohibited by law is permissible.

Art.6. The rights and freedoms hereinafter declared shall apply to all persons. No person shall suffer discrimination by reasons of his race, sex, language, religion, or opinions.

Chapter 2   RIGHTS TO LIFE AND PHYSICAL INVIOLABILITY

Art.7. Every human being has the right to life and to the respect of his physical inviolability.

No person, even if found guilty, may be subjected to torture, cruelty, or degrading treatment.

Chapter 3   PERSONAL FREEDOMS

Art.8. Everyone has the right to personal liberty and security.

Art.9. Private life, the home, correspondence and reputation are inviolable and protected by law.

Art.10. No person may be arrested or detained save in cases provided for and in accordance with the procedure prescribed by law. Any person arrested or detained shall have the right to immediate judicial determination of the legality of the proceedings taken against him.

Art.11. Every accused shall be presumed innocent until found guilty.

No person may be punished except in pursuance of a judgement of an independent and impartial court of law, delivered after a fair and public trial, at which he has had a full hearing or has been legally summoned, and has been given all the guarantees necessary for his defence.

Art.12. No person may be convicted of a crime unless he has violated a law in force at the time of the act charged as an offence, nor suffer a penalty greater than that legally applicable at the time of the commission of the offence.

Art.13. Slavery, being inconsistent with human dignity, is prohibited.
No public authority may exact personal service or work except by virtue of the law and for the common interest.

Art.14. Subject to any general legislative measures adopted in the interest of security and the common good, there shall be liberty of movement and free choice of residence within the State; individuals may also freely emigrate or expatriate themselves.

Chapter 4   LEGAL STATUS
Art.15. Every individual has a legal personality everywhere.

Art.16. No person may be deprived of the personal exercise of his civil rights except in virtue of a general law based on considerations of age, or of a mental or other condition requiring protection, or as a punishment for a criminal offence.

Art.17. Every person has the right to contract marriage in accordance with the laws.

Art.18. All private occupations or professions shall be open to all on equal terms.

Art.19. Every person has a right to own property.

No person shall be deprived of his property except in the public interest and in return for just compensation.

The State may determine the property capable of private appropriation and regulate the acquisition and use of such property.

The right to full or part ownership of any industrial, commercial or other profit-making private or collective enterprise, is governed by the law of the country within which such enterprise is situated.

Art.20. Every person shall have access whether as plaintiff or defendant, to independent and impartial tribunals for the determination of his rights, liabilities and obligations under the law. He shall have the right to obtain legal advice and, if necessary, to be represented by counsel.

Chapter 5 PUBLIC FREEDOMS

Art.21. The personal freedom of conscience, belief and opinion is an absolute and sacred right.

The practice of a private or public creed and the expression of conflicting convictions may not be subjected to any restraints except those necessary to protect public order, morality and the rights and freedoms of others.

Art.22. No person may be molested for his opinions, even if they derive from other than national sources.

Every person is equally free to change, affirm, or impart his opinion, or to hear and discuss the opinions of others.

Art.23. There shall be freedom of expression by word of mouth, in writing, in the Press, in books or by visual, audible or other means; provided, however, that the author, and the publishers, printers and others concerned shall be answerable for any abuse of this right by defamation of character or failure to present information and news in a true and impartial manner.

Art.24. The freedom of assembly and of association for political, cultural, scientific, sporting, economic and social purposes compatible with this Bill is recognized and guaranteed, subject only to the protection of public order.

Art.25. No State may deny any individual the right, either for himself or in association with others, to petition the authorities or Government of his country or of his residence, or the United Nations, for the redress of grievances.

Art.26. Whenever a Government seriously or systematically violates the fundamental human rights and freedoms, individuals and peoples have the right to resist oppression and tyranny, without prejudice to their right of appeal to the United Nations.

Chapter 6   POLITICAL RIGHTS

Art.27. Every person has an equal right to take part, directly or through his representatives, in the formation of the law, the institution of the taxes necessary for public expenditure and generally the government of the State of which he is a citizen. Each citizen shall bear his share of public expenses according to his means.

Art.28. The Government shall conform to the wishes of the people, as expressed in democratic elections. Elections shall be periodic, free and fair.

Art29. The protection of human rights requires a public force. Such force shall be instituted for the service of all and not for the private use of those to whom it is entrusted. Each citizen should regard it as an honour to perform military service in

States where such service exists.

Art.30. All public offices shall be open to all citizens equally; such offices may not be considered as privileges or favours, but should be granted to the albest on the basis of competitive examinations or on the grounds of their qualifications.

Art.31. There can be no guarantees of human rights where the authors of or accessories to arbitrary acts go unpunished and where there is no provision establishing the liability of public authorities or their agents.

Chapter 7   NATIONALITY AND PROTECTION OF ALIENS
Art.32. Every person has the right to a nationality.
It is the duty of the United Nations and Member States to prevent statelessness as being inconsistent with human rights and the interests of the human community.

Art.33. Every State has the right to grant asylum to political refugees.

Art.34. No alien legally admitted to the territory of a State may be expelled therefrom without being given a hearing. If his residence is of at least one year's standing, his expulsion may not take place except in pursuance of a judicial decision or recommendation for reasons recognized by law.

Chapter 8   SOCIAL, ECONOMIC AND CULTURAL RIGHTS
Art.35. All persons have the right and the duty to do work useful to society and to develop their personalities fully.

Art.36. Services may be hired for a term, but no person may alienate his person or place himself in a state of servitude to another.

Art.37. Human labour is not a chattel. It must be performed in suitable conditions. It must be justly remunerated according to its quality, duration and purpose, and must yield a decent standard of living to the worker and his family.

Art.38. Every worker has the right to protect his professional interests. In particular, he may, either in person or through his representatives or his trade union organization, take part in the collective determination of conditions of work, the preparation of general plans of production or distribution, and in the supervision and management of the undertaking in which he works.

Art.39. Every human being has the right to assistance from the community to protect his health. General measures should, in addition, be taken to promote public hygiene and the betterment of housing conditions and nutrition.

Art.40. Every person has the right to social security. The community should take steps to prevent unemployment and to organize with contributions from those concerned, insurance against disability, illness, old age and all other involuntary and undeserved loss of work and of livelihood.

Mothers and children have the right to special attention, care and resources.

Art.41. All persons have an interest in learning and a right to education. Primary education is obligatory for children and the community shall provide appropriate and free facilities for such education.

Access to higher education should be facilitated by the grant of equal opportunities to all young persons and adults without distinction as to race, sex, language, religion, social standing or financial means.

Vocational and technical training should be generalized.

Art.42. Every person has the right to a fair share of rest and leisure and to a knowledge of the outside world.

Every person has the right to participate in the cultural life of the community, to enjoy the arts and to share in the benefits of science.

Art.43. The authors of all artistic, literary and scientific works and inventors shall retain, in addition to the just remuneration of their labour, a moral right to their work or discovery which shall not disappear even after such work or discovery has become the common property of mankind.

Art.44. In all countries where there are substantial communities of a race, language or religion other than that of the majority of the inhabitants, persons belonging to such ethnical, linguistic or religious minorities shall have the right, within the limits required by public order, to open and maintain schools and religious or cultural institutions. Subject to the same limitations, they may use their language in the Press, at public meetings and when appearing before the courts or other authorities of the State.

Art.45. The provisions of the present International Bill of Human Rights are part of the fundamental principles of international law and shall become an integral part of the municipal law of the States Members of the United Nations; their application is a matter of concern to public international order, and the United Nations is competent to take cognizance of violations of the said provisions.

Art.46. Each State Member of the United Nations has the duty to take such legal measures and make such legal arrangements as may be necessary within the scope of its jurisdiction to apply and ensure respect for the rights and freedoms proclaimed in the present Bill. If necessary, Members shall co-operate to this end.

The United Nations and its specialized agencies shall recommend all such international conventions, and shall each take such measures as may be necessary to give full effect to the provisions of the Charter and of the present Bill to safeguard these rights and freedoms throughout the world.

....

C. Suggestions of the Drafting Committee for Articles of an International Declaration on Human Rights, E/CN.4/21, Annex F.

Article 1

All men are brothers. Being endowed with reason and conscience, they are members of one family. They are free, and possess equal dignity and rights.

Article 2, 3 and 4

First alternative (three articles)

Article 2   The object of society is to afford each of its members equal opportunity for the full development of his spirit, mind and body.

Article 3   As human beings cannot live and develop themselves without the help and support of society, each one owes to society fundamental duties which are: obedience to law, exercise of a useful activity, willing acceptance of obligations and sacrifices demanded for the common good.

Article 4   In the exercise of his rights, everyone is limited by the rights of others.

Second alternative (one article only)

Article 2   These rights are limited only by the equal rights of others. Man also owes duties to society throuth which he is enabled to develop his spirit, mind and body in wider freedom.

Article 5

All are equal before the law and entitled to equal protection of the law. Public authorities and judges, as well as individuals are subject to the rule of law.

Article 6

Every one is entitled to the rights and freedoms set forth in this Declaration, without distinction as to race, sex, language, or religion.

(1. The Drafting Committee suggested that this matter be referred to the Sub-Commission on the Prevention of Discrimination and the Protection of Minorities, for through consideration. 2. The view was expressed that the substance of this article might be included in the Preamble to the Declaration, in which case it could be omitted here.)

Article 7

Every one has the right to life, to personal liberty and to personal security.

Additional text (Chilean proposal)

Unborn children and incurables, mentally defectives and lunatics, shall have the right to life.

All persons shall have the right to the enjoyment of conditions of life enabling them to live in dignity and to develop their personality adequately.

Persons unable to maintain themselves by their own efforts shall be entitled to maintenance and assistance.

Alternative text (Lebanon)

Every one has the right to life and bodily integrity from the moment of conception, regardless of physical or mental condition, to liberty and security of person.

Article 8

No one shall be deprived of his personal liberty or kept in custody except in cases prescribed by law and after due process. Every one placed under arrest or detention shall have the right to immediate judicial determination of the legality of any detention to which he may be subject.

(1. There was a feeling in the Drafting Committee that articles 8, 9 and 10 would need to be reconsidered in the light of any convention that might be recommended for adoption. 2. The Representative of the United States felt that the following alternative wording for the second sentence might be considered:

"Every one placed under arrest or detention shall have the right to release on bail and if there is a question as to the correctness of the arrest shall have the right to have the legality of any detention to which he may be subject determined in a reasonable time.")

Article 9

No one shall be held guilty of any offence until legally convicted.

No one shall be convicted or punished for any offence except by judgement of an independent and impartial court of law, rendered in conformity with law after a fair and public trial at which he has had an opportunity for a full hearing and has been given all guarantees necessary for his defence.

Article 10

No one can be convicted of crime unless he has violated some law in effect at the time of the act charged as an offence nor be subjected to a penalty greater than that applicable at the time of the commission of the offence.

No one, even if convicted for a crime, can be subjected to torture.

Article 11

Slavery, which is inconsistent with the dignity of man, is prohibited in all its forms.

(1. The consensus of opinion of the Drafting Committee was that the substance of the following sentence, which formed a part of this article, might be included and elaborated in a Convention:

"Public authority may impose a personal service or work only by application of a law and for the common interest.")

Article 12

The privacy of the home and of correspondence and respect for reputation shall be protected by law.

Alternative Text (Chile and France)

The inviolability of privacy, home, correspondence and of reputation shall be protected by law.

Article 13

There shall be liberty of movement and free choice of residence within the borders of each State. This freedom may be regulated by any general law adopted in the interest of national welfare and security.

Individuals may freely emigrate or renounce their nationality.

(The Committee expressed the opinion that this text should be passed on to the Sub-Commission on Prevention of Discrimination and Protection of Minorities for further consideration.)

Article 14

Every one has the right to escape persecution on grounds of political or other beliefs or on grounds of racial prejudice by taking refuge on the territory of any State willing to grant him asylum.

Article 15

Every one has the right to a status in law and to the enjoyment of fundamental civil rights.

Every one shall have access to independent and impartial tribunals for the determination of his rights, liabilities and obligations under the law. He shall have the right to consult with and to be represented by counsel.

(1. In considering this article the Drafting Committee discussed the right to contract marriage, but decided to wait until the Sub-Commissionon on Prevention of Discrimination and the Protection of Minorities had reviewed recommendations made on this subject by the Commission on the Status of Women and had reported back to the Commission on Human Rights on its findings.   2. The Representative of France suggested the following text in French to replace the second sentence of the second paragraph of this article:"Il aura le droit d'être assisté et, toutes les fois que sa comparution personnelle ne sera pas exigée par la loi, representé par un conseil.")

Article 16

There shall be equal opportunity for all to engage in all vocations and professions not constituting public employment.

(The Drafting Committee expressed the opinion that the rights of foreigners in relation to this article should be the subject of a Convention.)

Article 17

Every one has a right to own personal property.

No one shall be deprived of his property except far public welfare and with just compensation.

The State may determine those things, rights and enterprises, that are susceptible of private appropriation and regulate the acquisition and use of such property.

(1. The Representative of the United States stated the opinion that it was sufficient to say, "Every one has a right to own property" and objected to the use of the word "personal" as qualifying "property" because of its technical meaning (chattels as distinguished from real property) in English-American law.   2. The Representatives   of Australia and of the United Kingdom stated the opinion that the article should be deleted altogether.   3. The Representative of Chile felt that

the concept of the right to property, as stated in the Draft submitted by his Government, should be included.)

Article 18

Every one has the right to a nationality.

(The Drafting Committee expressed the opinion that this article should be considered at greater length as the subject of a Convention.)

Article 19

No alien legally admitted to the territory of a State may be expelled therefrom without having a fair hearing.

(Members of the Drafting Committee appreciated that the subject of the article constitutes a difficult problem and stated the opinion that it needed further consideration.)

Article 20

Individual freedom of thought and conscience, to hold or charge beliefs, is an absolute and sacred right.

The practice of a private or public worship, religious observances, and manifestations of differing convictions, can be subject only to such limitations as are necessary to protect public order, morals and the rights and freedoms of others.

Alternative text (United Kingdom)

1. Every person shall be free to hold any religious or other belief dictated by his conscience and to change his belief.

2. Every person shall be free to practice, either alone or in community with other persons of like mind, any form of religious worship and observance, subject only to such restrictions, penalties or liabilities as are strictly necessary to prevent the commission of acts which offend laws passed in the interests of humanity and morals, to preserve public order and to ensure the rights and freedoms of other

persons.

3. Subject only to the same restrictions, every person of full age and sound mind shall be free to give and receive any form of religious teaching and to endeavour to persuade other persons of full age and sound mind of the truth of his beliefs, and in the case of a minor the parent or guardian shall be free to determine what religious teaching he shall receive.

Article 21

Every one is free to hold or impart his opinion, or to receive and seek information and the opinion of others from sources wherever situated.

Alternative text (France)

The Representative of France suggested that this article read in French as follow:

"Personne ne peut être inquiété en raison de ses opinions.

"Chacun est libre de soutenir ou d'exprimer son opinion, de connaitre celle des autres, de recevoir ou de rechercher des informations à toutes les sources possibles."

Article 22

There shall be freedom of expression either by word, in writing, in the Press, in books or by visual, auditive or other means. There shall be equal access to all channels of communication.

(This would need to be considered by the Sub-Commission on Freedom of Information and of the Press for possible inclusion in the Convention or the Declaration and would have to be elaborated further.)

Article 23

There shall be freedom of peaceful assembly and of association for political, religious, cultural, scientific, professional and other purposes.

(This would need to be considered for possible inclusion in the Convention or the Declaration and would have to be elaborated further.)

Article 24

No State shall deny to any individual the right, either individually or in association with others, to petition or to communicate with the Government of his State or of his residence or the United Nations.

Article 25

When a Government, group or individual seriously or systematically tramples the fundamental human rights and freedoms, individuals and peoples have the right to resist oppression and tyranny.

(There was a substantial expression of opinion in favour of including this article in the Preamble instead of as an Article.)

Article 26

Everyone has the right to take an effective part in his Government directly or through his representatives.

Alternative text (Chile, France and Lebanon)

Everyone has the right to take an effective part directly or through his representatives in the formulation of law, the framing of a tax policy for public expenses and his government whether State or territorial.

Article 27

The State can derive its authority only from the will of the people and has a duty to conform to the wishes of the people. These wishes shall be manifested particularly by democratic elections, which shall be periodic, free, and by secret ballot.

Article 28

Every one shall have equal opportunity to engage in public employment and to hold public office in the State of which he is a citizen. Access to examinations for public employment shall not be a matter of privilege or favour.

(It was felt that the article might be referred to the Sub-Commission on Preventive of Discrimination and Protection of Minorities, after which it might be elaborated further.)

Article 29

Every one has the right to perform socially useful work.

Article 30

Human labour is not a merchandise. It shall be performed in good conditions and shall secure a decent standard of living to the worker and his family.

Article 31

Every one has the right to education. Primary education shall be free and compulsory. There shall be equal access for all to such facilities for technical, cultural and higher education as can be provided by the State or community on the basis of merit and without distinction as to race, sex, language, religion, social standing, political affiliation or financial means.

Article 32

Every one has the right to a fair share of rest and leisure.

Article 33

Every one, without distinction as to economic or social conditions, has a right to the highest attainable standard of health.

The responsibility of the State and community for the health and safety of its people can be fulfilled only by provision of adequate health and social measures.

(The Drafting Committee suggested that each Article referring to economic and social rights should be referred to the appropriate specialized agencies for their consideration and comment.)

Article 34

Every one has the right to social security. To the utmost of its possibilities, the State shall undertake measures for the promotion of full employment and for the security of the individual against unemployment, disability, old age and all other loss of livelihood for reasons beyond his control.

Mothers and children have the right to special regard, care and resources.

Article 35

Every one has the right to participate in the cultural life of the community, to enjoy the arts, and to share in the benefits that result from scientific discoveries.

(It was the opinion of some of the members that the thought behind this article should be included in the Preamble.)

Article 36

In States inhabited by a substantial number of persons of a race, language or religion other than those of the majority of the population, persons belonging to such ethnic, linguistic or religious minorities shall have the right as far as compatible with public order to establish and maintain their schools and cultural or religious institutions, and to use their own language in the Press, in public assembly and before the courts and other authorities of the State.

(In view of the supreme importance of this article to many countries, the Drafting Committee felt that it could not prepare a draft article without thorough pre-examination by the Commission on Human Rights and suggested that it might if necessary be referred to the Sub-Commission on Prevention of Discrimination and Protection of Minorities for examination of the minority aspects.)

<u>Footnote to this document</u>: The consensus of opinion of the Drafting Committee was that the substance of the following draft article might receive consideration for inclusion in an International Convention:

"Authors of all artistic, literary and scientific works and inventors shall retain, in addition to the just remuneration of their labour, a moral right on their work and/or discovery which shall not disappear, even after such work and/or discovery shall have become the common property of mankind."

....

D. Draft International Declaration on Human Rights, E/600, Annex A.

Article 1

All men are born free and equal in dignity and rights. They are endowed by nature with reason and conscience, and should act towards one another like brothers.

Article 2

In the exercise of his rights every one is limited by the rights of others and by the just requirements of the democratic State. The individual owes duties to society through which he is enabled to develop his spirit, mind and body in wider freedom.

Article 3

1. Every one is entitled to all the rights and freedoms set forth in this Declaration, without distinction of any kind, such as race (which includes colour), sex, language, religion, political or other opinion, property status, or national or social origin.

2. All are equal before the law regardless of office or status and entitled to equal protection of the law against any arbitrary discrimination, or against any incitement to such discrimination, in violation of this Declaration.

Article 4

Every one has the right to life, to liberty and security of person.

Article 5

No one shall be deprived of his personal liberty or kept in custody except in cases prescribed by law and after due process. Every one placed under arrest or detention shall have the right to immediate judicial determination of the legality of any detention to which he may be subject and to trial within a reasonable time or to release.

Article 6

Every one shall have access to independent and impartial tribunals in the determination of any criminal charge against him, and of his rights and obligations. He shall be entitled to a fair hearing of his case and to have the aid of a qualified representative of his own choice, and if he appears in person to have the procedure explained to him in a manner in which he can understand it and to use a language which he can speak.

Article 7

1. Any person is presumed to be innocent until proved guilty. No one shall be convicted or punished for crime or other offence except after fair public trial at which he has been given all guarantees necessary for his defence. No person shall be held guilty of any offence on account of any act or omission which did not constitute such an offence at the time when it was committed, nor shall he be liable to any greater punishment than that prescribed for such offence by the law in force at the time when the offence was committed.

2. Nothing in this article shall prejudice the trial and punishment of any person for the commission of any act which, at the time it was committed, was criminal

according to the general principles of law recognized by civilized nations.

3. No one shall be subjected to torture, or to cruel or inhuman punishment or indignity.

Article 8

Slavery, in all its forms, being inconsistent with the dignity of man, shall be prohibited by law.

Article 9

Every one shall be entitled to protection under law from unreasonable interference with his reputation, his privacy and his family. His home and correspondence shall be inviolable.

Article 10

1. Subject to any general law not contrary to the purposes and principles of the United Nations Charter and adopted for specific reasons of security or in general interest, there shall be liberty of movement and free choice of residence within the border of each State.

2. Individuals shall have the right to leave their own country and, if they so desire, to acquire the nationality of any country willing to grant it.

Article 11

Every one shall have the right to seek and be granted asylum from persecution. This right will not be accorded to criminals nor to those whose acts are contrary to the principles and aims of the United Nations.

Article 12

Every one has the right, everywhere in the world, to recognition as a person before the law and to the enjoyment of fundamental civil rights.

Article 13

1. The family deriving from marriage is the natural and fundamental unit of society. Men and women shall have the same freedom to contract marriage in accordance with the law.

2. Marriage and the family shall be protected by the State and society.

Article 14

1. Every one has the right to own property in conformity with the laws of the State in which such property is located.

2. No one shall be arbitrarily deprived of his property.

Article 15

Every one has the right to a nationality.

All persons who do not enjoy the protection of any Government shall be placed under the protection of the United Nations. This protection shall not be accorded to criminals nor to those whose acts are contrary to the principles and aims of the United Nations.

Article 16

1. Individual freedom of thought and conscience, to hold and charge beliefs, is an absolute and sacred right.

2. Every person has the right, either alone or in community with other persons of like mind and in public or private, to manifest his beliefs in worship, observance, teaching and practice.

(With regard to the following two articles, 17 and 18, the Commission decided not to elaborate a final text until it had before it the views of the Sub-Commission on Freedom of Information and of the Press and of the United Nations Conference on Freedom of Information.)

[Article 17]

(1. Every one is free to express and impart opinions, or to receive and seek information and the opinion of others from sources wherever situated.

2.No person may be interfered with on account of his opinions.)

[Article 18]

(There shall be freedom of expression either by word, in writing, in the Press, in books or by visual, auditive or other means. There shall be equal access to all channels of communication.)

Article 19

Every one has the right to freedom of peaceful assembly and to participate in local, national and international associations for purposes of a political, economic, religious, social, cultural, trade union or any other character, not inconsistent with this Declaration.

Article 20

Every one has the right, either individually, or in association with others, to petition or to communicate with the public authorities of the State of which he is a national or in which he resides, or with the United Nations.

Article 21

Every one without discrimination has the right to take an effective part in the government of his country. The State shall conform to the will of the people as manifested by elections which shall be periodic, free, fair and by secret ballot.

Article 22

1. Every one shall have equal opportunity to engage in public employment and

to hold public office in the State of which he is a citizen or a national.

2. Access to public employment shall not be a matter of privilege or favour.

Article 23

1. Every one has the right to work.

2. The State has a duty to take such measures as may be within its power to ensure that all persons ordinarily resident in its territory have an opportunity for useful work.

3. The State is bound to take all necessary steps to prevent unemployment.

Article 24

1. Every one has the right to receive pay commensurate with his ability and skill, to work under just and favourable conditions and to join trade unions for the protection of his interests in securing a decent standard of living for himself and his family.

2. Women shall work with the same advantages as men and receive equal pay for equal work.

Article 25

Every one without distinction as to economic and social conditions has the right to the preservation of his health through the highest standard of food, clothing, housing and medical care which the resources of the State or community can provide. The responsibility of the State and community for the health and safety of its people can be fulfilled only by provision of adequate health and social measures.

Article 26

1. Every one has the right to social security. The State has a duty to maintain or ensure the maintenance of comprehensive measures for the security of the individual against the consequence of unemployment, disability, old age and all

other loss of livelihood for reasons beyond his control.

2. Motherhood shall be granted special care and assistance. Children are similarly entitled to special care and assistance.

Article 27

Every one has the right to education. Fundamental education shall be free and compulsory. There shall be equal access for higher education as can be provided by the State or community on the basis of merit and without distinction as to race, sex, language, religion, social standing, financial means, or political affiliation.

Article 28

Education will be directed to the full physical, intellectual, moral and spiritual development of the human personality, to the strengthening of respect for human rights and fundamental freedoms and to the combating of the spirit of intolerance and hatred against other nations or racial or religious groups everywhere.

Article 29

1. Every one has the right to rest and leisure.

2. Rest and leisure should be ensured to every one by laws or contracts providing in particular for reasonable limitations on working hours and for periodic vacations with pay.

Article 30

Every one has the right to participate in the cultural life of the community, to enjoy the arts and to share in the benefits that result from scientific discoveries.

[Article 31]

(The Commission did not take a decision on the two texts that follow. They are reproduced here for further consideration.)

(Text proposed by the Drafting Committee:

In States inhabited by a substantial number of persons of a race, language or religion other than those of the majority of the population, persons belonging to such ethnic, linguistic or religious minorities shall have the right, as far as compatible with public order, to establish and maintain schools and cultural or religious institutions, and to use their own language in the Press, in public assembly and before the courts and other authorities of the State.)

(Text proposed by the Sub-Commission on Prevention of Discrimination and Protection of Minorities:

In States inhabited by well-defined ethnic, linguistic or religious groups which are clearly distinguished from the rest of the population, and which want to be accorded differential treatment, persons belonging to such groups shall have the right, as far as is compatible with public order and security, to establish and maintain their schools and cultural or religious institutions, and to use their own language and script in the Press, in public assembly and before the courts and other authorities of the State, if they so choose.)

Article 32

All laws in any State shall be in conformity with the purposes and principies of the United Nations as embodied in the Charter, insofar as they deal with human rights.

Article 33

Nothing in this Declaration shall be considered to recognize the right of any State or person to engage in any activity aimed at the destruction of any of the rights and freedoms prescribed herein.

....

E. Draft International Declaration of Human Rights, E/800.

Preamble

Whereas recognition of the inherent dignity and of the equal and inalienable rights of all members of the human family is the foundation of freedom, justice and peace in the world; and

Whereas disregard and contempt for human rights resulted, before and during the Second World War, in barbarous acts which outraged the conscience of mankind and made it apparent that the fundamental freedoms were one of the supreme issues of the conflict; and

Whereas it is essential, if mankind is not to be compelled as a last resort to rebel against tyranny and oppression, that human rights should be protected by a regime of law; and

Whereas the peoples of United Nations have in the Charter determined to reaffirm faith in fundamental human rights and in the dignity and worth of the human person and to promote social progress and better standards of life in larger freedom; and

Whereas Member States have pledged themselves to achieve, in co-operation with the Organization, the promotion of universal respect for and observance of human rights and fundamental freedoms; and

Whereas a common understanding of these rights and freedoms is of the greatest importance for the full realization of this pledge,

Now therefore the General Assembly

Proclaims this Declaration of Human Rights as a common standard of achievement for all peoples and all nations, to the end that every individual and every organ of society, keeping this Declaration constantly in mind, shall strive by teaching and education to promote respect for these rights and freedoms and by progressive measures, national and international, to secure their universal and effective recognition and observance, both among the peoples of Member States themselves and among the peoples of territories under their jurisdiction.

Article 1

All human beings are born free and equal in dignity and rights. They are endowed by nature with reason and conscience, and should act towards one another in a spirit of brotherhood.

Article 2

Everyone is entitled to all the rights and freedoms set forth in this Declaration, without distinction of any kind, such as race, colour, sex, language, religion, political or other opinion, property or other status, or national or social origin.

Article 3

Every one has the right to life, liberty and security of person.

Article 4

1. No one shall be held in slavery or involuntary servitude.

2. No one shall be subjected to torture or to cruel, inhuman or degrading treatment or punishment.

Article 5

Everyone has the right to recognition everywhere as a person before the law.

Article 6

All are equal before the law and are entitled without any discrimination to equal protection of the law against any discrimination in violation of this Declaration and against any incitement to such discrimination.

Article 7

No one shall be subjected to arbitrary arrest or detention.

Article 8

In the determination of his rights and obligations and of any criminal charge against him, everyone is entitled in full equality to a fair hearing by an independent and impartial tribunal.

Article 9

1. Everyone charged with a penal offence has the right to be presumed innocent until proved guilty according to law in a public trial at which he has had all the guarantees necessary for his defence.

2. No one shall be held guilty of any offence on account of any act or omission which did not constitute an offence, under national or international law, at the time when it was committed.

Article 10

No one shall be subjected to unreasonable interference with his privacy, family, home, correspondence or reputation.

Article 11

1. Everyone has the right to freedom of movement and residence within the borders of each State.

2. Everyone has the right to leave any country, including his own.

Article 12

1. Everyone has the right to seek and be granted, in other countries, asylum from persecution.

2. Prosecutions genuinely arising from non-political crimes or from acts contrary to the purposes and principles of the United Nations do not constitute persecution.

Article 13

No one shall be arbitrarily deprived of his nationality or denied the right to change his nationality.

Article 14

1. Men and women of full age have the right to marry and to found a family and are entitled to equal rights as to marriage.

2. Marriage shall be entered into only with the full consent of both intending spouses.

3. The family is the natural and fundamental group unit of society and is entitled to protection.

Article 15

1. Everyone has the right to own property alone as well as in association with others.

2. No one shall be arbitrarily deprived of his property.

Article 16

Everyone has the right to freedom of thought, conscience and religion; this right includes freedom to change his religion or belief, and freedom, either alone or in community with others and in public or private, to manifest his religion or belief in teaching, practice, worship and observance.

Article 17

Everyone has the right to freedom of opinion and expression; this right includes freedom to hold opinions without interference and to seek, receive and impart information and ideas through any media and regardless of frontiers.

Article 18

Everyone has the right to freedom of assembly and association.

Article 19

1. Everyone has the right to take part in the government of his country, directly or through his freely chosen representatives.

2. Everyone has the right of access to public employment in his country.

3. Everyone has the right to a government which conforms to the will of the people.

Article 20

Everyone, as a member of society, has the right to social security and is entitled to the realization, through national effort and international co-operation, and in accordance with the organization and resources of each State, of the economic, social and cultural rights set out below.

Article 21

1. Everyone has the right to work, to just and favourable conditions of work and pay and to protection against unemployment.

2. Everyone has the right to equal pay for equal work.

3. Everyone is free to form and to join trade unions for the protection of his interests.

Article 22

1. Everyone has the right to a standard of living, including food, clothing, housing and medical care, and to social services, adequate for the health and well-being of himself and his family and to security in the event of unemployment, sickness, disability, old age or other lack of livelihood in circumstances beyond his control.

2. Mother and child have the right to special care and assistance.

Article 23

1. Everyone has the right to education. Elementary and fundamental education shall be free and compulsory and there shall be equal access on the basis of merit to higher education.

2. Education shall be directed to the full development of the human personality, to strengthening respect for human rights and fundamental freedoms and to combating the spirit of intolerance and hatred against other nations and against racial and religious groups everywhere.

Article 24

Everyone has the right to rest and leisure.

Article 25

Everyone has the right to participate in the cultural life of the community, to enjoy the arts and to share in scientific advancement.

Article 26

Everyone is entitled to a good social and international order in which the rights and freedoms set out in this Declaration can be fully realized.

Article 27

1. Everyone has duties to the community which enables him freely to develop his personality.

2. In the exercise of his rights, everyone shall be subject only to such limitations as are necessary to secure due recognition and respect for the rights of others and the requirements of morality, public order and general welfare in a democratic society.

Article 28

Nothing in this Declaration shall imply the recognition of the right of any State or person to engage in any activity aimed at the destruction of any of the rights and freedoms prescribed herein.

[Note. The Commission has not considered the following article, since measures of implementation were not discussed in its third session.]
"Everyone has the right, either individually, or in association with others, to petition or to communicate with the public authorities of the State of which he is a national or in which he resides, or with the United Nations."

·····································

F. Universal Declaration of Human Rights, A/RES/217 A(III), 10 December 1948.

Preamble

Whereas recognition of the inherent dignity and of the equal and inalienable rights of all members of the human family is the foundation of freedom, justice and peace in the world,

Whereas disregard and contempt for human rights have resulted in barbarous acts which have outraged the conscience of mankind, and the advent of a world in which human beings shall enjoy freedom of speech and belief and freedom from fear and want has been proclaimed as the highest aspiration of the common people,

Whereas it is essential, if man is not to be compelled to have recourse, as a last resort, to rebellion against tyranny and oppression, that human rights should be protected by the rule of law,

Whereas it is essential to promote the development of friendly relations between nations,

Whereas the peoples of the United Nations have in the Charter reaffirmed their faith in fundamental human rights, in the dignity and worth of the human person and in the equal rights of men and women and have determined to promote social progress and better standards of life in larger freedom,

Whereas Member States have pledged themselves to achieve, in co-operation with the United Nations, the promotion of universal respect for and observance of human rights and fundamental freedoms,

Whereas a common understanding of these rights and freedoms is of the greatest importance for the full realization of this pledge,

Now, therefore,

The General Assembly

Proclaims this Universal Declaration of Human Rights as a common standard of achievement for all peoples and all nations, to the end that every individual and every organ of society, keeping this Declaration constantly in mind, shall strive by teaching and education to promote respect for these rights and freedoms and by progressive measures, national and international, to secure their universal and effective recognition and observance, both among the peoples of Member States themselves and among the peoples of territories under their jurisdiction.

Article 1

All human beings are born free and equal in dignity and rights. They are endowed with reason and conscience and should act towards one another in a spirit of brotherhood.

Article 2

Everyone is entitled to all the rights and freedoms set forth in this Declaration, without distinction of any kind, such as race, colour, sex, language, religion, political or other opinion, national or social origin, property, birth or other status.

Furthermore, no distinction shall be made on the basis of the political, jurisdictional or international status of the country or territory to which a person belongs, whether it be independent, trust, non-self-governing or under any other limitation of sovereignty.

Article 3

Everyone has the right to life, liberty and the security of person.

Article 4

No one shall be held in slavery or servitude; slavery and the slave trade shall be prohibited in all their forms.

Article 5

No one shall be subjected to torture or to cruel, inhuman or degrading treatment or punishment.

Article 6

Everyone has the right to recognition everywhere as a person before the law.

Article 7

All are equal before the law and are entitled without any discrimination to equal protection of the law. All are entitled to equal protection against any discrimination in violation of this Declaration and against any incitement to such discrimination.

Article 8

Everyone has the right to an effective remedy by the competent national tribunals for acts violating the fundamental rights granted him by the constitution or by law.

Article 9

No one shall be subjected to arbitrary arrest, detention or exile.

Article 10

Everyone is entitled in full equality to a fair and public hearing by an independent and impartial tribunal, in the determination of his rights and obligations and of any criminal charge against him.

Article 11

1. Everyone charged with a penal offence has the right to be presumed innocent until proved guilty according to law in a public trial at which he has had all the guarantees necessary for his defence.

2. No one shall be held guilty of any penal offence on account of any act or omission which did not constitute a penal offence, under national or international law, at the time when it was committed. Nor shall a heavier penalty be imposed than the one that was applicable at the time the penal offence was committed.

Article 12

No one shall be subjected to arbitrary interference with his privacy, family, home or correspondence, nor to attacks upon his honour and reputation. Everyone has the right to the protection of the law against such interference or attacks.

Article 13

1. Everyone has the right to freedom of movement and residence within the borders of each State.

2. Everyone has the right to leave any country, including his own, and to return to his country.

Article 14

1. Everyone has the right to seek and to enjoy in other countries asylum from persecution.

2. This right may not be invoked in the case of prosecutions genuinely arising from non-political crimes or from acts contrary to the purposes and principles of the United Nations.

Article 15

1. Everyone has the right to a nationality.

2. No one shall be arbitrarily deprived of his nationality nor denied the right to change his nationality.

Article 16

1. Men and women of full age, without any limitation due to race, nationality or religion, have the right to marry and to found a family. They are entitled to equal rights as to marriage, during marriage and at its dissolution.

2. Marriage shall be entered into only with the free and full consent of the intending spouses.

3. The family is the natural and fundamental group unit of society and is entitled to protection by society and the State.

Article 17

1. Everyone has the right to own property alone as well as in association with others.

2. No one shall be arbitrarily deprived of his property.

Article 18

Everyone has the right to freedom of thought, conscience and religion; this right includes freedom to change his religion or belief, and freedom, either alone or in community with others and in public or private, to manifest his religion or belief in teaching, practice, worship and observance.

Article 19

Everyone has the right to freedom of opinion and expression; this right includes freedom to hold opinions without interference and to seek, receive and impart information and ideas through any media and regardless of frontiers.

Article 20

1. Everyone has the right to freedom of peaceful assembly and association.

2. No one may be compelled to belong to an association.

Article 21

1. Everyone has the right to take part in the government of his country, directly or through freely chosen representatives.

2. Everyone has the right of equal access to public service in his country.

3. The will of the people shall be the basis of the authority of government; this will shall be expressed in periodic and genuine elections which shall be by universal and equal suffrage and shall be held by secret vote or by equivalent free voting procedures.

Article 22

Everyone, as a member of society, has the right to social security and is entitled to realization, through national effort and international co-operation, and in accordance with the organization and resources of each State, of the economic, social and cultural rights indispensable for his dignity and the free development of his personality.

Article 23

1. Everyone has the right to work, to free choice of employment, to just and favourable conditions of work and to protection against unemployment.

2. Everyone, without any discrimination, has the right to equal pay for equal work.

3. Everyone who works has the right to just and favourable remuneration ensuring for himself and his family an existence worthy of human dignity, and supplemented, if necessary, by other means of social protection.

4. Everyone has the right to form and to join trade unions for the protection of his interests.

Article 24

Everyone has the right to rest and leisure, including reasonable limitation of working hours and periodic holidays with pay.

Article 25

1. Everyone has the right to a standard of living adequate for the health and well-being of himself and of his family, including food, clothing, housing and medical care and necessary social services, and the right to security in the event of unemployment, sickness, disability, widowhood, old age or other lack of livelihood in circumstances beyond his control.

2. Motherhood and childhood are entitled to special care and assistance. All children, whether born in or out of wedlock, shall enjoy the same social protection.

Article 26

1. Everyone has the right to education. Education shall be free, at least in the elementary and fundamental stages. Elementary education shall be compulsory. Technical and professional education shall be made generally available and higher education shall be equally accessible to all on the basis of merit.

2. Education shall be directed to the full development of the human personality and to the strengthening of respect for human rights and fundamental freedoms.

It shall promote understanding, tolerance and friendship among all nations, racial or religious groups, and shall further the activities of the United Nations for the maintenance of peace.

3. Parents have a prior right to choose the kind of education that shall be given to their children.

Article 27

1. Everyone has the right freely to participate in the cultural life of the community, to enjoy the arts and to share in scientific advancement and its benefits.

2. Everyone has the right to the protection of the moral and material interests resulting from any scientific, literary or artistic production of which he is the author.

Article 28

Everyone is entitled to a social and international order in which the rights and freedoms set forth in this Declaration can be fully realized.

Article 29

1. Everyone has duties to the community in which alone the free and full development of his personality is possible.

2. In the exercise of his rights and freedoms, everyone shall be subject only to such limitations as are determined by law solely for the purpose of securing due recognition and respect for the rights and freedoms of others and of meeting the just requirements of morality, public order and the general welfare in a democratic society.

3. These rights and freedoms may in no case be exercised contrary to the purposes and principles of the United Nations.

Article 30

Nothing in this Declaration may be interpreted as implying for any State, group or person any right to engage in any activity or to perform any act aimed at the destruction of any of the rights and freedoms set forth herein.

［表］

［表1］ 世界人権宣言の起草過程

	経済社会理事会		総会・事務局
	人権委員会	理事会・女性委	
		小委員会	

草案準備過程	人権委員会	小委員会	理事会・女性委	総会・事務局
	1947・1・27〜2・10 ①人権委員会第1会期 ○章典の一般的議論 ○起草委構成の問題		1947・2・10〜2・24 女性の地位に関する 委員会第1会期	1947・2月〜6月の間 →事務局人権部 A．アウトライン 及び資料作成
	1947・6・9〜6・25 ②起草委員会第1会期 ○A．アウトライン← ○B．Cassin案 ○C．起草委員会案 ↓		1947・2・28〜3・29 経済社会理事会 第4会期	
		1947・11・24〜 12・6 差別防止・ 少数者保護 小委員会 第1会期		1947・9・16〜11・29 第2回総会
	1947・12・2〜12・17 ③人権委員会第2会期 ○Cの審議 ○D．ジュネーブ草案 ↓			
			1948・1・5〜1・19 女性の地位に関する 委員会第2会期	
	（事務局を通し） ④国連全加盟国に送付 ○加盟国の意見・提案 ↓	1948・1・19〜 2・3 情報と出版の 自由小委員会 第2会期	1948・2・2〜3・11 経済社会理事会 第6会期	1948・3・23〜4・21 情報の自由に関する 国連会議
草案審議過程	1948・5・3〜5・21 ⑤起草委員会第2会期 ○Dの審議 ↓			
	1948・5・24〜6・18 ⑥人権委員会第3会期 ○Dの審議 ○E．国際人権宣言草案		1948・6・19〜8・29 経済社会理事会 第7会期 →○Eを総会に送付	1948・9・30〜12・7 ⑦第3回総会第3委員会 →E．国際人権宣言草案 審議 ↓ 1948・12・10 ⑧総会本会議 F．世界人権宣言採択

※①〜⑧は Morsink, 1995 の8段階　　　　　　　　　　　　（寿台作成）

247

[表 2]　※ 第 1 章の注29参照。

A （＝A．アウトラインを中心にして見た場合の書く基礎文書における各条文の変遷＝以下同様）

Plan of the Draft Ourline of an International Bill of Rights (E/CN. 4 /AC. 1 / 3 /Add. 2.)	A	B	C	D	E	F
Preamble	○	○			○	○
Preliminary articles						
Duties towards Society	1	2・3	2・3	2	27	29
Limitation of Rights	2	4	4	2	27	29
Chapter I (Liberties)						
1．Rights to life and physical integrity of the person						
Right to life	3	7	7	4	3	3
No torture, cruelty or indignity	4	7	10	7	4	5
2．Liberty of the person						
Principle	5	8	7	4	3	3
Need for judgment of a court of law	6	10	8	5	7	9
Protection against arbitrary arrest	7	10	8	5	7	9
Prohibition of slavery and compulsory labour	8	13	11	8	4	4
Liberty of movement within the borders of the State	9	14	13	10	11	13
Freedom of emigration and expatriation	10		13	10	11	13
Liberty of and respect for private life	11	9	12	9	10	12
3．Civil status						
Right to possess a legal personality and to exercise civil rights	12	15・16	15	12	5	6
4．Marriage						
Right to contract marriage	13	17		13	14	16
5．Public liberties						
Freedom of conscience and freedom of religion	14	21	20	16	16	18
Freedom of opinion	15	22	21	17	17	19
Freedom of access to all sources of information	16		21	17・18	17	19
Freedom of speech and freedom of expression	17	23	22	18	17	19
Duty to present information fairly and impartially	18					
Freedom of Assembly	19	24	23	19	18	20
Freedom of association	20	24	23	19	18	20
Freedom of instruction	21					
6．Right to property						
The right-its limits	22	19	17	14	15	17
7．Taxation and public charges						
Principle	23					
8．Freedom of access to professions						
Principle	24	18	16			
9．Legal Principles						
Everything not prohibited by law is permitted	25	5				
Penalties-Necessity of a judgment-Principle of non-retroactivity	26	11・12	9・10	7	9	10
10．Remedies						
Access to Courts	27	20	15	6	8	10
Right to petition	28	25	24	20		
Right to resist oppression	29	26	25			
11．Political Rights						
Right to take part in the government of the State-Democracy	30	27・28	26・27	21	19	21
Right of access to public office	31	30	28	22	19	21
12．Nationality						
Right to a nationality-No loss of nationality without acquiring a new one-Right to renounce nationality	32	32	18	15	13	15
13．Aliens						
No arbitrary expulsion	33	34	19			
Right to asylum	34	33	14	11	12	14
Chapter II (Social Rights)						
Right to health	35	39	33	25	22	25
Right to education	36	41	31	27・28	23	26
Right to work	37	35	29	23	21	23
Right to good working conditions	38	36・37・38	30	24	21	23
Right to an equitable share of the national income	39					
Compensation for family responsibilities	40					
Right to social security	41	40	34	26	20	22
Right to food and housing	42	39		25	22	25
Right to rest and leisure	43	42	32	29	24	24
Right to participate in cultural, scientific and artistic life	44	42・43	35	30	25	27
Chapter III (Equality)						
No discrimination	45	5・6	5・6	3	2・6	2・7
Right of minorities to maintain special institutions with State aid	46	44	36	31		
Chapter IV (General dispositions)						
Duty of the State to respect and protect the rights enumerated	47	46		32		
Observance of these rights is a matter of international concern	48	45				
自由・平等・友愛　Free, Equal, Brotherhood	/／/	1	1	1	1	1
公権力（軍務）　Public force (Military service)	/／/	29				
恣意的な行為　Arbitrary acts	/／/	31				
権利及び自由を破壊する活動の不承認　Protection of Declaration against destruction of its aim	/／/			33	28	30
社会的及び国際的秩序への権利　Social and International order	/／/				26	28
基本権の侵害に対する救済　Remedy against violation of rights	/／/					8

248

B

A	Subject	B	C	D	E	F
○	Preamble	○			○	○
	Chapter 1 (General Principles)					
	Free, Equal, Brotherhood	1	1	1	1	1
	The object of society	2	2			
1	Fundamental duties	3	3	2	27	29
2	Limitation of rights	4	4	2	27	29
25・45	Equality before the law, Anything not prohibited by law is permibbible	5	5	3	6	7
45	Non-discrimination	6	6	3	2	2
	Chapter 2 (Right to life and phisical inviolability)					
3・4	Right to life, No torture	7	7・10	4・7	3・4	3・5
	Chapter 3 (Personal freedom)					
5	Right to personal liberty and security	8	7	4	3	3
11	Right to privacy	9	12	9	10	12
6・7	Non-arbitrary arrest	10	8	5	7	9
26	Presumption of innocence	11	9	7	9	11
26	Non-retroactivity	12	10	7	9	11
8	Prohibition of slavery	13	11	8	4	4
9・10	Freedom of movement	14	13	10	11	13
	Chapter 4 (Legal status)					
12	Right to recognition as a person before the law	15	15	12	5	6
12	Right to exercise civil rights	16				
13	Right to contract marriage	17		13	14	16
24	Freedom of acsess to professions	18	16			
22	Right to property	19	17	14	15	17
27	Fair trial	20	15	6	8	10
	Chapter 5 (Public freedoms)					
14	Freedom of conscience and belief	21	20	16	16	18
15	Freedon of opinion	22	21	17	17	19
16・17・18	Freedom of expression	23	22	18	17	19
19・20	Freedom of assembly and association	24	23	19	18	20
28	Right to petition	25	24	20		
29	Right to resist oppression	26	25			
	Chapter 6 (Political rights)					
30	Right to take part in the government	27	26	21	19	21
30	Democratic government	28	27	21	19	21
	Public force (military service)	29				
31	Access to public office	30	28	22	19	21
	Arbitrary acts	31				
	Chapter 7 (Nationality and Protection of aliens)					
32	Right to a nationality	32	18	15	13	15
34	Right to asylum	33	14	11	12	14
33	No arbitrary expulation	34	19			
	Chapter 8 (Social, economic and cultural rights)					
37	Right to work	35	29	23	21	23
38	No alienation	36				
38・40	Human labour is not a chattel	37	30	24	21	23
38・39	Right to protect his professional interests	38				
35・42	Right to health	39	33	25	22	25
41	Right to socia security	40	34	26	20	22
21・36	Right to education	41	31	27・28	23	26
43・44	Right to rest and leisure, right to participate in the cultural life	42	32・35	29・30	24・25	24・27
	Copyright	43				
46	Right of minorities	44	36	31		
48	A matter of international concern	45				
47	Duty of the state	46		32		
23	課税 Taxation and public charges	///				
	権利及び自由を破壊する活動の不承認 Protection of Declaration against destruction of its aim	///		33	28	30
	社会的及び国際的秩序への権利 Social and International order	///			26	28
	基本権の侵害に対する救済 Remedy against violation of rights	///				8

C

A	B	Subject	C	D	E	F
○	○	Preamble			○	○
	1	Free, equal, brotherhood	1	1	1	1
	2	The object of society	2			
1	3	Fundamental duties	3	2	27	29
2	4	Limitation of rights	4	2	27	29
45	5	Equal before the law	5	3	6	7
45	6	No discrimination	6	3	2	2
3 · 5	7 · 8	Right to life, liberty and security	7	4	3	3
6 · 7	10	No arbitrary arrest	8	5	7	9
26	11	Presumption of innocence	9	7	9	11
4 · 26	7 · 12	Non-retroactivity, no torture	10	7	4 · 9	5 · 11
8	13	Prohibition of slavery	11	8	4	4
11	9	Right to privacy	12	9	10	12
9 · 10	14	Freedom of movement	13	10	11	13
34	33	Right to asylum	14	11	12	14
12 · 27	15 · 16 · 20	Right to recognition as a person before the law, fair trial	15	6 · 12	5 · 8	6 · 10
24	18	Freedom of access to professions	16			
22	19	Right to property	17	14	15	17
32	32	Right to a nationality	18	15	13	15
33	34	No arbitrary expulsion	19			
14	21	Freedom of thought, conscience and belief	20	16	16	18
15 · 16 · 18	22	Freedom of opinion and information	21	17	17	19
17	23	Freedom of expression	22	18	17	19
19 · 20	24	Freedom of assembly and association	23	19	18	20
28	25	Right to petition	24	20		
29	26	Right to resist oppression	25			
30	27	Right to take part in government	26	21	19	21
30	28	Democratic government	27	21	19	21
31	30	Right of access to public office	28	22	19	21
37	35	Right to work	29	23	21	23
38 · 39 · 40	36 · 37 · 38	Right to good working conditions	30	24	21	23
21 · 36	41	Right to education	31	27 · 28	23	26
43	42	Right to rest and leisure	32	29	24	24
35 · 42	39	Right to health	33	25	22	25
41	40	Right to social security	34	26	20	22
44	42 · 43	Right to participate in cultural life	35	30	25	27
46	44	Right of minorities	36	31		
23		課税　Taxation and public charges	///			
	29	公権力（軍務）　Public force (Military service)	///			
	31	恣意的な行為　Arbitrary acts	///			
25	5	法に禁止なきなきことの許容　Everything not prohibited by law is permitted	///			
13	17	婚姻及び家族　Marriage and family	///	13	14	16
47 · 48	45 · 46	国家の義務・国際関心事項　Duty of state, matter of international concern	///	32		
		権利及び自由を破壊する活動の不承認　Protection of Declaration against destruction of it aim	///	33	28	30
		社会的及び国際的秩序への権利　Social and International order	///		26	28
		基本権の侵害に対する救済　Remedy against violation of rights	///			8

D

A	B	C	D	Subject	E	F
○	○				○	○
	1	1	1	Free, equal, brotherhood	1	1
1 · 2	2 · 3 · 4	2 · 3 · 4	2	Duties to society, limitation of rights	27	29
45	5 · 6	5 · 6	3	No discrimination, equal before the law	2 · 6	2 · 7
3 · 5	7 · 8	7	4	Right to life, liberty and security	3	3
6 · 7	10	8	5	No arbitrary arrest	7	9
27	20	15	6	Fair trial	8	10
4 · 26	7 · 11 · 12	9 · 10	7	Presumption of innocence, non-retroactivity, prohibition of torture	4 · 9	5 · 11
8	13	11	8	Prohibition of slavery	4	4
11	9	12	9	Right to privacy	10	12
9 · 10	14	13	10	Freedom of movement	11	13
33 · 34	33 · 34	14 · 19	11	Right to asylum	12	14
12	15 · 16	15	12	Right to recognition as a person before the law	5	6
13	17		13	Marriage and family	14	16
22	19	17	14	Right to property	15	17
32	32	18	15	Right to a nationality	13	15
14	21	20	16	Freedom of thought, conscience and belief	16	18
15 · 16 · 18	22	21	17	Freedom of opinion and information	17	19
17	23	22	18	Freedom of expression	17	19
19 · 20	24	23	19	Freedom of assembly and associations	18	20
28	25	24	20	Right to petition		
30	27 · 28	26 · 27	21	Right to take part in government, democratic government	19	21
31	30	28	22	Right of access to public office	19	21
37	35	29	23	Right to work	21	23
24 · 38 39 · 40	18 · 36 37 · 38	16 30	24	Right to good working conditions	21	23
35 · 42	39	33	25	Right to health	22	25
41	40	34	26	Right to social security	20	22
21 · 36	41	31	27	Right to education	23	26
			28	Education	23	26
43	42	32	29	Right to rest and leisure	24	24
44	42 · 43	35	30	Right to participate in cultural life	25	27
46	44	36	31	Right of minorities		
47 · 48	45 · 46		32	Duty of State		
			33	Protection of Universal Declaration against destruction of its aims	28	30
23			///	課税　Taxation and public charges		
	29		///	公権力（軍務）　Public force (military service)		
	31		///	恣意的な行為　Arbitrary acts		
25	5		///	法に禁止なきことの許容　Everything not prohibited by law is persitted		
29	26	25	///	圧制への抵抗権　Right to resist oppression		
			///	社会的及び国際的秩序への権利　Social and International order	26	28
			///	基本権の侵害に対する救済　Remedy against violation of rights		8

E

A	B	C	D	E	Subject	F
○	○			○	Preamble	○
	1	1	1	1	Free, equal, brotherhood	1
45	6	6	3	2	No discrimination	2
3・5	7・8	7	4	3	Right to life, liberty and security	3
4・8	7・13	10・11	7・8	4	Prohibition of slavery and torture	4・5
12	15・16	15	12	5	Right to recognition as a person before the law	6
45	5	5	3	6	Equal before the law	7
6・7	10	8	5	7	No arbitrary arrest	9
27	20	15	6	8	Fair trial	10
26	11・12	9・10	7	9	Presumption of innocence, non-retroactivity	11
11	9	12	9	10	Right to privacy	12
9・10	14	13	10	11	Freedom of movement	13
33・34	33・34	14・19	11	12	Right to asylum	14
32	32	18	15	13	Right to a nationality	15
13	17		13	14	Marriage and family	16
22	19	17	14	15	Right to property	17
14	21	20	16	16	Freedom of thought, conscience and religion	18
15・16 17・18	22 23	21 22	17 18	17	Freedom of opinion and expression	19
19・20	24	23	19	18	Freedom of assembly and association	20
30・31	27・28・30	26・27・28	21・22	19	Right to take part in government and access to public office, democratic government	21
41	40	34	26	20	Right to social security	22
24・37・38 39・40	18・35・36 37・38	16・29・30	23・24	21	Right to work	23
35・42	39	33	25	22	Right to a standard of living	25
21・36	41	31	27・28	23	Right to education	26
43	42	32	29	24	Right to rest and leisure	24
44	42・43	35	30	25	Right to participate in cultural life	27
				26	Social and international order in conformity with Universal Declaration	28
1・2	2・3・4	2・3・4	2	27	Duty to society, limitation of rights	29
			33	28	Protection of Universal Declaration against destruction of its aims	30
23				///	課税　Taxation and public charges	
	29			///	公権力（軍務）　Public force (military service)	
	31			///	恣意的な行為　Arbitrary acts	
25	5			///	法に禁止なきことの許容　Everything not prohibited by law is permitted	
28	25	24	20	///	請願権　Right to petition	
29	26	25		///	圧制への抵抗権　Right to resist oppression	
46	44	36	31	///	少数者の権利　Right of Minorities to special institutions	
47・48	45・46		32	///	国家の義務・国際関心事項　Duty of state, matter of international concern	
				///	基本権の侵害に対する救済　Remedy against violation of rights	8

F

A	B	C	D	E	F	主題　Subject
○	○			○	○	前文　Preamble
	1	1	1	1	1	自由平等　Equal rights
45	6	6	3	2	2	権利と自由の享有に関する無差別待遇　Discrimination
3・5	7・8	7	4	3	3	生命・自由・身体の安全　Rights to life, liberty and security
8	13	11	8	4	4	奴隷の禁止　Slavery
4	7	10	7	4	5	非人道的な待遇又は刑罰の禁止　Inhuman treat or punishment
12	15・16	15	12	5	6	法の前における人としての承認　Rights to recognition as a person before the law
45	5	5	3	6	7	法の前の平等　Equality before the law and protection against discrimination
					8	基本権の侵害に対する救済　Remedy against violation of rights
6・7	10	8	5	7	9	逮捕・抑留又は追放の制限　Arbitrary arrest and exile
27	20	15	6	8	10	裁判所の公正な審理　Fair Trial
26	11・12	9・10	7	9	11	無罪の推定・遡及効の禁止　Presumption of innocence ; ex post facto laws
11	9	12	9	10	12	私生活・名誉・信用の保護　Right to privacy
9・10	14	13	10	11	13	移動と居住の自由　Freedom of movement
33・34	33・34	14・19	11	12	14	迫害からの庇護　Right to asylum
32	32	18	15	13	15	国籍の権利　Nationality
13	17		13	14	16	婚姻及び家族の権利　Marriage and family
22	19	17	14	15	17	財産権　Right to property
14	21	20	16	16	18	思想・良心及び宗教の自由　Freedom of thought, conscience and religion
15・16 17・18	22・23	21・22	17・18	17	19	意見及び表現の自由　Freedom of information and of the press
19・20	24	23	19	18	20	集会及び結社の自由　Freedom of assembly and association
30・31	27・28・30	26・27・28	21・22	19	21	参政権　Public service, democratic government, free election, access to public office
41	40	34	26	20	22	社会保障の権利　Social security
24・37・38 39・40	18・35・36 37・38	16・29・30	23・24	21	23	労働の権利　Right to work, free chice of employment, fair pay, trade unions, protection against unemployment
43	42	32	29	24	24	休息及び余暇の権利　Rest and leisure
35・42	39	33	25	22	25	生活水準の確保　Adequate standard of living, social security, protection of mothers and children
21・36	41	31	27・28	23	26	教育の権利　Education
44	42・43	35	30	25	27	文化的権利　Cultural rights, copyright
				26	28	社会的及び国際的秩序への権利　Social and international order in conformity with Universal Declaration
1・2	2・3・4	2・3・4	2	27	29	社会に対する義務　Duties, limitation of rights
			33	28	30	権利及び自由を破壊する活動の不承認　Protection of Universal Declaration against destruction of its aims
23					///	課税　Taxation and public charges
	29				///	公権力（軍務）　Public force (military service)
	31				///	恣意的な行為　Arbitrary acts
25	5				///	法に禁止なきことの許容　Everything not prohibited by law is permitted
28	25	24	20		///	請願権　Right to petition
29	26	25			///	圧制への抵抗権　Right to resist oppression
46	44	36	31		///	少数者の権利　Right of Minorities to special institutions
47・48	45・46		32		///	国家の義務・国際関心事項　Duty of state, matter of international concern

著者略歴

寿台 順誠（じゅだい・じゅんせい）

　1957 年、真宗大谷派正雲寺（名古屋市中川区）に生まれる。1981 年 3 月、早稲田大学第一文学部ドイツ文学科卒業後、僧侶として正雲寺に勤務するかたわら1982 年 4 月、同朋大学文学部仏教学科に編入学して仏教（浄土真宗）を学ぶ。1984 年 3 月、同大学卒業後、関西のいくつかの寺院に勤めながら靖国問題・部落差別問題等に関する仏教者としての社会的諸活動を経て、1990〜1993 年、参議院議員礒正敏（当時）の公設第一秘書を務め、平和と人権に関わる諸問題（ＰＫＯ・戦後補償等）に関わる。

　秘書辞任後、1994 年 4 月、横浜国立大学大学院国際経済法学研究科修士課程において国際関係法を学び（1997 年 3 月、同大学院修了）、1998 年 4 月からは一橋大学大学院法学研究科博士後期課程において憲法を学ぶ（2007 年 3 月、同大学院退学）。また、この間、1999 年には浄土真宗本願寺派光西寺に入寺（真宗大谷派から浄土真宗本願寺派に転派）、2001 年に同寺住職に就任、「学びの場」としての寺作りを模索してきた。2021 年 12 月、後継に住職を譲り、現在は同寺前住職となっており、今後は一個人として思想信仰の問題を究めたいと思っている。

　さらに最近では、2011 年 4 月より早稲田大学大学院人間科学研究科修士課程においてバイオエシックス（生命倫理）を学び（2014 年 3 月、同大学院修了）、2016 年 4 月からは早稲田大学大学院社会科学研究科博士後期課程において日本文化論を学んだ（2022 年 3 月、同大学院を退学したが、現在、博士論文を執筆している。論文の仮題は「近現代日本の生老病死―文学作品に見る仏教と生命倫理―」）。

（光西寺ホームページ：http://www.kousaiji.tokyo/）

本書は近代文芸社より刊行された『世界人権宣言の研究－宣言の歴史と哲学』（２０００年）をもとに適宜編集を加え、加筆修正を行ったものである。

世界人権宣言の研究 宣言の歴史と哲学

| 2022年10月14日発行 | 著　者　**寿台順誠** |
| | 発行者　**向田翔一** |

発行所　株式会社 22 世紀アート
　　　　〒103-0007
　　　　東京都中央区日本橋浜町 3-23-1-5F
　　　　電話　03-5941-9774
　　　　Email: info@22art.net　ホームページ：www.22art.net

発売元　株式会社日興企画
　　　　〒104-0032
　　　　東京都中央区八丁堀 4-11-10 第 2SS ビル 6F
　　　　電話　03-6262-8127
　　　　Email: support@nikko-kikaku.com
　　　　ホームページ：https://nikko-kikaku.com/

印刷
製本　　株式会社 PUBFUN

ISBN：978-4-88877-113-9
© 寿台順誠 2022, printed in Japan
本書は著作権上の保護を受けています。
本書の一部または全部について無断で複写することを禁じます。
乱丁・落丁本はお取り替えいたします。